JN160990

ミネルヴァ日本評伝選

衆智を集むるを第一とす

渡邉洪基

瀧井一博著

ミネルヴァ書房

刊行の趣意

「学問は歴史に極まり候ことに候」とは、先哲荻生徂徠のことばである。

歴史のなかにこそ人間の智恵は宿されている。人間の愚かさもそこにはあらわだ。この歴史を探り、歴史に学んでこそ、人間はようやくみずからの正体を知り、いくらかは賢くなることができる。新しい勇気を得て未来に向かうことができる。徂徠はそう言いたかったのだろう。

「ミネルヴァ日本評伝選」は、私たちの直接の先人について、この人間知を学びなおそうという試みである。日本列島の過去に生きた人々の言行を、深く、くわしく探って、そこに現代への批判を聴きとろうとする試みである。日本人ばかりではない。列島の歴史にかかわった多くの異国の人々の声にも耳を傾けよう。

先人たちの書き残した文章をそのひだにまで立ち入って読み、彼らの旅した跡をたどりなおし、彼らのなしとげた事業を広い文脈のなかで注意深く観察しなおす――そのとき、はじめて先人たちはいまの私たちのかたわらによみがえってくる。彼らのなまの声で歴史の智恵を、また人間であることのよろこびと苦しみを、私たちに伝えてくれもするだろう。

この「評伝選」のつらなりのなかから、列島の歴史はおのずからその複雑さと奥ゆきの深さをもって浮かび上がってくるはずだ。これを読むとき、私たちのなかに新たな自信と勇気が湧いてきて、その矜持と勇気をもって「グローバリゼーション」の世紀に立ち向かってゆくことができる――そのような「ミネルヴァ日本評伝選」にしたいと、私たちは願っている。

平成十五年（二〇〇三）九月

上横手雅敬
芳賀　徹

渡邉洪基（渡邉洪氏提供）

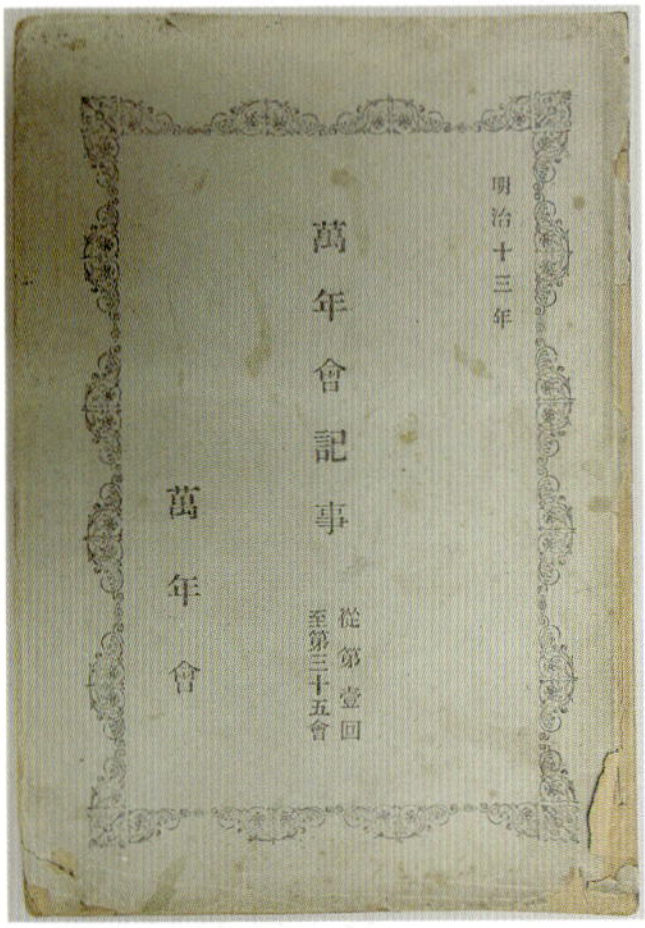

『萬年会記事』
（渡邉が最初に作った結社，萬年会の紀要）

33歳時の肖像
（宮内庁三の丸尚蔵館所蔵）

慶應義塾出身貴衆両院議員の集合写真
（明治24年頃。前列中央が福澤諭吉，福澤の左に座るのが渡邉）
（慶應義塾図書館所蔵）

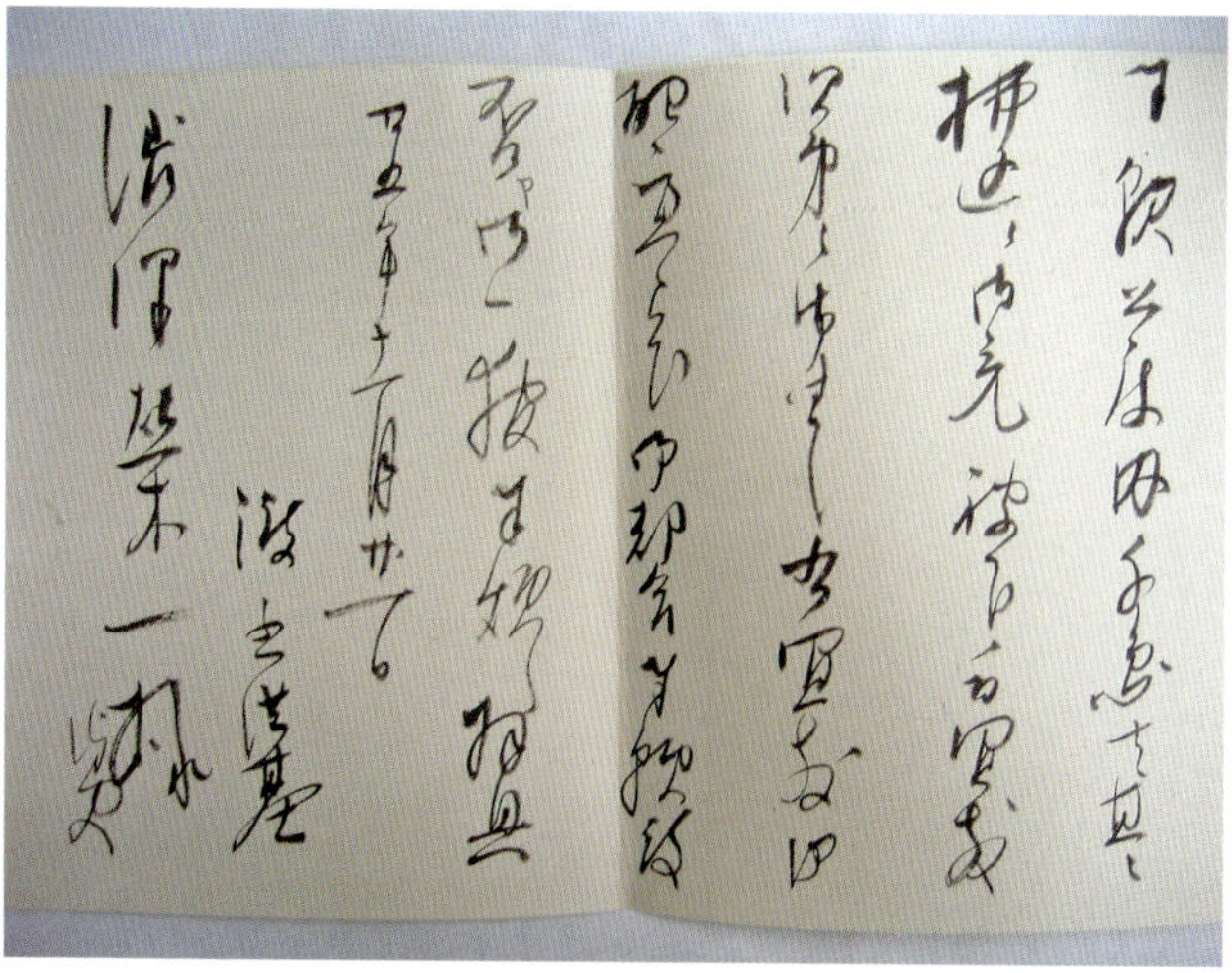

明治25年11月21日付渋沢栄一宛渡邉書簡

（渋沢史料館所蔵）

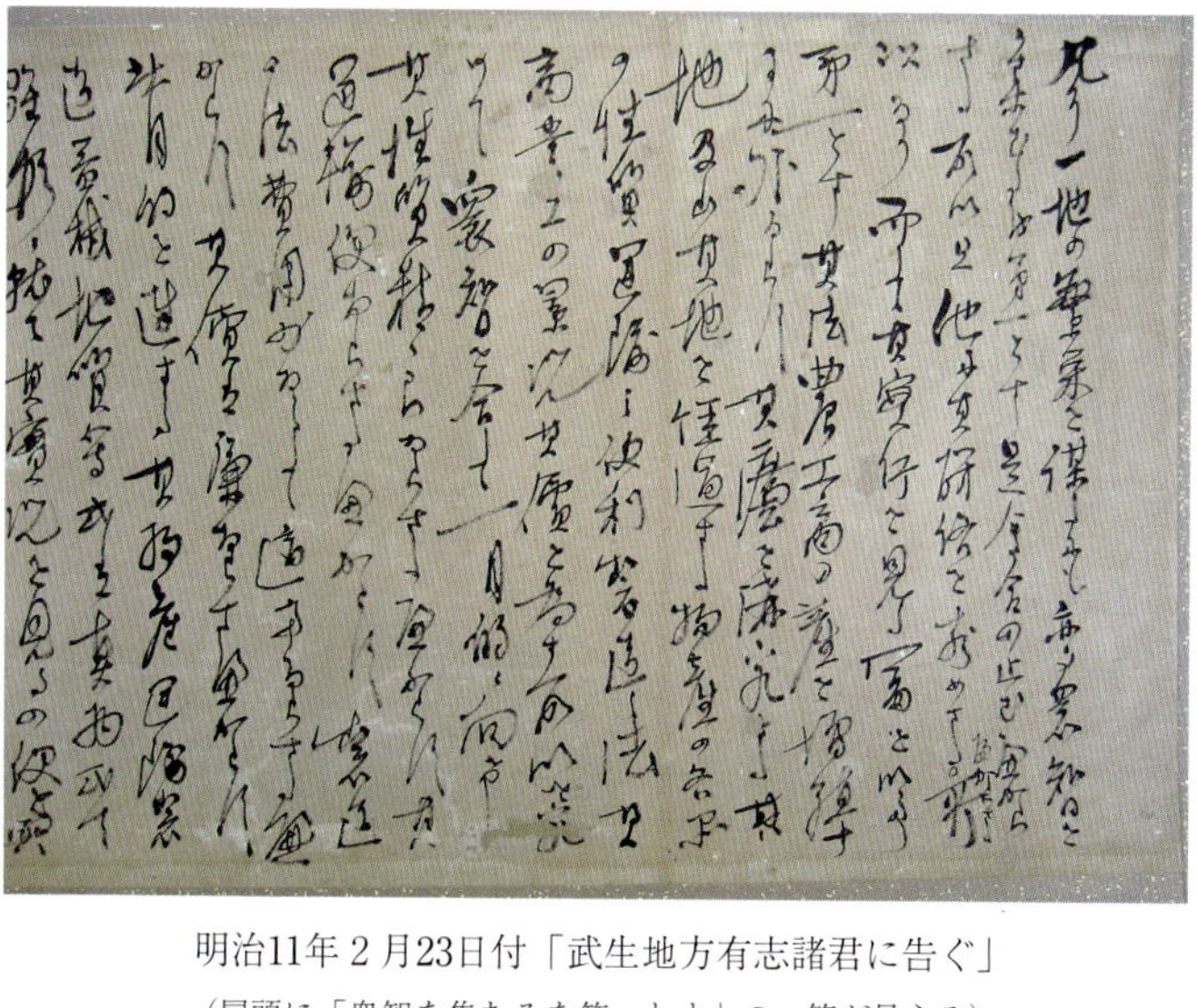

明治11年２月23日付「武生地方有志諸君に告ぐ」

（冒頭に「衆智を集むるを第一とす」の一節が見える）

（越前市武生公会堂記念館所蔵）

渡邉洪基胸像

（左：越前市武生公会堂記念館，右：東京大学総合研究博物館所蔵）

渡邉洪基墓（東京都港区 長谷寺）

（左：墓碑。選字は伊藤博文。右：墓石。「夢」の一字は禅師後藤瑞巌による）

はじめに

「帝国大学の初代総長のことを研究しています。東大の実質的な初代総長です」と言うと、たいていは「加藤弘之ですか」との答えが返ってくる。東大出身の人でもそうである。だが、実際には加藤は二代目の総長である。

それでは、初代総長とは誰なのか。それが本書で取り扱われる渡邉洪基その人である。今日、渡邉の名を知る人は少ない。そもそも帝国大学の総長としては、当代屈指の知識人であり、帝大の前身の旧・東京大学時代にも総理を歴任していた前述の加藤弘之や、明治期の文部行政にその名を欠かすことのできない後の文部大臣・浜尾新（第三代）、また加藤と同様に明六社会員であり明治初期啓蒙知識人の一翼を担った第四代・外山正一のほうがはるかに世に知られている。近年刊行された一般向けの東京大学史は、初代総長としての渡邉は「前東京府知事という妙な経歴を持つ官僚で、大学人から違和感をもって受けとめられた」と素っ気なく記すのみである（［立花：二〇〇五］三〇八頁）。また、やはり最近発表された教育史の大家の手になる日本大学史の通史には、その名すら出てこない（［天野：二〇〇九］）。

渡邉とは、このように忘れられた〝東大〟初代総長といって過言でない人物である。本書はこの忘れられた人物を掘り起こし、その思想の歴史的評価を試みる。「思想」と書いたが、渡邉は言葉の通常の意味における思想家や学者ではない。一介の官僚に過ぎないともいえる彼は、自分の考えを体系的に書物のかたちに取りまとめ、世に残したわけではない。にもかかわらず、あえて彼の思想を問うと掲げることは、ひとつには埋もれた彼の論稿が多々あるからである。存命中、渡邉は各種の雑誌にかなりの数の寄稿を行っている。本書では、それらの彼の著述を網羅的に利用し、渡邉の思想というものを浮き彫りにする（そもそも彼の名の読みであるが、「こうき」という通称で呼びならわされており、そのように表記している人名辞典もあるし、遺族の間でもそう呼ばれていると筆者は聞いたことがある。しかし、英文の手紙の署名や名刺の英語表記で彼は一貫して「Hiromoto」と記しており、本書ではそのように呼ぶことにしたい）。

渡邉の思想を考察することが可能と筆者が考えることには、もうひとつの資料的根拠がある。東京大学文書館には『渡邉洪基史料』（以下、『史料』）と題して、渡邉の残した文書が所蔵されている。そこには彼の筆になる意見書や建言書のほか、日記や書簡の草稿といった一次史料が豊富に収められており、本書ではこの『史料』をふんだんに利用して渡邉の全体的な思想像を描くことに努めたい。

もとより、こういった新史料の発掘をふりかざして、これまで一顧だにされなかった人物を〝忘れられた思想家〟などと持ち上げるのは、いささか軽挙の誹りを免れないだろう。忘れられた人物の思想像を描くというからには、そこにどのような歴史学的意義があるのかを十分に説明しなければならない。そのよすがとして、ある歴史上の人物との比較の可能性を示唆しておきたい。それは、フリードリヒ・アルトホフ（Friedrich Althoff）というドイツのプロイセン文部省の一官僚だった人物である。このアルトホフも一般には決して知名度の高い存在とは言えないかもしれない。しかし、彼は「大学のビスマルク」と呼ばれ、十九世紀末から二十世紀初頭にかけてのドイツの文部行政を牛耳った人物として大学史のうえで大いに注目されている。彼のもとでドイツの学問は飛躍的な発展を遂げ、数多くの重要な科学的発見がなされた。二十世紀前半のノーベル賞受賞者のおよそ三分の一を輩出するという卓越したドイツ近代科学の礎は、彼の確固としたリーダーシップによって築かれたとされる。そのようなドイツの学界に栄光をもたらした当時のドイツの学術行政はしばしば、彼の名を冠して「アルトホフ体制（das System Althoffs）」と称される（［上山：一九七八］、［潮木：一九九三］を参照）。

しかし、だからといって、アルトホフの名は賞賛にばかり包まれているわけではない。むしろ同時代の多くの学者にとって、彼の存在は苦々しいものであった。それは彼が、大学の人事行政を掌握し、教授会の意向をときに無視してまで自らの政策を押し付け、誇り高きドイツの教授たちに対して顎で使うように接していたからである。彼が既述のように「大学のビスマルク」、あるいは「影の文部大臣」、「高等教育の専制君主」の異名をとっていたことも故なしとしない。

以上のようなアルトホフの姿は、大学の自治の敵にして学問の振興者、という矛盾したものである。だが、そのような彼のヤヌスの相貌は、アルトホフの立っていた時代がまさに科学史の断層期にあたっていたことを知れば、統一的に理解できることになる。アルトホフの時代とは、フンボルト（Karl

Wilhelm Freiherr von Humboldt）の提唱に基づく、教養主義的なドイツの古典的大学制度がその時代的使命を終え、産業化社会の進展に合わせてより実証的で専門分化された精密科学の勃興が始まるというまさに歴史の転換点であった。アルトホフとは、そのような移行期を見事に架橋した人物だったのである。予算獲得の天才といわれた彼の手腕により、ドイツの大学の実験室には高度な基礎研究を支えるための潤沢な資金が投入され、全ドイツに張り巡らされた情報網によって幾多の埋もれていた優秀な科学者がリクルートされた。また、研究と教育というフンボルト理念と訣別し、カイザー・ヴィルヘルム協会（今日のマックス・プランク協会）のような研究主体の機関の設立を通じて、研究を教育から切り離し、さらには大学からも独立させることは、アルトホフの遺言だったといわれる（［潮木：一九九三］一三七頁以下）。その働きは、まさに「ドイツ近代科学を支えた官僚」と呼ぶにふさわしい。

アルトホフの存在は、科学史のなかで様々な示唆を与える。そのひとつとしてここで考えてみたいのが、国家の体制を構築するファクターとしての知、という視角である。「アルトホフ体制」は、科学を大学の学者ギルドの手にのみ委ねるのでなく、それを中央で管理することによって学術体制の国家化を推進した。いわば、知を「国制」化したのである。かつて筆者は、「国家の構成と諸制度——国制——を構想し、そしてそのような国制の支柱となってそれを運営していく知的営み、ないしそれに携わる学識集団」を指して「国制知」という概念を提示したことがある（［瀧井：一九九九］二頁）。アルトホフは国制知の一側面を体現する人物だったといえよう。

ここで目を日本に転じてみたい。わが国の近代的学問の出発点において、アルトホフに比肩し得る国制知の体現者はいないであろうか。そのような関心から注目に値するのが、渡邉洪基である。明治十九年（一八八六）に「国家ノ須要ニ応ジル」ために創設された帝国大学の初代総長だった彼は、前述のように東京府知事を務め、それ以前からも外務省や工部省で官僚として活躍した。そのような人物が帝大総長に抜擢されたことについては、当時から奇異の目で見られ、そのことは官学の牙城＝帝国大学をシンボライズするものとして語られるのが一般的である。例えば、当時の代表的な総合誌は、帝国大学の設立とそこにおける渡邉の役割を次のように報じている。

従来帝国大学は、伊藤伯の子分製造所たるが如く、渡邉洪基氏は乃ち大学の四方に羅を張りて、頼母敷人物をば悉く官吏に登用し、悉く伊藤伯の味方と為すの責任、即ち羅番の職務を帯たる。

（『国民之友』第六巻八四号、四五頁）

帝国大学は明治政府の大立者・伊藤博文の「子分製造所」、すなわち政府を支える官僚の養成機関であり、総長の渡邉は有望な青年たちを政府に登用していく「羅番」＝スカウトの職務を帯びていたというのである。帝国大学が設立されて間もない時期のこのような世評は、今日の眼から見ても裏書される。実際に帝国大学の成立は、その後の日本の社会構成や学問社会に深甚な刻印をつけている学歴社会ないし「官学」アカデミズムの誕生と目される。だとすれば、「官僚」総長・渡邉に着目することで、官学なるものの成立の経緯と実態に光を当てることができるかもしれない。

だが、彼を「日本のアルトホフ」と推量する理由はそればかりではない。さらに注目したいのが、生前の彼に冠せられた「三十六会長」なる呼称である。渡邉の死に際して書かれたある追悼記事は、次のように報じている。


府下ノ学術協会一時殆ンド君〔＝渡邉〕ノ管理ニ属セザルモノナク、三十六会長ノ称アルニ至ル。

（「東京統計協会会長渡邉洪基君事跡概略」『統計集誌』第二四三号、四頁）


すなわち、渡邉はそれほど多くの学会、学術組織の長に納まり、その運営を担っていたというのである。その規模は、当時の東京の学術団体を網羅し掌握するほどだったという。

彼が設立したり関与したりした組織の名を挙げてみよう。帝国大学のほかに学習院、工手学校（現・工学院大学）、大倉商業学校（現・東京経済大学）といった高等教育機関。国家学会、統計協会、東京地学協会、建築学会などの学会組織。学術団体以外でも、国民協会や立憲政友会のような政党。貨幣制度調査会といった政策審議会。関西鉄道、東武鉄道、京都鉄道などの鉄道会社。帝国商業銀行、北浜銀行といった銀行。その他、萬年会、興亜会、大日本私立衛生会、殖民協会、明治美術会、帝国鉄道協会、富士観象会、斯文会などなどである。このように、帝国大学を頂点として種々様々な組織や結社を掌中に収めていた渡邉こそ、近代日本において国制知を造形した「日本のアルトホフ」かもしれない。

だが、ここで急ぎ言い足しておかなければならないのは、渡邉はアルトホフとは違って決して剛腕の持ち主ではなかったことである。予算獲得のため、懐にピストルを忍ばせて大蔵省との折衝に臨んだというエピソードに現れているようなアルトホフの強面のイメージは、渡邉には見られない。「日本のアルトホフ」と呼んだからには、民間私学を抑圧し、官学の名のもと、大学や学問の国家化を推進したという高圧的な剛腕の持ち主を想起させる。本書においても触れるように、確かに彼は慶應義塾の出身で福澤諭吉の門弟であったにもかかわらず、帝国大学の総長の座に納まるのみならず、明治十三年（一八八〇）に自由民権運動を弾圧する集会条例を起草したことで当時から悪名をはせていた。

だが、本書の論述を通じて明らかとなっていくように、渡邉のなかには私学から官学へ、あるいは民権運動から藩閥政府へと転向し前者を圧伏させようとする強力な権勢家の姿は見出せない。渡邉はアルトホフのような豪胆な専制君主ではなく、むしろ周旋家的な媒介者であった。そしてこの点において、彼には自分こそが福澤の実学の精神を正統に継承し実践しているとの自負すらあったのではないかと考えられる。

いずれにせよ、前述のように数多くの組織を自ら設立し、あるいは請われてその切り盛りに尽力して、東京府下の学術組織の長の座を一手に握ったのが、渡邉の生涯であった。帝国大学初代総長の肩書きもそのひとつに他ならない。そうしてみると、彼の活動を単なる帝国大学史のひとこまとしてのみ描くのは、決して当を得たものとは言えないだろう。このように多様で、何の脈絡もないように見える組織の間に果たしてどのような連なりがあったのか、また渡邉のなかでそれらの組織は有機的に結び合っていたのか、そうだとすればそれはどのようになのか、が問われなければならない。それが解き明かされた時、われわれは明治日本で形作られようとしていた国制知の全容に迫ることができるだろう。

渡邉洪基――衆智を集むるを第一とす　目次

図版一覧

凡例

・洪基の名字の表記には、「渡邉」を用いる。同時代の資料でも通常「渡邊」と表記されているが、渡邉家に問い合わせ、正字である「渡邉」とした。ただし、引用文や著述での著者表記は原文通りとした。
・年数は元号で表記し、適宜（ ）内に西暦を表示した。
・掲載した写真のうち、特に注記のないものは、筆者の撮影である。
・本文中の出所表示は、渡邉の著述はタイトルのみ記載した。詳しい書誌情報は、巻末の著述一覧を参照。その他の一次史料については、巻末の略記を参照。
・二次文献の出所表示は、著者名と刊行年を記し、その後に頁数（必要な場合は巻号も）を指示している。例えば、「[渡辺：一九七三] 六三頁」は、巻末文献リストの渡辺進『夢　渡辺洪基伝』（私家版、一九七三年）の六三頁を指す。
・史料の引用の際、読みやすさを考慮して、句読点を加えたり旧字体を新字体に改めるなどの改筆を適宜行った。闕字や平出は省略した。

第一章　幕末の思想形成

1　生地武生

出生　渡邉洪基は、弘化四年十二月二三日、越前府中善光寺町（現福井県越前市（旧武生市）京町）において、父・静庵、母・蔦埜の間に生まれた。西暦でいうと、すでに一八四七年の年を越し、一八四八年を迎えていた。

彼が生を享けた越前府中は、読んで字の如くかつて国府の置かれていた地である。明治二年にかつての名前をとって武生と改称された。

江戸時代に同地を治めていた本多家は、越前福井藩の付家老を代々務めながら、幕府からは大名待遇を得ていた。そのため、同地は伝統的に独自意識が強く、「府中藩」と自称するなど、福井藩から独立した本多家の家臣・領民であることを自任する者が多かった。そのような土地柄が、明治に入ってから武生騒動を招くことになる。そのことについては後述しよう。

武生の学問と松井耕雪

幕末のころ、武生の地は幾人かの有為の人物を輩出している。渡邉の生家の隣近所では、井上馨とつながりの深かった外交官斎藤修一郎、わが国に近代的皮膚病学を導入した東京帝国大学教授の土肥慶蔵も生まれている。日本の近代化のために、華々しくはないが、貴重な屋台骨として生きた人の生地が三つも踵を接するように位置していることは、注目に値する。そのような知性を生み育んだ環境はいかなるものだったのか。

幕末の武生に知の種が撒かれたのは、一人の奇特な商人がいたからである。前記の斎藤修一郎の回想である。

渡邉洪基生家跡

茲に武生藩に於ける学問振興にあづかつて大なる原動力となつた一人の傑物が見はれた。それは松井耕雪と云ふ人で武生藩の恩人である、此人によつて藩学は著しき発達を来たし武生の文学は頓に天下に名声を博するに至つた。

（[斎藤：一九〇八] 三八頁）

松井耕雪はもともと鎌商人であった。武生は今日でも刃物の産地として名を馳せているが、松井家は打刃物を家業とし、耕雪はその九代目にあたる。その家は代々の蔵書家として知られ、耕雪も幼時から学問をたしなみ、詩画に秀でていた。また好んで各界の名士と交流し、その居宅や別邸はさながら文化サロンの様相を呈していたと伝えられる。そこを訪れる人のなかには、福井藩主松平春嶽の姿もあった。

本業においても商才に長け、経世理財の面でも非凡なところを見せた耕雪は、幕末から維新にかけて打物や鎌の輸出に尽力し、越前の産業振興に貢献したと讃えられている（[福田：一九七二] 中巻、七六八頁）。明治に入って家督を譲った後は京都に移り、旧友の鳩居堂主人（七代目熊谷直孝か）の別業に隠居した。明治十八年（一八八五）五月に死の床にあった時、松平春嶽から届けられた慰問の書中の次の一節は、武生のみならず広く越前福井の発展に尽くしたその生涯を偲ばせる。曰く、「卿昔吾旧国ニ偉績アリ、何ゾ嘗テ一日モ之ヲ忘レン、願フニ百事滄桑、今ニ尚未ダ報イズ」（[松井翁顕彰会：一九三四] 四頁）。

松井耕雪肖像
（『松井耕雪翁伝』より）

耕雪は幕末に私財を投じて、郷里武生における〝藩〟校の建学に尽力した。立教館と呼ばれるその学校の設立経緯は以下のごとくである。

かねてより府中における藩校施設の不備を意識していた本多家は、安政三年（一八五六）、家儒を教官として藩校立教館を開学した。とはいえ、財政逼迫のおりから、当初は建物すらないという窮状であった。本多家は領内の豪商である耕雲らに相談をもちかけたところ耕雪は、他藩に続々と学校ができあがっていっているなか、教学の振興は喫緊の課題であるとして私財三百両を献じた。領主本多冨恭はこれを嘉納し、校舎の建設にこぎつけることができた。

彼は、単に建学の出資者にとどまったのではない。『松井耕雪翁伝』は、立教館の教科目や職員組織などに耕雪の意向が反映されているという。そして、彼は立教館の「隠れたる学政官」だったと記している（〔松井翁顕彰会：一九三四〕十三頁）。

耕雪の学政官としての面目を躍如とさせる史話がある。開学間もない立教館は安政六年に看板教師の教授と助教を立て続けに病気で喪うという非運に見舞われた。学校の存続すら危ぶまれたこの時、耕雪はたまたま府中を訪れた儒者森余山を拝み倒して本多家の客儒として迎え、立教館の教授に就任してもらった。森の手当てはその多くを耕雪が負担したという。

森余山のこと

森余山はもともと伊予国吉田藩の儒者である。風狂の人であったらしい。諸国を漫遊する漂泊者であった彼は、経学・詩画に優れた学者であったが、「天資磊落で、気炎万状、喜怒小児の如く、善く飲み善く罵つた」（〔松井翁顕彰会：一九三四〕十八頁）と伝えられる。そしてこの森を得たことによって立教館は再起し、彼の感化を受けて幕末から明治期にかけて幾多の人材が武生の地から輩出した。そのなかには関義臣、斎藤修一郎、栗塚省吾、松本源太郎といった名を見出すことができる。そして、本書の主人公である渡邉洪基も学問の手ほどきを森余山のもとで受けたのだった。

森は武生に留まること三年にしてまた飄然と去って行った。天性の漫遊人であった彼は、漂泊の念もだしがたかったのであろう。逆に考えれば、三年も同じ地に留まり続けたことが森にとっては意想外だったのではないか。そのことが可能だったのは、やはり耕雪の典雅さと学殖が森をつかんで離さなかったからだと考えられる。滞留中、森は耕雪を詩友としてしばしば漢詩を吟じた。森にとっては、旅愁を補って余りある詩酒の日々だったと考えたい。そしてその三年の間に、武生の学芸はことのほか飛翔した。その記憶が鮮烈であるが故に、前述の如く斎藤修一郎は語っているのである。

渡邉が耕雪に具体的に言及している例は見当たらない。だが、彼も耕雪による武生の教学刷新の恩恵を受けた一人であることは疑えないし、後年の「学政官」的活動に耕雪の影が及んでいるのではないかと勘繰ってみたくなる。また、森余山という師と出会ったことは、地域社会に留まるのではなく、広く外の世界を巡り歩いて知識を求めることへの憧憬を少年期の彼に植え付けたということも想像される。実際、本書がこれから見ていくように、彼は旅に彩られた人生を送ることになる。以上のことを考え合わせれば、明治二三年五月に耕雪を顕彰する碑が武生の龍泉寺に建立された時、その題字を渡邉が書いていることには、単なる形式的な意味合い以上の符合があるように思われるのである。

耕雪顕彰碑（齊藤隆氏提供）

次に、渡邉の生家について触れておきたい。

父・静庵のこと

父渡邉静庵は町医であった。越前国丹生郡上氏家村（現在の鯖江市上氏家町）の生まれであったが、幼少の時に一家で福井に出てきた。叔父が漢学を修めて医師となっていたこともあり、静庵もその道を歩むことになる。しかし、漢方医ではなく、新法である蘭医を志し、京都に遊学して研鑽に努めた。

弘化元年十一月、同郷の丹生郡下大虫村（現在の越前市大虫町）出身の芹川蔦埜と結婚し、府中に移り、医業を開く。静庵は新医術を郷里にもたらさんとの大志を抱き、医療に従事していたらしい。彼の事績のうち、今日なお武生の地で語り継がれているのが、我が子に種痘を施したことである。

牛痘を受ける

嘉永二年十一月二四日、京都から種痘の牛痘苗を福井に持ち帰る途中の福井藩の蘭医笠原良策が府中にいた。笠原は、日本の種痘史上に特筆される存在である。その種痘普及にかけた執念の人生は、吉村昭氏の小説『雪の花』に感動的に描かれている。その笠原によって府中にも種痘が持ち込まれたのである。『笠原家文書』（福井市立郷土歴史博物館所蔵）に残された史料のなかで、笠原自身がその経緯を次のように語っている（以下では、『白神記』に翻刻されたものを利用）。

この年の七月、牛痘の苗を載せたオランダ船が長崎に入港し、同地の小児への接種に成功した。京都にてこの時の痘苗を入手できた笠原は、それを携えて福井に帰還せんとする。

しかし、帰路の山道は大雪のため難儀を極めた。笠原は種痘を行った二歳の幼児二名を引き連れていた。生きた痘苗として福井に連れ帰るためである。しかし、種痘後七日経つとその効果は切れてしまう。笠原は、あらかじめ京都から府中藩の医師三名、斎藤策順、生駒耕雲、そして渡邉静庵に連絡を取り、「［十一月］廿四日・廿五日両日の間、病無き二才の小児三人、今庄宿迄間違い無く差出置候様、堅ク約定」しておいた（『白神記』二三四頁。原文の返り点の箇所は適宜開いて引用した。以下同）。果たして、その日になって約束の通り、静庵ら府中の医師たち三名は子供たちを連れて今庄に待機して笠原と合流し、笠原は「其内壱人ニ念の為内々致種痘候て、万一御城下に於いての初種の小児、種痘相感じ申さざる節の用意ニ仕置」いた。

わが国における種痘施術の黎明期であり、当然牛の痘を人間に接種することに対する迷信や偏見は強かった。そのようななか、笠原の懸命の思いに応えて大雪のなか駆けつけてくれた三人の同志の姿を認めた時、笠原の胸中はいかばかりだったろうか。彼はその時のことを次のように振り返っている。

其頃ハ世間未種痘の義を信じ申さざる節ニ御座候て、小児壱人たり共、容易ニハ相渡し申さず、誠ニ彼者に於いては、未御城下に於いて、種痘ニ付格別の御添意等、在らせられ候義も風聞も仕ざる頃ニ御座候故、三人の小児を寒中雪路、今庄迄差出し候事、中々容易ならざる骨折ニ御座候。

（『白神記』二三五頁）

洪基関係の史料によれば、この時今庄に連れて来られた三人の子供のうちの一人が、当時まだ孝一郎と名乗っていた渡邉洪基だったということになっている（〔渡辺：一九七三〕二八頁、〔武生市：一九七六〕三〇二頁。ちなみに、静庵は娘の富江もこの時帯同したという。種痘する三名の児童のうち、二名は我が子だったことになる）。そこには、「当時種痘ニ就キ妄説アリ他人ノ児ヲ以テ試ムル能ハス」（〔渡辺洪基君幼時ノ話」四頁）とのジェンナーを髣髴とさせる余話もついている。

このように、静庵が府中藩で種痘普及に果たした尽力は語り草だったようで、そのために彼は息子たちともども帯刀御免となっている（『白神記』二三六頁）。笠原の信頼と感謝の念も厚かったらしく、笠原は安政四年に出された府中での除痘所の成功を讃える口上書のなかで、静庵が他の藩医らと同格の扱いを受けられるよう進言している（同右、二四一頁）。

父との関係

静庵の医師としての評価は、彼の肩書きのうえからも証することができる。彼は身分的には藩医ではなく、町医にとどまっていたが、先述のように帯刀御免の特権を頂戴していた。また、安政から文久の長期にわたって一貫して、府中の「町医惣締」を務めている。幕末府中の医療制度について得難い研究をされた海原亮氏によれば、「町医惣締」とは藩医と町医の境界に介在し、町医の療治に関する不正を調査するなど藩の医療統制を担う役であった。静庵が幕末の「長期にわたり町医惣締を任された理由は、彼がほかの町医と比べ抜きん出て確かな知識・技術を有し、その方面で信頼できる人材だった」からと海原氏は推論されているが（［海原：二〇〇七］一七二頁）、種痘の伝播に果たした彼の貢献を考え合わせれば、この指摘は十分に納得できる。その後設立された府中藩の医学所思精館に静庵は教官（補講）として採用されている。彼が医師として得ていた信頼をうかがうことができるのである。

医師としての名声は高かったが、渡邉家の生活は苦しかった。武生に移り住み医院を開業した時から大きな負債を抱えていたと伝えられる。それに追い打ちをかけるように、嘉永五年三月に武生を見舞った大火により、家宅が灰塵と化した。医業再開のためにさらなる借金を負わなければならなかった家計の切り盛りは、妻蔦埜一人に任された。懸命に少額ずつを返済し続けるが、夫静庵はそんなことに頓着なく書画を購入する。夫妻の衝突も一再ならずあったらしい（［福田：一九七二］中巻、三五〇頁）。

そのような父の姿を見ていたからかは分からないが、渡邉と父の関係は決して円満なばかりではなかったようである。渡邉の弟信四郎の筆になる「渡邊洪基小傳」は、「明治九年其欧州より帰朝し、九月六日帰省するや、夫妻春秋三十に前後し、自然血気と泰西の個人主義を承け、嫁先づ姑を喜ばず、先考の期待に背き父子一時輯睦を欠きしは遺憾なりき」（［渡邊：一九二七］六三頁）と記している。血気盛んなうえに、欧行帰りでハイカラ臭を身につけた新時代の息子夫婦と旧時代の親との確執だが、その素地は早くからあった。

明治二年六月、諸国を漫遊し故国にいったん帰省した渡邉は、武生の医師たちの前で、「今般変業いたし、医事者相止、洋学家ニ相成」と宣言したという（皆川沢元の日記より。『皆川家文書』（東京大学総合図書館所蔵）。［海原：二〇一〇］十五頁より重引）。当時まだ医者は家業と見なされており、それを継承し郷里の医療を指導しなければならないという使命感も医者仲間の間では強かった。そのようななか、当時武生で医者の職を放棄した唯一の例が渡邉だったという。そのことが、少なからぬ波紋を周囲の人々に与えたことは疑いがない。

もっとも、渡邉としては、医の道に進むことは早くから慮外にあった。そのことはこの後の論述でも明らかとなるが、彼自身が後年、「私も医家に生れ元は医者をやる積りであつたが、克く考へると医者は薬を売つて病人を助けてやるのやら殺すのやら判らぬ曖昧な商売で、いやだつたからやめた」(「柾：一九三八」四三頁)との証言を残している。医業に対する生理的な懐疑の念の表明とも受け取られ、その背景には家業に没頭し家運のことを顧みない父の姿に対する反発があったということも推察可能である。

2 武生出奔

武生を離れる

江戸の時代は停滞した身分制社会というイメージとは裏腹に、非常に流動性に富んでいたことが今日様々な点で指摘されている。江戸期とはまた、知を求めて学者がさかんに旅した時代でもあった。森余山のような流浪者はまた特別の例かもしれないが、他藩の学者を政策の指南役や子弟の教育者として雇い入れるということは普通に行われていたし、知識を求めて人々の移動が頻繁に行われた。

渡邉洪基も遊学の念を抑えがたかった一人である。渡邉の唯一のまとまった伝記である『夢 渡辺洪基伝』はひとつのエピソードを伝える。渡邉十三歳の時、実家を離れ学問修養の旅に出ることを父に繰り返し談判し争ったが、認められなかった。渡邉の母はわが子の願いを叶えるべく、夫が外出の折を見計らって若干の金子と単衣を与え、「之を以て出游すべし、行付きたる所より消息あらば行届く丈は学資を送るべし」（三三頁）と介添えした。しかしこの時ちょうど、森余山が武生に聘せられ、親戚の慰撫によって思い止まったという。真偽はともかく、ここに垣間見える知と旅への執着は、本書を通じて繰り返し論及されることになる。

念願の留学の機会は、それから四年後に訪れた。文久三年（一八六三）の春、渡邉は故郷を後にして福井に出た。そこでは、医学を修める傍ら、方々に出入りして蘭語、漢学を学んだ。この時の師のなかには、橋本左内の父彦也の名も見出せる。籠から解き放たれたかのように福井の藩内を駆け回り、知識の吸収に努めた向学心の塊のような青年の姿が髣髴とされる。

福井中の学者の教えを乞うたかのような渡邉だったが、藩主松平春嶽の招聘により当時まだ福井藩に抱えられていた横井小楠の謦咳に接することは、残念ながら無かった。渡邉は、明治二三年になってから小楠の息子横井時雄に宛てた書簡のなかで、「親ク〔小楠〕先生之示教ヲ受サルヲ以て終世之憾ト存居候」と書いている（四月二四日付書簡、齊藤隆氏所蔵）。

佐倉順天堂

武生を後にして福井に出たその翌年の元治元年（一八六四）九月、渡邉の世界をさらに広げる機会が生じた。福井藩勘定奉行加藤藤左衛門に従い、江戸に出ることとなったのである。江戸に出た後、そのまま彼は下総佐倉の医塾順天堂に入塾する。

今日の順天堂大学の源である同塾は、天保九年（一八三八）に蘭方医佐藤泰然が江戸に開いた医学塾が起源である。その後、佐倉藩主堀田正睦の招きで佐倉に移り、大坂の緒方洪庵の適塾と並ぶ医学塾として、日本中から塾生が集まった。すでに泰然は引退していたが、二代目の佐藤尚中のもとで、いよいよ隆盛がもたらされていた時期である。渡邉も洋学に憧れる若者として、この医学研究の中心の門を叩いたのである。慶応元年（一八六五）閏五月に出された『佐倉順天塾社中姓名録』に「越前府中藩　渡邉静壽」として彼の名前が見出される（七頁。「静壽」は渡邉の別名）。

だが、彼は慶応元年の秋には佐倉を辞し、再び江戸に出ることになる。『越前人物志』は「固より大志ありて医業を喜はず、常に意を政治と兵学に注ぐ」（［福田：一九七二］上巻、七四九頁）と記しており、あくまで医学塾であった順天堂の教育に窮屈さを感じたのだろうか。順天堂時代の師佐藤尚中の伝記中には、「佐倉順天堂泰然及尚中門下として東校に移り教師をして居つた者のうち異彩を発つて居た者」の一人として、渡邉の名が挙がっている。それによれば、彼は「医者といふ職分より政治のやうな事が好きである位だから中々これが一筋縄ではゆかぬ男であつた、であるから在学中よく校則を犯したものである」と記されている（［本多：一九三六］十五頁）。すでにこの時から彼にとって、医学とは新しい時代を見通すための方便に過ぎなかったのであろう。

洪庵の適塾が、大村益次郎、橋本左内、福澤諭吉をはじめ各方面で活躍する自由な異才を生んだのに対し、順天堂はあくまで医学教育に意を注ぎ、極めてプロフェッショナルであった。明治医学界の重鎮石黒忠悳はこの点を次のように述べている。

大坂の緒方洪庵の塾、ここは蘭書を読むことが専らであつたゆえ、医学者ではない福沢諭吉・寺島宗則・佐野常民の諸氏のような人々が塾生にありました、また江戸には、川本幸成、および坪井信道の塾があり、下総佐倉には佐藤家の順天堂があります。ここは純粋の医学塾で、殊に外科においては日本一と称せられ、規則正しい学問は第二としても実験の材料の多かったので、精得館と東西において相対し、医学研究の牛耳を取ったものです。（［石黒：一九三八］一三八頁）

洪庵の適塾のように書の講読を通じて談論風発するという雰囲気とは異なり、順天堂では実地を重んじた医学の修得が心がけられていた。そこは「純粋の医学塾」だったのである。渡邉はそのことに飽き足らず、順天堂を飛び出すことになるが、その一方でそこでの体験は後々まで残る学問観を彼の脳裏に刻んだと考えられる。そのことについては後述する。順天堂の人脈ともこの後再びつながりが生じる。

再び江戸へ

江戸に移った渡邉は、領主の本多家の屋敷に寄宿しながら開成所に通い、箕作麟祥のもとで英学を学び、次いで慶応元年十一月には福澤諭吉の慶應義塾に入社した（『慶應義塾入社帳』第一巻、五六頁）。彼は、「こゝに断然医学を捨て政治兵術を講ぜんとす」（［福田：一九七二］上巻、七四九頁）との決意を固めたのである。

とはいえ、医学とのつながりはまだしばらく続くことになる。よく知られているように、この時代、洋学とはとりもなおさず医学であり、オランダ医学であった。海のかなたからやって来る新時代の息吹を感じる者は、蘭学を修め、オランダ語の医書を読んだが、それだけではその新しい風を運んでくるはるか遠方の文明の実態はつかめない。江戸でようやく講じられるようになった英学は、その桎梏を打ち破り、西洋の社会の秘密に直接迫ろうとする画期的なものだったが、それを学んでも糊口はしのげない。渡邉もまずは幕府の医学所に入り、句読教授の職に就いた。慶応三年春のことである。

血気盛ん

ここで青年期の渡邉の性情を物語るいくつかのエピソードに触れておきたい。そこから浮かび上がるのは、良く言えば直情径行で覇気に富んだ若者の姿であり、悪く言えば恐れを知らず時に殺伐とした雰囲気すら醸し出す荒馬のそれである。いずれのエピソードも、師に対しても臆することのない勇猛果敢な言動という点で共通している。まずは、武生時代の森余山との関係から。

渡邉十五、六歳の頃、師事していた森余山の伊勢行きに随行したことがあった。しかし、森のやかましさに我慢できず、とうとう師匠を置き去りにして逃げ帰ったという。末弟信四郎の談である（［土肥：一九二七］二一五頁）。

師匠を放り出して帰ったはいいが、途中で路銀に窮し、武生から追いかけて来た友人の関義臣と落ち合うことができて事なきを得たという。余山が「天資磊落で、気炎万状、喜怒小児の如く」であったのに負けず劣らず、少年洪基も頭に血が上りやすい性質だったらしい。それにしても、年端もいかぬ若造だったにもかかわらず、師を師とも思わぬ振る舞いである。

そのような豪放な一面は、江戸に出てからも発揮されたらしい。明治二四年（一八九一）の刊になる鈴木光次郎編『明治豪傑譚』は慶應義塾時代の次のような逸話を伝える。正月休みに雑煮が食べたいと塾生らが集まって談じていたところ、渡邉がそれならばと言って短刀を引っ提げて出て行った。

まさか餅の強盗でもしてくるのかと残った者たちが案じていたところ、渡邉が餅の半片を袖に隠し持って帰ってきた。聞けば、福澤先生の座敷床の間に飾ってあったお供え餅を盗んできたのだという。後日、夫人が餅の欠けていることに気づき、福澤が塾生に問いただして渡邉の所為であることがばれ、福澤は「笑て之を戒」めた（［鈴木：一八九二］三六―三七頁）。

当時のゴシップ集に載った訛伝の類かもしれないが、余山の時と同様、師にも臆せぬ豪気が生んだエピソードといえよう。なお、この話には後日譚があり、後に渡邉が帝大総長となって年賀で福澤のもとを訪れた際、夫人が「雑煮を差上げましょうか」と言っていたずらっぽく笑った。渡邉はたちまちかつての所業を思い出し、「成程以前餅を偸んで叱られたことがありましたが能くお忘になりませんね」と恥じ入り、一同大笑いとなったとのことである。

師に対する狼藉の逸話はまだある。明治維新後、渡邉は順天堂時代の師佐藤尚中が大学東校の大博士に迎えられて同校を主宰することになるや、教師の一人として務めることになった。順天堂在塾時の彼が、医学への関心乏しく校則違反の常習者という問題児だったことは先に触れたが、学才には非凡なものがあったのであろう。しかし、せっかくの抜擢にもかかわらず、ここでも彼は蛮勇をふるってしまう。

この時も渡邉の負ん気で尚中と大争論を始め双方頗る激烈を極め遂に穏しい尚中が堪え兼ねて擲《なぐ》らうとしたが人有つて引別れとなつた。（［本多：一九三六］十六頁）

ここに紹介した三つの言い伝えは、目上の者に対する臆せぬ言動という点で共通しているが、それはまた自らの親に対しても向けられることがあったらしい。父との確執については言及したが、慶応四年四月に母が死去した際、喪中にもかかわらず遊郭に繰り出し、そのことをいさめられると「母は却て喜んで居るであろう」などと放言した。この話を伝える同郷人は、初めて関東に赴いてから品行に変化が生じたとしたうえで、「今之を思へば其頃より脳の不尋常大度活発なりしことを回想致候」と書いているが（前田松閣翁書簡『武生郷友会誌』第二六号、三四頁）、幕末の騒然とした空気が、彼の神経を昂ぶらせていたということも考えられる。やがて、戊辰戦争が勃発し、彼はその渦中に身を投じていくことになる。

3　賊徒として

慶応四年（一八六八）一月三日、京都で鳥羽伏見の戦いが起こり、戊辰戦争の幕が切って落とされた。これに伴い、渡邉の運命も暗転することになる。

幕府医学所

前述のように、この頃渡邉は幕府の医学所に奉職していた。幕府医学所はこれより先、奥医師として将軍の侍医を務めていた松本良順（順ともいう）が緒方洪庵の後をついで頭取となり、彼のもとで抜本的な教育改革が施された。松本は順天堂の佐藤泰然の実子である。彼の改革は、前述した順天堂の学風の注入とそのさらなる徹底化を図ったものだった。松本の自伝によれば、その改革とは次のようなものだった。

予が教頭と成るに及んで、兵学家の行為を止め、文法書の講読を禁じたり。しかして専ら究理、舎密、薬剤、解剖、生理、病理、療養、内外科、各分課を定めて、午前一回、午後二回、順次その講義をなし、厳に他の書を読むことを禁じたり。もし不服の者あらば速やかに退校すべし、この処置を不審に思う者は直ちに予が許に来てその旨趣を論ずべし、と。（［松本：一九八〇］三四頁）

松本が行ったのは、一言で言えば、講読、会読の禁止である。これは、江戸時代の学問システムにおける一大パラダイム転換といってよい。江戸時代の知の伝達は、今日風に言えば、読書会を通じて行われた。ひとつの書を皆で輪読し、その書かれている意味を討議する。そこから自然と丁々発止の議論空間が現出された。それはしばしば眼前の典籍の釈義から遊離し、時世を憂い対策を論じるという政論へと発展していった（この点につき、［前田：二〇一二］を参照）。書の読解を通じて、人々が寄り集まり、自由な議論を誘発する。それがこの時期の思想空間を成り立たせていた作法だった。

松本はそれを真っ向から否定した。自伝のなかでは、当時医学を学んでいた者は、実は洋書を読みたいと思っていた者たちが大半で、緒方洪庵の適塾の学生なぞは医師ではなく諸藩の武士で兵学に関心を抱く者が多かったとして、彼らは「いたずらに文法書を会読し、序文凡例の明文を講究するを以て務となし、学者と」していたと記されている。これに対して松本は、前述のように「書を読むことを禁じた」。それまでの知的営みの全否定である。果たせるかな、学生からは反発の声が澎湃《ほうはい》として上がった。松本は次のように彼らに教え諭したという。

> 書を読むは記憶の迷を解くのみ、すでに講義を聴きて忘却せざらんには、書なきもまた可なり。かつそれ己れのいまだ知らざることは書を読むも決して了解すべきにあらず。予が教頭たるは、医を学ぶの道を教ゆるがためなり。予はその道を知り得たればこそ、先覚者とし諸彦の教導をなして迷なからしめんと欲するなり。然るにこの意を解せず、ただ書をのみ恃《たの》みとするは、十年前いまだ教えの道なき時のことなりと〔、〕
> （［松本：一九八〇］三四―三五頁）

ここに言い表されているのは、知の源泉は書ではなく、師に求められるということであろう。松本は、書とは記憶の不鮮明な時に参看するべきものに過ぎず、知識を教え伝えるのは、目の前にいる自分である、と高らかに宣言しているのである。その自信は、順天堂でいち早く採られていた経験主義的医学授業とその素地のうえに受容された長崎でのオランダ医師ポンペ直伝の体系的な西洋医学の知識に裏打ちされたものだった。

会読から講義へ

かくして、松本の主導により、幕府医学所では教師の講義する体系的な知識の学習に学問の眼目が置かれることとなった。討論ではなく、講義こそが学問を伝達する回路としてフォーカスされたのである。その結果として、かつての医学所の喧騒は鳴りを潜め、校内は厳粛な学び舎と化した。ある日視察に訪れた幕府の役人はこれを訝って松本に問い質した。

前日緒方〔洪庵〕氏の校長たるや、昼夜会読輪講あり。予等その勉強を賞し、これを長官に報じたることありしが、今日は生徒沈黙ただ机上に書を見ると、午前午後通じて三回の講義を聴くのみ。これ学問に不熱心の故ならん、と〔。〕（同右、三五頁）

これを受けて、松本は笑いながら次のように応答したという。

卿等は生徒の喧囂なると沈黙にして読書勉強するとを知らざるか。もし喧囂を欲するならば、日々青年子弟をして高歌乱舞せしむべし。それ医学校の盛んなるは、校中より大医名家を出だすことの多きにあり。見るべし数年ならずして必ず大家輩出するに至るべし。何ぞ目前の囂々を喜ぶことをなさんや、と。（同右、三五頁）

このようにして、緒方洪庵の後を継いだ松本良順のもと、幕府医学所ではそれまでの会読という授業形式は改められ、講義による知の伝達が制度化されることになった。渡邉はそのような場所に一介の教師として籍を置いた。本来ならば、喧囂を地で行ったような性格で医よりも政治を好んだ彼にとってそれは場違いな空間だったはずである。彼にとっては、洪庵の塾などに居た方が、よほど自分の性分を活かし発展させていくことができただろう。

だが、逆に考えると、もし福澤などの学んだ適塾で学んでいたならば、数多いる同質の士たちのなかで埋もれていたかもしれない。順天堂でまず学び、そしてその衣鉢を継ぐ松本に仕えたことによって、渡邉は本来の自分とは異質なものを摂取し、自己のなかでシンクロさせる機会を得たのだと考えてみることもできる。実際、その後の思想的歩みはそのことを物語っているのである。

流転の日々
——会津から米沢へ

松本の幕府医学所に勤め、新しい学のあり方に触れたことは、渡邉の人生にとって長期に及ぶ決定的な意義をもったと考えられるが、短期的には大きな試練をもたらした。彼は、戊辰戦争に参加し、賊軍として流転の日々を送らざるを得なくなるのである。

慶応四年（一八六八）三月十三日、新政府軍の西郷隆盛と幕府側の勝海舟の間で江戸城の無血開城が決定された。江戸は新政府軍による総攻撃を免れたが、抗戦派の幕臣らは戦闘を継続し、五月十五日には上野戦争が引き起こされる。

戦いは一日でけりがつき、旧幕勢力は壊滅的な惨敗を喫した。しかし、榎本武揚に代表されるような残党はさらに東北・北海道へと逃れ、それに合わせて戦線も北上した。幕府医学所頭取の松本もこの時、北に上った一人である。

松本は、榎本ら旧知の幕府側軍人が帰順せずに逃走していくのを見て、彼らを見殺しにはできないとして生死を共にすることに決した。そして彼らが逃れていく先の会津へと自らも向かわんとした。

子弟のなかから自分に従う者を募ったところ、渡邉のほか名倉知文、三浦煥、小泉順英、山内作楽、太田雄寧らが名乗り出た。こうして、彼らは師とともに会津へと流れて行ったのである。

松本は会津で戦傷者の治療に当たったが、八月に入って若松城の落城も時間の問題となってくるや、藩主松平容保の慫慂もあり会津を脱出する。彼が目指したのはやはり徹底抗戦を掲げる庄内藩だった。あくまで忠義に殉じようとする松本の姿勢がうかがえる。庄内はまた、彼の祖父佐藤藤佐が藩医を務めたいわば父祖伝来の地でもある。

ここでも師に付き従っていた渡邉だったが、庄内藩に向かう途中で立ち入っていた米沢藩の領内において運命の分かれ道にまみえる。松本のことを察知した米沢藩が松本の引き留めにかかったのである。ここに留まり、洋学と医学の教授を懇願されるのに対して、松本はすでに庄内藩と約束のあることだからと頑として固辞した。両者のやり取りの末に、米沢藩側は「已むをなくんば一行中有為の人を代理として留められたし」と妥協案を提示した。これを受けて、三浦煥と渡邉の二人が米沢に留まることを申し出、松本は「不本意なれどもその意に任せ両人を留め」（［松本：一九八〇］七二頁）、自らは庄内へと去って行ったのである。

米沢藩は奥羽越列藩同盟に参加し佐幕派と目されていたが、勤皇色も強く、強硬な反政府的立場はとっていなかった。九月に入ると早くも官軍に帰順の意を示している。勝ち目のない戦に拘泥するよりも、いち早く和平を結び、新時代に乗り遅れないよう国力増強に努めるべきというのが、藩上層部の思いだったのであろう。米沢藩の藩医筆頭・高橋玄勝は、そのような藩の意思を体現するかのように、従来の医学校を廃して病院の設立と附属洋学校による英学振興を主唱していた。ここで松本と別れ、米沢に留まったことは、明治維新後に新政府に入っていくための障害をいくばくか軽減したはずである。

米沢で英学塾を開く

こうして渡邉は、米沢藩に抱えられ、弱冠二十歳たらずにして学校を組織し新しい学問の指導に当たるという大役を担うことになる。渡邉招聘に尽力した米沢藩藩医の高橋玄勝が十月十五日に藩当局に提出した開学の趣意書には、次のように述べられている。

西洋学之儀ハ天文地理・暦算・医事・物産・兵学・耕耘機之学ニ至迄天地間之道理無所不窮事ニ而一々難申尽儀ニ有之、実ニ富国強兵之術は此学ニ止り可申と存候。先日建白仕候条々ハ病院永続之道ニ而、全ク洋学ニ関係仕候儀ニハ無之候得共、洋学校を病院ニ御附属被遊候儀ニ御座候ハ丶、是亦格別之訳と存候。

（『戊辰戦役関係史料』一六八頁）

注目されるのは、医学が天文地理、暦算、物産、兵学、耕耘機の諸学のなかのひとつとして数え入れられ、これらを合わせた総体としての西洋学が教授されるべきとして、富国強兵の道はこの学に止めをさすと力説されていることである。学校設立の目的が、医学ではなく洋学一般、それも国力の裏づけとなる知識にあったこと、また病院ではなく学校経営にあったことが明らかに見て取れる。このことは、渡邉が高橋に懇望したことに他ならなかった。

このような開学の趣旨を著した後、翌月にはさらに具体的な学校の運営方針が上申された（『戊辰戦役関係史料』一七九頁に翻刻されているものに、『史料』十に残されている書写を照合して若干の修筆を加えた）。

一　年令十五才より十七才迄之内、文官武官貴賤尊卑ニ不拘生得多才遣〔『史料』十では「之」〕人柄御撰挙十二人御托之事。

一　右員中ニ而学才乏しく、或ハ教令ニ背き、或ハ情意誠実ならざる者有之之節ハ除籍之事。

一　学生居室之事。

一　静寿〔渡邉のこと〕居室別間ニして、生徒之内壱人左右給仕之事。

右二条学校成就迄興譲館ニテ繰合可申事。

一　英蘭之原書・翻訳書共ニ御貸渡之事。

一　筆・硯・紙・墨其他学事ニ必要之品相調候事。

一　稽古時間期限之事。

一　右時間期限相欠候者末紙ニ禁足〔『史料』十では、「末席に於て禁足」〕、禁足数度ニ及候節ハ除籍之事。

一　毎土曜日、其進否を検索し階級を定、賞罰之事。

一　日曜日休業、親之疾病自分疾病之外 休業無之事。

一　学生掛被命置度事。

お上公認の学校を任されたことへの気概と発奮が目に見えるようである（同地における渡邉の教育活動について、［松野：一九八〇］、［松野：一九八八］参照）。

しかし、開学にはこぎつけたものの、学校の運営は至難を極めた。折からの戦況により、藩政はそれどころではなくなってきたのである。前述のように米沢藩はすでに九月初旬、官軍に帰順する旨伝えていたが、同月中旬には今度はかつて同盟していた庄内藩に兵を向けることになった。米沢藩の当局者としては、いちはやく官軍の旗の下に降ることによって、洋学振興をはじめとした再起策に取り組みたかったのだろうが、時勢はそう甘くはなかった。学校経営に必要な人材や財政、またそもそも学生そのものも戦闘に奪われるなか、渡邉は一人細々とせっかく灯った学燈の明かりを守っていかなくてはならなかったのである。

“東京”へ戻る

戦闘自体は九月二二日に会津藩が、二六日には庄内藩がそれぞれ官軍に降ったことにより終局を迎えたが、戦後の混乱と人心の動揺はなかなか収まらなかった。十月二三日、先に引用した開学の趣意書が著されてから数日後、渡邉はそれと並行して、次のように学業の停滞を嘆く陳情書を書かざるを得なかった。

歴然立志之生徒も怏々送一日、志益堅者ハ鬱憂生病、初時有志之者も或ハ不快之余志折終ニ不可

制之勢ニも陥候半ハと懸念罷在候処、

（『戊辰戦役関係史料』一七一頁）

志を抱いて入校してきた者たちの期待に学校の現状が報いられておらず、このままでは学生の離反も生じかねないとの憂慮が示されている。後に渡邉は、英学修業中の生徒には諸勤を免除するよう懇請しており（『戊辰戦役関係史料』一八四頁）、当時藩内はとても学業に専念できるような状況ではなかったのであろう。

右の引用に続けて彼は、事態このままでは「一日も早帰国仕」らんとも述べている。物心両面での支援がままならないなかで、新設の藩校の運営を一任されることは、二十歳そこそこの若者にはやはり負担が大きすぎたようである。

もっとも、藩当局のほうも、戦後処理にかこつけて学校のことはないがしろにしていたばかりでもなかった。十一月八日、渡邉の訴えに対して、「時勢柄開化之期不相至延引ニ相及候段、御申訳有之、此上ハ学生教授耳ナラス、第一物産を開し富国強兵之術を伝授致し被呉度旨御懇達有之度事」との回答がなされた（『戊辰戦役関係史料』一七六頁）。学生の教育のみならず、富国強兵の術の伝授を渡邉に要望しており、藩政への諮問役への期待とも読むことができる。この求めに応じて著されたのが、先の学校の設立指針に他ならない。そして彼は、藩当局より、「学業之儀ハ一切御委任致」と委嘱されるのである（同右、一八一頁）。

にもかかわらず、一度頭をもたげた帰京の念は容易に払拭できなかった。ともに松本良順のもとを離れ、米沢にとどまった三浦煥もすでに十一月中旬に当地を後にしていた（『戊辰戦役関係史料』一七七頁）。米沢藩の慰留を受けながらも、離任の意思は固かったようである。かねてより彼は、「天下名分相定リ候上は私ニ逗留も不相成事故、東京越前家へ御使者を以御頼入ニ相成候様仕度」と東京への帰還を申し出ていたが、年が改まり明治二年になるとさらに、「且去春以来国元より音信不通故郷之上も不安心ニ而日夜郷思切ニ罷在何分難堪存候間、乍恐一先ツ帰省仕度旨申出候」と望郷の念をも引き合いに出し、米沢を去ることへの理解を求めている（同右、一八六頁）。

一月二十日、藩の役人が重ねて渡邉の慰留に訪れた。深更まで説得に及んだが、彼を翻意させるには至らなかった。彼の辞意が動かし難いことを知るや、藩は一転、帰京の便宜を図っている。渡邉から逆に、一日も早く出発したいとので周旋のほどお願いしたいと依頼されるや、翌日にはその旨を藩政府に取り次ぎ、近々東京へ差遣する者たちに紛れて出立できるようお膳立てがなされた。

何分留り兼候勢ニ付一先ツ帰省之方ニ相決候処、一日も早く出立相成候様周旋被相頼、翌廿一日右之趣政府へ申出候処、幸御三之丸より東京へ御差立ニ相成候者も有之事ニ付、仕度取運次第出立之方ニ相成候事。（同右、一八七頁）

こうして、五ヶ月に及ぶ米沢の滞在には終止符が打たれ、二四日に渡邉は東京への帰路に就いた（［米沢市：一九九三］七四五頁以下）。離別に当たり、藩政府から謝金として銀三十枚、当月分の月俸二十両、学生たちより百疋づつの餞別が送られたという（同右、一八八頁）。

思えば、米沢に入った時、彼は敗残兵として命からがら会津を抜け出し庄内へと逃れようとしていた。それとは打って変わって、今や彼は旅装も万全に、かつて自分が楯突いた官軍の御膝元であり、東京と改称された新生日本の中心へと舞い戻っていかんとしている。渡邉の陽の当たる人生が、まさに始まろうとしていた。

第二章　維新官僚への転身

1　外交と学政

新政府への建白書

明治二年（一八六九）一月の末に渡邉は米沢を発ち、東京に向かった。〝賊徒〟であった彼は、米沢藩や府中藩本多家の屋敷にまずは身を潜めていたようである。

潜伏先で彼は想を練り、筆を走らせていた。新時代にふさわしい体制を構想し、それを建白して自らを新政府に売り込まんとしていたのである。一ヶ月余り後、彼は二通の建白書を維新政府に宛てて提出した。渡邉の伝記に、それが掲載されている（[渡辺：一九七三］六頁以下）。

冒頭に「方今ノ急務ハ天下衆庶ノ知ル所ロ即チ内乱ヲ治メ外侮ヲ防キ富国強兵ノ基ヲ立ルニ他ナシ」と謳われた一通目は、大略以下の五条からなる。

第一条　各人各邦私利を捨てて公益を取り、全国合一して外国と対峙するべきこと。
第二条　外国との交際は信義をもって行い、すべての国と平等に接すること。
第三条　官吏の出処進退や法令の改廃の規則を重んじ、民心を安心させること。
第四条　軍律を厳正にして兵隊の数を削減し、減税を行い、万人の知恵を促進すること。
第五条　学術を開化させるにあたっては洋式に拘泥せず、長幼貧富の差別なく万人がその恩恵に浴せられるようにすること。

さらに二通目では、王政復古のもとで国民の宥和が遂げられるべきことを訴え、そのための具体的施策が列挙されている。興味深いのは、これに続けて彼が日本を取り巻く国際情勢と学術行政について特に筆を費やしていることである。

国際関係論と学術振興策

まず彼の認識する国際関係について見てみると、現下の形勢ではイギリスとフランスは表面上は友好的だが裏面では互いに野心を抱いており、アメリカとイギリスの間には緊張関係があり、ロシアとアメリカは最近接近している。これらの国々は、それぞれロシアが日本の北方への浸食をうかがい、イギリスとフランスは日本本土に関心を示している。アメリカも日本に対する野心は他の国々に勝るとも劣らないが、現在は内戦の後で疲弊している。

このうちロシアは佐幕論を唱えて蝦夷の地を蚕食せんとうかがい、アメリカとフランスは日本の王政を認めているが旧幕府との友好関係の記憶も根強い。現在の急務は、フランスとアメリカが心変わりしないように留意し、特にアメリカをもってロシアの態度を軟化させることだという。

次に学術振興策であるが、これは一通目の建白書の第五条で説かれた内容の具体化を期したものである。それは次の七ヶ条からなる。

第一　各府各県に学校を設け、その際学術を分けて両局をなすべきこと。
第二　全国の洋学者を官命によって分課すべきこと。
第三　活字局を設置し、書籍を量産して廉価とすべきこと。
第四　児童の年齢に応じて学則を定め、翻訳書をもって教育し試問を行い、濫りに退学転学せしめないこと。
第五　十三から十五歳の子供たちのなかから人数を限って選抜を行い、外国語を学ばせること。
第六　十五歳以上の者は学と術をそれぞれ学ぶべきこと。
第七　試験を経なければ官務に就いてはならないこと。

以上のような建白を通じて、渡邉は自らを二つの方面から新政府に売り込もうとしたのだといえる。つまり、洋書を通じて学習した国際関係の知識を駆使した外交官としての道と米沢では頓挫してしまった学政官としての道である。そしてこの建策が功を奏したか、実際に彼はこの二つのキャリアを歩んでいくことになる。

待詔局

ところで、渡邉のこの二通の建白書は、維新政府が設置した待詔局と呼ばれる役所に提出された。待詔局とはいかなる機関だったのか。

これは、維新政権で働く人材を抜擢するために、大久保利通の強い要請で設けられたものである。渡邉が東京に出てきたのと同じ明治二年一月、明治政府内では、大久保によって「政府の体裁に関する建言書」が出されている。岩倉具視の諮問に答えるかたちで著された新政府の当座の制度改革の指針をとりまとめた建言書である。かねてから人材登用の法を整備する必要を胸に抱いていた大久保は、世間にうずもれている賢才を登用する方策を求めていた。大久保によれば、まだ現下の政権では学校制度が未整備のため、自前で人材を育成するに至っていない。「党ヲ引〔き〕、類ヲ求〔め〕、洽ク天下ノ賢ヲ得」るための弥縫策が急務である（『大久保文書』第三巻、十三頁）。そのために設置されたのが、待詔局だった。

大久保が求めていたのは、新しい政権のために働きたいという意欲をもった人材を公平に登用できる仕組みだった。日記のなかでも、「今度政体御変革ニ付而ハ人材御選挙之義第一ニ而、決而私見ヲ去リ公平ニ其人ヲ挙ルヲ要トセリ」と記している（明治二年二月十六日『大久保利通史料』二九六頁）。そのために、待詔局では広く建白書を受けつけ、これはと思う建白者は政府に招き入れることとしたのである。「私見ヲ去リ公平ニ其人ヲ挙ルヲ要トセリ」とは、藩閥にとらわれないということ、佐幕派のなかからもその意志ある者は積極的に取り入れようということであろう。渡邉にとっては、まことにタイムリーな措置であった。彼のために設けられたとも言えそうな待詔局を通じて、晴れて渡邉は賊徒から維新官僚への道を歩み始めるのである。

建白書を提出した後、渡邉は主君である本多家から学資を得て、明治政府が開設した大学に入学、得業生となった。これに先駆け、外務省に出仕せよとの話もあったらしいが、彼は学問の続行を選んだ。しかし、直に外交官としての彼の活躍をこの後見ることになる。だが、まずは大学入学である。

大学に入る

維新政府は江戸を占拠するや、幕府の直轄校であった昌平坂学問所、開成所、医学所を接収して、昌平学校・開成学校・医学校とした。そして明治二年八月に昌平学校を母胎として大学本校とし、十二月には開成学校・医学校をそれぞれ大学南校・大学東校と改称した。付言しておけば、その後明治十年四月にこの二つの学校が合併して東京大学が成立する。これはいわば旧東京大学である。この旧東大が拡充されて、明治十九年三月に帝国大学ができ、渡邉は初代総長となる。もちろん、当の渡邉は、この時そのようなことなど知る由もない。

ところで、『越前人物志』の渡邉の事歴によれば、ここで彼は大学南校に入学したと記されており、その後に書かれた伝記もそれを踏襲している。ところが、前章で紹介した順天堂時代の師・佐藤尚中との逸話のなかでは、彼は旧師について大学東校に在籍していたことになっている。おそらく彼が入学したのは、旧開成学校の流れをくむ南校であり、かつて籍を置いていた医学所の後身の東校ではなかったであろう。やはり前章で引いた、この年の六月に渡邉が武生に帰省し、医学から洋学に変業したと高唱したとの話と照らし合わせれば、そのように見なしたほうが自然である。佐藤尚中との一件は、順天堂時代の記憶との混同と考えられる。

すでに佐藤尚中や松本良順の助手として、また米沢では洋学校の実質的な学頭として活躍していた渡邉は、めきめきと頭角を現していったようである。この年の十一月には大学少助教に任じられ、教師の列に参じることとなった。翌明治三年の一月には中助教に昇任している。渡邉は順調に明治の洋学指導者としての階梯を駆け上がっていた。

外務省入省

だが、ここで彼の進路に転機が訪れる。外務省への異動である。この年の六月、彼は外務省大録に任じられることになった。ここからしばらくの間、渡邉は外交官としてのキャリアを積んでいくことになる。転身した彼を早速ひとつの大きな仕事が待っていた。時同じくして勃発した普仏戦争に際して、日本が発した局外中立の布告文の起草である。後に渡邉が回顧しているところによれば、これは当初、フランス公使館から代筆の申し出があったのだという。

これに対して渡邉は、「抑局外中立ハ独立自主ノ権アル皇国自ラ之レヲ布告ス可キモノ」と猛然と異を唱えたという。交戦国が第三国に対して中立規則を作成し、これに従えとは「皇国ヲ軽侮スルノ太シキモノ」であり、むしろわが政府が先に中立令を発し、彼らに遵守させせなければならないとの至極まっとうな主張である。そのように啖呵を切って、渡邉はホイートン『万国公法』と自らの「感情ヲ基礎トシ」て中立規則を起草したとされている(「孛佛戦争間我国局外中立ノ始末」『史料』二二—四—五。この資料の翻刻として、[武山:一九八二]、[武山:二〇〇九]も参照)。

彼がこの規則の作成に与っていたことは、当時外務大輔だった寺嶋宗則が「我国始メテ局外中立ノ事アルヲ以テ立案容易ナラズ。……渡辺洪基等与テ功アリ」と回想していることからもうかがえる（『寺嶋宗則関係資料集』下巻、五三頁）。渡邉自身の回想には自己の愛国主義的毅然さを過度に潤色しているきらいもあるが、ここで端無くも垣間見える国士的外交官の側面は、明治政府のなかで取り立てられていくにあたって大きな資源となった。というのも、彼は数年後に岩倉使節団の随員に抜擢されるが、そこでもまた岩倉具視や木戸孝允といった政府中枢の第一人者相手に大見得を切り、それによってかえって「外務省に人あり」の評価を得ていくことになるのである。

だが、そこに筆を進める前に、幸先よく維新官僚として転身を遂げた渡邉を見舞ったある事件について言及しておきたい。

2　武生騒動

関義臣との交情

関義臣の名は前章でも出てきた。少年時の渡邉が森余山の付き添いで伊勢に向かい森を置き去りにして引き返したものの、路銀が尽きて途方に暮れていたところへ助けに現れたのが、関であった。

関義臣は、天保十年十一月に生まれた。渡邉とは十近く歳の離れた兄貴分である。本多家の家臣であった彼は、福井に出て藩校明道館に学び、橋本左内らに教えを受け、幕末には坂本龍馬の海援隊に加わるなどした。維新後は徳島県や山形県の知事を務め、貴族院議員にもなっている。

関義臣（上野景文氏所蔵）

関よりも一足早く新政府に任官した渡邉は、明治二年十一月九日付で武生にいる関に宛てて書簡を出している。この前日に彼は大学少助教に任じられ、晴れて新政府の一員となった。書簡の内容は、関にも近々声がかかりそうな政府内の空気を伝え、その日を心待ちにしているというものである。

〔相良知安と対話中、〕貴君之説ニ相移り承候処、近々大蔵省歟或者外務省江御召ニ相成候様之噺聞及候趣申居候、実事ニ御座候ハヽ、不遠内再会も仕得候半と奉待上候。

（『越前市』二〇一二　一八七―一八八頁）

文面から、新政府に無事出仕し、意気揚々としている渡邉の姿が髣髴される。関にも近いうちに大蔵省か外務省より話があるように聞いており、それが本当ならば、遠からざるうちに再会できるのではないかと記している。同郷の旧友の上京を待望する行間から、新生日本への曇りのない期待と希望が看取できる。

だが、その思いに冷水を浴びせる事態が発生した。翌明治三年八月七日に勃発した武生騒動がそれである。それは、武生を舞台に生じた焼き打ち事件であるが、その背景には江戸時代の幕藩体制下で武生の置かれていた微妙な立場があった。

事の発端は、明治二年十一月二五日に起こった。渡邉が関に書簡を書き送ったその同じ月である。この日、福井藩より府中武生を代々治めてきた本多家当主副元に対して、府中領二万石の召し上げと本多家を上級家臣同様の士族となすとの通知が到来した。同年六月の版籍奉還に乗じての措置である。福井藩が版籍を奉還したことによって、本多家に事実上認められていた府中領の領有もあわせて朝廷に返還され、折り返し福井藩の藩知事に任命された松平茂昭に施政の権限は帰属することになった。それまで実質的に独立の藩のように遇されてきた武生だが、版籍奉還によってその既得権を失い、主君である本多家も大名としては認められず、一般の士族と同格とされてしまったのである。

武生騒動の勃発

それまで独自の藩意識の強かった府中武生では、突然降ってわいてきた福井藩の直接統治と主君本多家が華族に列せられず士族に〝降格〟となったことに対して、鼎の沸くが如き状態となった。福井藩と東京の新政府に対して、旧来の秩序に戻すことを嘆願する陳情が相次いだが、東京にあった渡邉も処分の下った翌月の十二月にいち早くそのような趣旨の建言を行っている（『越前市』二一〇―一〇）。事態の本質が要領よく記されているので、長文ではあるが、区切りながら引用したい。

今我旧邑主副元カ家系ハ、固ヨリ人ノ知ル所ロニモ有之、其差如何ハ知ラスト雖トモ、二百年来毛利氏ノ吉川氏ニ於ケルカ如ク、実ハ陪臣タリト雖トモ土物ヲ貢シ邸ヲ保チ、其他凡百ノ体格殆ント列侯ト伯仲シ、旧来其邑下ニ在ル者、恰モ列侯ノ地ニ在ル者ニ均シク、士族ハ即士ノ格ヲ以テ輿国ト相交リ、上本藩ニ属スト雖トモ下武生ノ民ヲ領セリ。

本多副元
（宮内庁三の丸尚蔵館所蔵）

まず渡邉は、旧主本多副元の家系を論じ、それが長州の支藩と見なされてきた岩国藩の領主吉川氏に比肩すべきことを説いている。その身分は正確には松平氏の家臣であるが、実態としては諸侯となんら変わるところなく、その領民も独立の藩の民と異ならなかった。維新後に岩国藩が正式に藩として認められ、吉川家が華族に列せられたのであれば、同様の扱いが府中と本多家にもなされるべきとのメッセージである。

今天下ノ大勢変革ノ秋ナルヲ察シ、列侯皆其封土ヲ奉還スト雖トモ、朝廷審カニ天下ノ情勢ヲ察シ、旧幕府ノ下藩主ト称セシ者ヲ以テ、更ニ其藩ノ知事ニ任シ、其藩内ニ在テ人望ノ帰スル者ヲ以テ参事以下ノ職ニ置キ、従来ノ士族ヲ以テ士族トシ、卒族ヲ以テ卒族トシ、務メテ人心ノ揺動ヲ禦キ、以擢漸クニ万世不抜ノ基本ヲ開ク〔後略〕。

いま天下は大変革の時を迎え、諸大名はみなその封土を奉還するに至っているが、朝廷は賢明にも慎重に事態を観察し、それまでの藩主をそのまま藩知事に任命し、士族は士族のまま、卒族は卒族のままとして、旧来の秩序を尊重して徒に人心を動揺させることなく、漸進的に改革を行っている。このように維新政府の改革を評価した一方で、そのような良策の恩恵に本多家があずかっていないことを難じて言う。

副元短才タリト雖トモ、確乎タル事実モナクシテ旧来ノ家格ヲ滅却シ、其他ノ裁政ヲ免シ、旧来同格ノ族ヲ分等シ、新タニ藩内ノ士ヲ擢テ其士民ヲ司ラシム、既ニ臣子ノ称ハナシト雖トモ、三百年来固結ノ流俗、特リ此地ノミ豈一朝ニシテ判然轍ヲ異ニセンヤ。

確固とした事由もなく副元の家格を滅却し、統治の実権を剝奪するなど、武生の地のみ一朝にして三百年来の旧慣を覆されるとは何故か。このままでは、やがて由々しき事態が勃発しかねないと次のように警鐘が鳴らされる。

士卒ハ其旧主ヲ視ルコト、無辜ノ冤ニ就ク者ノ如ク、民ハ故ナクシテ頓ニ父母ニ離ル、カ如ク、却テ上ヲ怨ムニ至リ、兎角固陋ノ論ヲ唱へ、人心頗ル惑乱スト聞ク、万一軽率ノ挙動アルニ至ラハ、上ハ其地方諸官ノ過チ下ハ国民ノ不幸ナラン歟。

本多のかつての家臣たちは旧主のことを無辜の冤罪に問われた者のように認め、領民は訳もなく父母と引き離されたかのように感じ取り、その結果お上への鬱憤を募らせ、過激な議論が横行し人心はすこぶる惑乱していると聞いている。万一彼らが軽率な挙動に走ったならば、上はこの地方政府の咎となり、下は国民の不幸となりかねない。そのように述べて、この建言は結ばれている。

騒動の顚末

この陳情が明示しているように、本多氏の支配が突如として取り消され、福井藩の直轄とされたことによって、武生では領内挙げて抗議の声が沸騰し、一触即発の雰囲気となっていた。その声を受け、またなだめるために、福井藩へ、そしてさらには東京の政府のもとへと嘆願の使いが再三にわたり派遣された。そのしつこさに堪忍袋の緒を切らした政府は、明治三年七月十八日、陳情のため上京していた武生の僧侶ら六人を召し捕らへ、福井藩に引き渡した。かくして六名は福井へ護送されて取り調べを受けることになったが、八月七日、その途中立ち寄った武生にて、彼らを奪還しようとする群衆が激化して暴動となったのである。

主として狙われたのは、武生の富商たちの邸宅であった（『武生市史』一九七六〕三四八―三四九頁）。抗議に集まった者の多くは周辺の郡村の農民たちだった。折からの農作物の不作で苦しい生活を余儀なくされていた彼らは、福井藩による新たな支配にとりわけ不満を抱いていた。彼らの目には、武生の商人たちは福井藩の重商政策に便乗して甘い汁を吸っている奸物と映った。まず、松井耕雪の屋敷が襲撃された。松平春嶽との関係浅からず、福井藩の通商政策に肩入れしていた彼は、真っ先に標的となったのである。続いて、武生の豪商の家が軒並み襲われ、家屋の焼き打ちや盗難が展開される狂乱の一夜となった。

福井藩の対応は迅速だった。翌朝には藩兵が押し寄せ、数日間にわたって騒動に加担した者を次々と訊問し、およそ百六十名が捕えられた。捕まった者には、過酷な拷問が待っていた。

先述の関もそのような取り調べを受けた一人である。騒動の翌々日に縛に就いた彼は、そのまま福井に護送された。その背後には、関に私怨を抱く三岡八郎（由利公正）の画策があったとの指摘がある（［越前市：二〇一二］二八頁以下）。酷烈な取り扱いによって同志の幾人かが獄中で斃れるなか、関は新政府が明治三年十二月に発した新律綱領によって命拾いをする。そこには、「死罪は伺い出て決済を経よ」と定めてあり、これを受けて政府へ提出された関の死罪伺いは却下され、無罪の判決を得た。これによって、明治四年三月、関は晴れて出獄することができたのだった。

獄窓での邂逅

関がまだ明日をも知れぬ身であった明治三年の閏十月二三日、獄中の彼のもとを渡邉が訪れた。渡邉も騒動によって身柄を拘束された一人である。既述のように本多家への処遇を改めるよう求める長文の建言書を著していた彼にも捕縛の手は伸び、武生騒動勃発後の九月五日、「不審之筋御座候」として福井藩から外務省に対して身柄引き渡しの願いを出されていた。このために同日外務大録を免官となり、藩命により福井への帰藩を厳命される。そして取り調べを受けた彼は、閏十月三日に許されるまでの一ヶ月余りを武生の自宅にて謹慎を命じられた（［元陪臣］、［澤崎：二〇一二］六頁）。

謹慎が解けた渡邉は、福井に幽囚されている関を見舞った。この時、関は獄中の劣悪な環境で病に罹り、福井城内の仮病室に隔離されていた。この時の状況を関は次のように記している。

余養病在於城内仮病室、鎖鑰甚厳、更使吏交迭看守焉。一日渡邉孝一郎来訪、吏不許見。然吏亦不峻拒之。窃使孝一就室後窓下、通問於余。余不能面、唯聴其声耳。慨然賦此。実庚午閏十月念三日也。（［澤崎：二〇一二］六頁）

幼馴染である孝一郎（洪基）の来訪であるが、面会は許されない。しかし、吏卒は二人が窓越しに会話するのは黙認した。病室の窓の下にいる渡邉に問いかけ、その声を聞くのみである。死を覚悟していた関は、自由の身となった渡邉と何を語ったのだろうか。おそらく遺言を託したであろうことが推測される。特にお咎めもなく放免された渡邉は、じきにまた官途に就くであろう。新政府のなかで頭角を現していくことが期待される彼に対して、関は郷里武生の将来と旧主本多副元の名誉回復を懇望したのではないか。

騒動をめぐる回想

武生騒動は明治維新の揺籃期に武生にあった人々の脳裏に深甚な刻印を与えた。後に帝国大学医科大学教授としてわが国近代皮膚科学の父となる土肥慶蔵は、この時まだ五歳に満たない幼児であったが、次のように回想している。

我家の向側に松原を隔て、お役所があつた、今の武生病院の建物がそれである。或時のこと僕は隣家石川の恒さん廣さんと云ふ仲好しと松原の上に遊んで居ると、役所の中に悲鳴の声が聞えた。驚いて何事かと互に顔見合わせながら忍び足に立ち寄つて、門の隙間からそつと内を覗いて見ると、正面の大玄関の式台に容赦なく高手小手に縛り上げられたる壮夫が背を向けて屈んで居る。一段高い奥の間には恐ろしげなる役人が傲然と腰うちかけて、何事か声高に罵つて居る。そして囚人の左右には袴の股立小高くかゝげ、手には青竹の箒のやうに割れたのを持つた鬼のやうな男が二人立て居て、役人の指図のまゝに「まだ白状せぬか……是でもか」とヒシヒシと打擲する。「アイタアイタ、只今申上ます」といふ声も幽かに頓て気絶でもしたものか、傍なる手桶の水が吹きかけられた。之を見たる我等三人はびつくり仰天、夢中で駆け出したことがある。

（［土肥：一九二七］三二〇頁）

土肥のように当時まだ年歯のいかない子供だった者にも、この事件は陰惨な記憶を脳裏に刻み込んだ。すでに成人となっていた多感な青年にとって、その屈辱はいかばかりだったであろうか。斎藤修一郎は、この事件で育ての親の伯父を獄中に失った。「我が祖先の墳墓の地は荒らされ、親に等しき伯父上は獄中に投げられ、他年の故郷も恩人も、凡てめちゃめちゃにされてしまつたとは如何に思ふても心外至極これといふのは皆福井本藩の為めである、福井藩なければ斯んなことは無いのだと斯う思ひつめて来ると、自分の当の敵は福井藩であると一途に思はれて、口惜しさは一層募る」と後年彼はこの時のことを述懐している（［斎藤：一九〇八］七〇―七一頁）。

龍泉寺の武生騒動の碑
（齊藤隆氏提供）

もっとも、既述のように事件は急転直下収束を遂げ、「僅か一月位の中に此の武生事件なるものは有耶無耶の間に解決せられてしまつた」（同右、七五頁）。

まるで夢を見たやうな話、獄に投せられたものは悉く放免される、座敷牢に入れられてゐたものも皆家へ帰つて来る。理由は最早やお構ひなし、と唯是れ丈けで恐ろしい疑獄の結果は狐につままれたやうな事で終つてしまつた。（同右、七五頁）

このように狐につままれたような落着をみせた背景には、先述の新律綱領という新たな刑事法典の成立によって死罪に待ったがかけられたことがあった。版籍奉還によって生じた悲劇には、こうして唐突に終止符が打たれたのである。それは、中央集権化への道のりのなかで生じた悲劇ともいえるし、新政府の一貫しない対応によってもたらされた歴史の徒花とも考えられる。今日、旧武生市（現越前市）の龍泉寺には、本多副元の建立になる騒動の犠牲者十五名を悼んだ石碑が佇んでいる。

渡邉と武生騒動

渡邉にとってこの騒動はいかなる影響を与えるものだったのか。残念ながら彼自身がこの件について語っている史料は管見の限り見当たらない。伝聞として、本多副元が明治十二年に華族に列せられ、明治十七年には男爵に叙せられた際に、渡邉の尽力があったとの証言が残されている〔高木：一九一九〕一〇二頁）。関と収監先の鉄窓を隔てて誓ったであろうように、彼が主君の被った恥辱を晴らすべく奔走したことは想像に難くない。

その一方で筆者は、この騒動が渡邉に与えたであろう別の深甚なトラウマがあったのではないかと考えている。既述のように、この暴動によって真っ先に餌食となったのが、松井耕雪の邸宅であった。前章でみたように、松井は私財を投げうって藩校立教館を建てるなど郷里武生の学芸振興に尽くした人物である。その恩恵を渡邉も受けていた。東京から武生に帰還後、松井の屋敷のみならずかつての商家街が無残に焼き尽くされているありさまを見て、渡邉の胸中に何が去来したであろうか。松井のような才覚ある商人によってこつこつと築き上げられてきた郷土の文化が、群衆の暴動によって一夜にして灰燼に帰してしまう無常さを彼は噛みしめたかもしれない。何よりも後先考えない暴力の無益さを痛感したのではないか。

だが、時代はそのようなものではなくなっている。街頭で猛々しく狼藉を働いても何も生み出せない。戊辰戦争で砲火を潜り抜け逃避行を経験した末に新政府に登用された彼には、力まかせの刹那的抵抗の無意味さが身に染みていたと考えられる。変わり果てた故郷の姿に、渡邉はその思いを強くしたのではないか。暴徒が打ち壊した松井らの財力や学問の再建にこそ意が注がれなければならない。その後の渡邉の歩みはそのことを実証するであろう。

3　条約改正交渉への参加

一ヶ月余りの自宅謹慎で武生騒動のお咎めから自由になった渡邉は、それから二ヶ月後の明治三年（一八七〇）十二月二十日には外務大録に復任した。渡邉がかくも首尾よく官途に返り咲いた背景には、当時緒に就いていた国家的懸案の存在があった。西洋諸国との条約改正交渉がそれである。

条約改正に関わる

明治三年十月七日、外務省において条約改正の準備のための取調掛が設置された。幕末に西洋列強と締結した諸条約の改定が一年半後の一八七二年七月（明治五年五月頃）に迫り、そのための交渉の下準備に着手すべきとの声があがっていた。成立間もない明治政府にとって、国家的威信を試される事態だったと言ってよい。その証左に、外務省は十月七日の評議のなかで次のように訴えかけている。

条約改定ハ尤当省ノ専任ナリ。然レトモ政府ヲ始メ他官省ニテ偏ニ当省ニ依托シテ傍観スル理アルマシ。其故ハ民政ニ係ル事アリ、刑法ニ係ル事アリ、抑国体ニ係ル事アリ。当省ノ一見識ニテ此三大事件ヲ独決スル事不能也。故ニ政府ヲ始メ各官省府藩県トモ傍観スルノ理ナシ。

（『大日本外交文書』第三巻上、七二―七三頁）

迫りくる国家的難局に挙国一致で立ち向かおうとの呼びかけであるが、新生間もなく実務的交渉のノウハウも経験も欠いた外務省だけで対処することはどだい無理である。各省各府県藩の有為な人材を提供してほしいとの悲痛な叫びとも聞こえる。

「擬新定条約草本」

渡邉が外務省に呼び戻されたのはそのようななかだった。これに先駆けて、普仏戦争時の局外中立案とりまとめで名を挙げていた彼に、白羽の矢が立ったとしても不思議ではない。年が改まるや、彼は津田真道、神田孝平をヘッドとする改正掛という調査チームに外務省の同僚である中野健明、田辺太一、柴田昌吉、大庭景孝とともに加わり、条約改正案の検討作業に従事することになる。

ここで作成された条約改正案のたたき台は、四月十五日に完成し、田辺と渡邉の手によって岩倉具視のもとへと届けられた。「擬新定条約草本」と題する条約改正試案がそれである。

これは今日、外務省外交史料館に所蔵されている『明治四年各国条約異同沿革一覧　附条約改定稿本並異同弁』（アジア歴史資料センター、B06151019400）と題する文書のなかに収録されており、ほぼ全文が下村富士男『明治初年条約改正史の研究』に翻刻されている（九三頁以下）。同草本はこれまでに西洋各国と結ばれた通商条約を総合的に検討し、条約改正案を逐条的に考案しているが、注目されるのはそこに添付された「伺」の文言である。

徒らに改定の名御座候共、旧幕の節取結候処に打越、巍然御国権も相立、国中有志輩の快足を得候程の義は、迚も行届申間敷哉。

（［下村：一九七〇］九一頁）

改定と名乗ってはいるが、旧幕時代に締結した条約の手直し程度のものにとどまり、「国中有志輩の快足」論、すなわち当時一部に流布していた対等条約の一挙実現というような急進論とは距離を取ることを示している。そして、むしろ次のように提言されている。

今般改定の一事は、先御見合、来申年の期限今三五年御差延し、国歩の一進を被為待候方には無之哉。

（同右、九一頁）

条約改正を急ぐよりも、今の時点ではそれを見合わせ、それよりも改正期限の延期を求め、その間に国力の充実を一歩一歩進めるべきと掲げられている。渡邉を含む改正掛の言わんとする点はそこにあった。「是非共一二の改正可相成との御趣意に候はは、別冊擬草の通にも可有之」だが、彼らはむしろ条約改正作業の凍結と改正交渉の延期、そして将来の改正のために国内の体制整備を唱えるのである。

以上の点を指して、「草本」は、「旧幕の知識人達の衆智を集めて成った、現実的かつ漸進的な条約改正の具体的一試案」（［稲生：一九七六］一八四頁）と評されている。外務省に結集した彼ら旧幕知識人たちは、ナショナリスティックなパトスを抑制し、日本の実情を客観的に評価したうえで、条約改正の道を長期的視野で冷静に説き起こしたのである。

既述のようにこの「草本」は岩倉のもとに届けられ、維新政府の中枢において本格的な検討に付される。だが、これによって、維新官僚として抜擢された彼らはお役御免となったのではなかった。田辺も渡邉も引き続き条約改正作業の裏方として働き続けることを要請される。そして、彼らには新たに、そのための一大国家プロジェクトの任務が課せられる。西洋諸国への大使派遣である。

使節団派遣の議

条約改正の期限が翌年に迫っていたこの時、条約締結国へ使節を派遣せんとの声が政府内であがっていた。通常、その議は大隈重信によるものとされる。明治四年八月二〇日頃、大隈はみずからを使節とする交渉団の派遣を発議し、政府はその方向へと動き始め、最終的には岩倉具視を大使、大久保利通、木戸孝允、伊藤博文、山口尚芳を副使とする五十名にも及ぶ一大使節団が欧米諸国巡覧の旅に出る。世にいう岩倉使節団である。

遣外使節派遣の議は、この頃盛んになされていた。大隈の建議に先立つ明治四年一月には、伊藤博文が大蔵大輔として貨幣制度ならびに財政制度調査のためアメリカに出張していた際に、現地から発した建言書において、西洋諸国に条約改正調査のための派遣団を提唱している。また、大久保利通や木戸孝允など政府指導者にはかねてより洋行の願望があった。大久保は、明治元年十二月二五日に岩倉具視に宛てた私信において、公卿や諸侯の若手から若干名を抜擢してイギリスへ派遣することを説いており（『大久保文書』二、四九三頁以下）、岩倉も翌年二月に条約改正の打診と各国聘礼のための使節の派遣を必要視している。政府部内での西洋視察の気運は高かった。

渡邉も、使節派遣の意見書を草している。『史料』のなかの「各国巡使建言本末」と記された草稿（『史料』十五）がそれである。それは、外務卿の岩倉を宛先とする相前後して著された二通の建言書の控えである。「本末」とあるのは、一通目が当初の案で、二通目がそれを全面的に書き改めた改定稿だからだと思われる。

その一通目は、「辛未（明治四年）五月」と記されており、改定条約草本を岩倉に届けた翌月に、条約改正へ向けた「国歩の一進」のための策を渡邉が練っていたことが分かる。そこで説かれていることは、王政復古はなったとしても、いまだに列強の間では日本の統治者の変更が周知徹底されておらず、現体制についての誤解もまま見られ、その弊を正すために各国への公使の派遣が必要というものである。すなわち、新国家建設に伴う新たな外交関係樹立のための駐箚外交官の発遣である。その際に引き合いに出されているのが、幕末に徳川幕府が派遣した将軍慶喜の弟徳川昭武のヨーロッパ諸国への派遣であり、これに倣って、皇族華族のなかから天皇の勅使たるに恥ずかしくない者を選んで各国に駐在せしめることが唱えられる。

これは、駐在公使に貴顕の士を選任し、在外公館の権威づけを提起したものに他ならないが、ここで徳川昭武の例が引かれていることに注目したい。一八六七年に開催されたパリ万博訪問のため、昭武は慶喜の名代として派遣された。その後、彼は西欧諸国を巡遊し、フランスに戻って留学生活を送った（一八六八年八月、新政府の要請を受けて帰国）。昭武派遣の意義は、徳川日本による西洋文明への聘問にあった。渡邉は、それに匹敵するものを明治日本も差遣すべしと提言しているのだと考えられる。そして実際に、二通目の建言書はそのようなものとなっている。

そこで、「末」たる二通目の建言書である。それは、九月十九日に脱稿して外務卿の岩倉具視に贈呈されたと末尾に記されてある。この建言が現実に岩倉の手に取るところとなったかは、後考を要する。岩倉関係の文書類に、今のところ同じものは見当たらない。だが、渡邉としては相当な思い入れをもって書き上げた入魂の文章だったようで、彼は近しい知己にもその写しを送付していたらしい（『史料』所収のものにはこれを送られた友人からの礼状が添付されている）。この建言書は、岩倉使節団派遣の経緯を考えるにあたって興味深い内容を含んでいると思われるので、以下長くなるが紹介しておきたい。

岩倉具視に宛てて

まず冒頭、次のように切り出されている。

東方諸州ノ西洋各国ト交通スルニ我彼ヲ分別スル所以ノ者其源ハ古来鎖攘ノ風習アルニ因リ数十百年己レ自ラ尊大ニシテ他国アルヲ知ラス。此間ニ当テ西洋諸州ハ駸々然トシテ文化ニ進ミ我東方諸州ハ依然数十百年ノ昔ニ異ナラス。是ニ於テカ今日直チニ西洋諸州ノ如ク互ニ交通シ彼我一竝シ其国ニ入レハ其法ニ従ハシメントスルモ教法同シカラス。之ヲ許サンニ阻ム者アリ。

鎖国攘夷の旧習によって国を閉ざし尊大に陥っていたが故に、東洋諸国は西洋に遅れをとってしまった。今日、とたんに国を開いても、文明の質と程度に懸隔があり、同列の交際は難しいとある。これに続けて、それが故に西洋諸国との交流は始まったものの国内に居留地が設けられ、そこでは条約によって「英人ハ英政府ノ政令ヲ奉シ仏民ハ仏国ノ教令ヲ仰キ自カラ我国民ニ別シテ其自国ノ権ヲ保ツ」事態となっている。このような領事裁判がまかり通っているもとでは、「皇国自主ノ権ヲ欠クト云フヘカラス」と慨嘆されている。条約を改正して、このような現状を克服することを求めて、次のように弁じられる。

是条約ヲ改定シ我東洋ノ欠典ヲ補ヒ西洋各国ノ盛典ニ至ラシメンコトヲ謀ルニ当リテ、苟クモ過チ認ム可カラサル急務ナリ。故ニ今日条約ヲ改定スルハ、主権ヲ全フシ侵犯軽蔑ヲ防ク等ノ目的ヲ以テ敢テ体裁ニ関スルノ空論ヲ以テ為スヘキニ非ラス。唯　皇国古来未タ曽テ譲ラサル卓立自主ノ国権ヲ以テ我国ヲ護リ我民ヲ治メ我民利ヲ興スニ於テ、之ヲ実際ニ覧シ其法ノ便不如何ニ関シ之ヲ取捨スルニ在ルノミ。

条約改正のために不可欠なこと、それはいたずらに主権を掲げて、それが侵されていると悲憤慷慨して空論を弄ぶことではない。日本が護持している自主の権利に立脚して、それを発展させながら着実に国益を増していくことであり、現実に照らして現行の法や制度の取捨を行うことだと説かれている。「条約改定草本」の伺に記されていた「国中有志輩の快足」論をたしなめる一節が思い出される。では、開化の進展と国力の着実な増加のためには外交上まず何がなされるべきか。この点につき、

「旧来ノ交法ヲ改メ、公使ノ如キ国権ヲ持スル者ノ外ハ凡テ彼我一竝ニ之ヲ主宰シ同一ノ権利ヲ有セシムルノ外他策アルコトナシ」とされる。公使の如き外交的特権を有する者を除いて、国内にある者には一律に日本の法令が適用されるべきということである。いわゆる法権の回収であるが、そのためには「法教ヲ通スルコト」、すなわち信教の自由とキリスト教の解禁、そして「法律ヲ均シクスルコト」、すなわち法治主義の徹底が前提として必要と説かれる。この両策を漸進的に実現するために、種々の施策が提起されているが、その点は割愛する。

留学生の派遣

以上の点を各国政府に明示し、わが国の誠意を明らかとしてその進む方向を示すために、「我大　天皇ニ代ル使節ヲ派遣スル」ことが掲げられる。そして派遣されるべきは天皇の名代たる使節のみならず、海外に学ばんとする留学生もまた選抜して同行させることが論じられている。今、「国家多事ノ際巨万ノ公費ヲ以テ海外ニ留学スル生徒殆ント数百皆其方向ヲ詳カニセス、其志ス所一ナラス、其成績果シテ期スヘカラス」。すなわち、国費で今現在留学している者は多数に上るが、彼らは往々にして漫然と過ごしているのみで、政府はその成果について何も関知していない。そのような濫費は是正し、真に国家にとって有用な海外修学の政策を行うことが唱えられる。

願クハ此機ニ乗シ其師ニ就テ其粋ナル者ヲ撰マシメ、各其分ヲ計リ、予メ期シテ国家急務ノ各科ヲ学ハシメ、以テ其器ヲ成サンコトヲ。

このことを期して、「各国ニ就テ其長スル所ノ技ヲ撰ミ、其技ニ長スル者ヲ請ヒ、之ヲ各事務ニ充セシムルアルノミ」と説かれる。つまり、西洋のそれぞれの国について学ぶべき学問や技術分野を精査し、それを修得するに適した人材を選抜して、その国に留学生として派遣せよということである。現実に、岩倉使節団の派遣に際してはこのことが実地に移された。使節一行に随伴して、日本からの留学生の一団もあわせて出国し、文明の学芸を学ぶために各国に留め置かれた。そのなかには、フランスとアメリカへの留学をそれぞれ命じられた中江兆民と金子堅太郎のように、後に相反する立場から日本の政治に寄与する者の顔が見られるほか、津田梅子や大山捨松らの女子留学生が含まれていたのは有名な話である。また、これと同時に、既存の留学生の素行調査と人員整理も実際に行われた。渡邉のここでの献策そのままである。

新生日本の喧伝

さて、以上のような留学政策を抱き合わせつつ、肝心の使節派遣の大義はどう解されているか。渡邉は、使節は各国の政府や君主に対して次のことを言明すべきと論じている。大略を記そう。

初めに、幕末以来の日本の実情を説明し、アジアの「風教」にそまっていたが故に、わが国では夜郎自大な攘夷運動がはびこったりしていたが、将軍から天皇に政権が奉還され、これまでの封建の世の中ではなくなり、文明列国に伍していくための歩みを始めたことが語られる。そのことを各国に告げる使節がいま派遣されたのだという。

天皇陛下及諸大臣西洋各国ノ交際ヲ聞見スルニ我亜細亜諸州ノ如クナラサルヲ知リ、幸ヒニ来我明治五年壬申即其千八百七十二年第七月一日各国条約再議ノ期ナルヲ以テ断然其方向ヲ改メ、旧来ノ轍跡ヲ変シ西洋各国ノ交際ノ如クセント欲ス。

条約改正の期限到来に際して、新生日本を喧伝することが目的であると謳われている。こう述べたうえで、使節のさらに詳しい性格づけが次の如く語られる。

天皇陛下政府臣ヲ以テ　天皇ニ代ルノ使節トシテ結約各国ニ差ス。其一ハ　天皇陛下政府ノ懇親ヲ厚フスルノ意ヲ表シ、一ハ我日本　天皇陛下政府方向ノ定マル所ヲ告ケ他ナキヲ表シ、一ハ我日本ノ形勢時態ヲ詳述シテ各国帝王陛下ノ政府実ニ　天皇陛下主意ノ在ル所ヲ信認シ、信睦無二ノ真心ヲ以テ我　天皇陛下政府ノ方向ヲ助ケ各国ト永久交際ヲ修シ、両国人民ノ公利ヲ益サンカ為メ至当ノ商議補助ヲ請ハンヲ以テ其主意トス。

文明の学習

このように親善を主眼としつつ、使節派遣にはもうひとつの目的があることが続けて表明される。それは文明の学習である。

我天皇陛下政府ハ其真意ヲ遂ケ其業ヲ全フセンカ為メ、日本政府ニ在リテ現ニ事ヲ執ルヘキノ大臣ヲ差シ、各文明各国ノ体裁ヲ巡視シ、我国ノ形勢ヲ計リ、務メテ其開化ニ追躡センカ為ナリ。実ニ此使臣ハ日本天皇陛下ノ信任セル大臣ニシテ、日本人民ノ開不ハ此輩ノ智愚ニ在レハ、各国帝王陛下政府之ヲ助ケテ各国文明ノ真旨ヲ領セシメンコトヲ願フ

西洋諸国の文明の体制を視察し、日本の現況と照らし合わせてその開化の策を講じるのが発遣のもう一つの使命として挙げられ、そのための協力を求めている。

以上のように使節派遣の目的と任務が定められ（この建言書のなかでは、さらに樺太領有問題の解決も挙げられているが、割愛する）、最後に「使節巡行順次」の記載がある。旅程の案である。それによれば、最良の友好国であり、公明正大な政治制度を布き、世界に冠たる富強国であるアメリカをまず訪れ、次いで通商国であり日本に在住者の多いイギリスへと向かい、そのうえでフランス、オーストリア、プロイセンなどを経てロシアに至るべしとなっている。実際の行路もまずアメリカへ渡り、そしてイギリスから欧州諸国を巡遊したのだった。

前述のように、この建言書は九月十九日に外務卿の岩倉に差し出されたとなっているが、岩倉関係の史料のなかには確認できない。だが、岩倉使節団派遣の趣旨と見事な一致を示している。同使節団の指針を記した史料として、「事由書」と呼ばれるものが従来知られている。そこでは、条約改正のためには、「列国公法ニ拠ラサルヘカラス」として、「列国公法ニ拠ル我国律民律貿易律刑法律税法律等公法ト相反スルモノ之ヲ変革改正セサルヘカラス」と掲げられている（［大久保：一九七六］一六一

頁)。条約改正は「列国公法」、すなわち万国公法＝国際法に則ってなされるべきであり、そのためにはまず「列国公法」に従ったかたちで国内の法改革がなされなければならないと大方針が示されている。

「事由書」では、万国公法に則った国内改革のために、使節団は何をしようとするのか。それは、日本政府の希望するところを「各国政府ニ報告商議スル」こととして、次のように述べられている。

　此ノ報告ト商議ハ、彼ヨリ論セントスル事件ヲ我ヨリ先発シ、彼ヨリ求ル処ヲ我ヨリ彼ニ求ル所以ナレハ、議論モ伸ル処有ニ必ス我論説ヲ至当ナル事トシ、之ニ同意シ相当ノ目的ト考案トヲ与フヘシ。其目的ト考案ヲ採リ、商量合議セハ、其事ヲ実地ニ施行スル時限ヲ（大凡三年ヲ目的トス）延ルノ談判ヲ整ヘ了ルモ亦至難ノ事ニアラサルヘシ。（『大久保』一九七六〕一六一―一六二頁）

欧米諸国が日本に望むことを彼らに先んじてこちらから向こうに問いかけ、率先して彼らの意向に沿うかたちで改革を進めるとの姿勢である。そのようにすれば、こちらの期待する改革のノウハウも伝授され、現時点では準備不足の条約改正交渉の延期願いも受け入れられるであろう、と楽天的に綴られている。

この「事由書」は、九月十五日に外務省内で裁決され、正院へ答申された。ここで問題とすべきは、

「事由書」と渡邉の「各国巡使建言」との関係である。両者はともに、文明の制度を視察し学習することを使節の任務と見なしている点で共通している。顕著な違いは、前者の掲げる「列国公法」＝万国公法の特徴づけであり、渡邉の建言書にはそもそもそれへの言及はない。その前から条約改正作業に従事していた外務官僚として、渡邉が「事由書」の作成に関わっていた可能性も拭えない。渡邉の建言書と「事由書」との関係をどのように考えるべきだろうか。*

＊「事由書」の作者について、大久保利謙氏は「擬新定条約草本」の取調掛だった田辺太一と渡邉の二人に絞り込み、次のように考証している。「田辺と渡邉はやがて岩倉使節団の組織事務に動員されて庶務に当り、さらに使節書記官となって〔中略〕いる。田辺はさきの「擬新定条約草本」の「伺」の起草者に擬されたように「草本」起草の中心人物である。このように田辺と渡邉が、「草本」から岩倉使節団の裏方へと引きつづく線を歩いているとすると、この二人、とくに田辺と「事由書」との密接な関係が当然考えられる」として、「田辺あたりを「事由書」の起草者に擬すことが、当らずとも遠くないのではないかと考えられる」（［大久保：一九七六］四八―四九頁）。

これは、「擬新定条約草本」以来、田辺が実質的な外務省のブレーンだったとの前提に立っての推論であるが、「草本」が先述のように田辺と渡邉の両者によって岩倉に差し出されていること、また「草本」作成当時の外務卿沢宣嘉は政権上層部に宛てて、条約改定取調書の詳細については、「田辺渡邉両人より可申上候」と書き送っている（［稲生：一九七六］一七六頁）ことから、外務省内ではこの時、田辺と渡邉は一対のものと見なされていたと考えられる。したがって、「事由書」の成立に当たっても、渡邉が何らかの寄与をしたと考えるのが自然であろうし、少なくとも彼はその作成は関知していたはずである。

思うに、この建言書は九月十五日に「事由書」が外務省内で承認された後、田辺とならぶ有識者であった渡邉によって、使節派遣の意義の補足説明として執筆されたものではなかろうか。「事由書」の作成者は田辺としても、彼の同志として条約改正作業を共にしてきた渡邉も当然、省内での検討作業のことは熟知し、多少の関与はしていたと推測される。そもそも、事の起こりは五月になされた自らの献策にあるとの思いも渡邉にはあったかもしれない。

「事由書」と「各国巡使建言」

そのような行き掛かりがある故、無事に「事由書」が採択されたことは、彼にとっても感慨ひとしおだったであろう。その思いに急き立てられるようにして、倉皇のうちに書き上げられたのが、十九日に提出された「各国巡使建言」だったと考えられる。理路整然たる「事由書」に比して、「建言」はいささか筆にまかせて冗長であり、また論旨も錯綜の気味がある。それは、右のような事情のもと、一気呵成に仕上げられたからではないか。

「事由書」が万国公法から演繹される使節派遣の理念を説いたものだとすれば、渡邉の建言は使節の各国での口上や留学生のことを詳述している点、具体的施策を論じたものと位置づけられる。「事由書」が使節団派遣の戦略論だとしたら、「各国巡使建言」は戦術についての覚え書きとなろうか。そうすると、この両者は表裏をなすものとして捉えられるべきものと言ってよい。もっとも、渡邉の建言が実際に岩倉の目に留まっていたという留保付きであるが。

4　岩倉使節団の一員として

発遣

十月八日、遣外使節団の大使以下人員が任命された。特命全権大使に右大臣岩倉具視、副使に参議木戸孝允、大蔵卿大久保利通、工部大輔伊藤博文、外務少輔山口尚芳、一等書記官に外務大丞田辺太一、外務大記塩田篤信（三郎）、同福地源一郎、二等書記官に外務大記柴田昌吉、外務少記渡邉洪基、同川路簡堂、同小松済治という陣容である（実際には、一等書記官としてさらに何礼《がれい》之《し》が入り、二等書記官には柴田の代わりに林董三郎が入り、川路は三等書記官となっている）。これらに加え、各省の理事官や留学生が帯同し、最終的には百名を超える一大派遣団ができあがった。

正式な任命に先立ち、九月三十日に洋行の内命が田辺と渡邉の二人に伝えられた（『木戸日記』第二巻、一〇四頁）。以後、「田辺と渡辺の二人が、使節方別局（大使事務局）で準備事務一切に当」ることになる（［大久保：一九七六］六九頁）。個人的にも使節派遣の建言を行っていた渡邉は、この事務方の役回りに粉骨砕身したであろう。

十一月十二日、岩倉使節団は発遣された。政府の主だった指導者が挙って一年以上もの間本国を留守にし、自ら先進文明を見聞して回るという世界史上にも類を見ないグランド・ツアーである。他方で、そのように大がかりな派遣は、相手方から見るならば、エキゾチシズムを体現した一大ページェントと見なされる危険性もあった。政府首脳部もそのことを懸念し、出発前には岩倉が遣外中の立ち居振る舞いによくよく気をつけるよう訓戒を発していた。

　だが、一行を乗せて日本を出港した船上ですでに、そのような首脳部の不安を嘲笑うかのような数々の滑稽譚が繰り広げられた。初めて着た洋服でボタンのつけ外しがままならずたまらずに引きちぎってしまった件（当時はズボンのチャックもボタンどめだったので、トイレにボタンが散乱するという珍事が引き起こされた）、食事のマナー書を逆手にとり、わざとフォークでステーキを突き刺し食いちぎろうとした件、同じく聞こえよがしにスープをわざと音立てて吸った件、などである（以上の点につき、詳しくは［瀧井：二〇〇三］第一章）。攘夷運動の記憶もまだ新しい時期である。随員たちのなかには、文明何するものぞ、との客気と蛮勇を漲らせている者もいた。使節一行は、そのような猛者たちを抱えつつ、文明の視線を気にしながら、旅を進めなくてはならなかったのである。

副使伊藤

　ここで使節一行が頼らざるを得なかったのが、副使の伊藤博文である。使節のなかで唯一洋行経験があり、英語にも自信を持っていた伊藤に、岩倉らは団員の規律と指導を託した。しかし、これがとんだお門違いだった。元来が派手好きで開放的な伊藤が団員たちの前で示すスタンドプレーは、むしろ彼らを煽る結果にすらなった。

　一例を挙げよう。団員のなかに長野桂次郎という旧幕臣がいた。彼は、万延元年の江戸幕府による遣米使節団の一員でもあった。船上での退屈しのぎであったか、長野は使節団に随行していた日本人女子にダンスの手ほどきと称してたわむれようとした。しかし、年歯もゆかぬその少女は取り乱し、使節たちの耳にも入るひと騒動となった。

この騒ぎのとりなしを任されたのが、伊藤だった。伊藤は、船上で模擬裁判を開き、自ら裁判官となって長野を裁こうとした。長野が長旅の退屈しのぎで少女にちょっかいを出したのと同様、誰もが船上で刺激に飢えていた。伊藤は、一場の法廷遊戯を演出し、船旅の無聊を慰めるイベントにしようとしたのだろう。かくして、長野とその少女は乗船客の面前に連れ出されて、裁きを受ける羽目になった。

こういった伊藤の振る舞いを苦々しく眺めている者がいた。その一人が、この一幕を詳細に日記に書き記している佐佐木高行である。佐佐木は、衆人環視のなかでこのような軽挙に及ぶとは、使節全体の恥になると書き留めている。佐佐木はとにかく伊藤とは馬が合わなかったらしく、これから後々に至るまで、日記のここかしこで伊藤に対する苛立ちを綴っていくことになるが、岩倉使節団の旅のなかで佐佐木が目にした伊藤の挙動は、その端緒をなすものだった。

ファースト・コンタクト

同じように、伊藤のことを憤懣やるかたない思いで見ていたのが、渡邉である。後年、渡邉は伊藤内閣のもとで帝国大学の初代総長となり、また伊藤が立ち上げ初代総裁となった立憲政友会では創立委員に名を連ねるなど伊藤とは深いつながりをもつことになる。伊藤系官僚と呼んでも差し支えない。しかし、伊藤と渡邉とのファースト・コンタクトは、決して芳しいものではなかった。渡邉もまた、船上で伊藤への不快感を記録に残している。『史料』のなかに残されている「渡邉洪基往返記事」と題する文書は、この航海の覚え書きと目されるが、そのなかで伊藤のことを次のように記している。

十一月十日《ママ》船横浜ヲ発スルニ及ンテ、船中大使ノ命令大小処ヲ得ス。其他大ニ書記官以下ノ軽侮ヲ招キ、伊藤特リ権ヲ専ラニシ、洪基ノ如キ真ニ刀筆ノ用ニ附ス。

（『史料』二一一—二一四）

出港当初の一行内部のていたらくが簡潔に記されている。大使岩倉のリーダーシップが貫徹せず、その結果として伊藤が我が物顔で団員たちを差配し、渡邉のことなどは下っ端と見下して顎で使うかの如くである。たまりかねた渡邉は、サンフランシスコに着くや、木戸に直談判し、「権ノ一人ニ帰スルヲ拒キ〔ミ?・〕、若シ然ラサレハ洪基ハ用ヲ為サス。私カニ奉命ノ趣意ニモ戻ルヲ以テ帰朝ヲ命セラレンコトヲ強説」（同右）した。伊藤の専横に抗議して、職を辞して帰国しようとしたのである。この時は慰留され、渡邉も考え直した模様であるが、外務省の同僚花房義質に対して、伊藤は才覚も権勢もあり、われわれのことなど眼中になく、多少の無理などお構いなしにあれこれ指図してくると溜息まじりに書き送っている（十二月十八日付花房義質宛書簡『花房文書』九—一一）。

使節団を辞す

伊藤の増長はとどまるところを見せず、ついには条約改正交渉それ自体にまで容喙してくる。既述のように、使節の派遣に先立って取りまとめられた条約改正交渉の指針では、性急な改正は差し控え、むしろ改正交渉の延期を申し出てその間に国力の充実を図ることが謳われていた。しかし、伊藤はそれを反故にし、一気に条約改正を成し遂げようとして、そのために必要な天皇の全権委任状を取りに大久保利通ともども日本にいったん帰国するという挙に出た。

ここに来て渡邉は、一度は思い直した辞表を憤然と叩きつけた。伊藤と大久保の一時帰国に際して、渡邉が大使岩倉に具申した意見書がある。そのなかで彼は次のように主張している。

条約改正調印の全権委任が使節に認められていないとして交渉が不調に終わっても、それは「日本政府に而は道理上に而不都合之無。唯其人物之不都合より日本政府多少信を失ふ迄なり」。すなわち、条約改正のための天皇からの全権委任がなされていなかったとしても、それは日本政府の落ち度ではなく、それを言い出した人物の咎に過ぎない。渡邉は、そもそも全権委任状の不備は政府の失態なのではなく、改正条約の調印など最初から使節団の任務に入っていなかったのであるから、ここで委任状を取りに帰るようなまねをするべきではなく、改正条約締結の話も一部個人のフライングとして片づければよいと述べているのである。そのうえで、次のように論じられる。

再度の御国書なくては使節如何様に申すとも調印は不致以上は、以前之御国書に記載せる権之外に使節如何様の事を述るとも、其承諾と然らさるは使節と国務尚書〔アメリカ国務長官〕との間の事に而可然。政府と政府との事にあらす。故に使節に条約全権を与ふること相違なき旨の談話、及ひ大久保伊藤両副使其事承知之事を以日本政府に向ひ是非此地に而結ふへしと云ふの権あることなし。去れとも使節言談の過失は孰れにも其情実を以て謝せさる可からさるのみ。又日本政府に而其事に附て咎めある共、唯其人物に関るのみにて共に人物自己の信を失ふのみ。

（『岩倉具視関係文書』第七巻、三二四頁）

ここで言わんとしていることも、要するに、従前の方針に踏みとどまり、条約改正の本交渉に入るべきではないとの主張である。今の段階ならば、国書記載の権限以外のことについて話しても、それは使節と国務長官との私的な意見交換ですみ、そこで何か申し合わせがなされても後から日本政府として撤回することは十分可能である。それを翻して、使節には条約改正交渉の全権が与えられていたのだと相手方に強弁したり、大久保と伊藤を帰国させてそのように日本政府に方針変更を認めさせるべきではない。渡邉は、条約改正に良い感触を得たからといって、性急に改正交渉を推し進めるのではなく、ここは当初の方針通り改正延期の交渉にとどめて条約改正については相手の胸の内を探る程度に抑えておくことを直言しているのである。何よりも、改正交渉に来たにもかかわらずそのための委任状が無いので取りに帰るなど国家の体面に関わることである。ここはあくまで一部個人の軽挙妄動として処理するに如くはない、と懇々と説かれている。

渡邉にしてみれば、自らも関与して作成した使節派遣の大綱が、あたかも弊履の如く捨て去られるのを見て、強い憤りに駆られたことであろう。* かくして彼は、全権委任状を手にした伊藤らがワシントンに帰還するのを目前に控えた明治五年五月二三日、単身帰国願いを出し、それが受理されて帰国の途に就くことになる。

＊帰国に先立ち、渡邉は寺嶋宗則に対しても自らの所信を綴っている。それによれば、渡邉は大久保と伊藤の一時帰国前にこれに抗議し、一朝にして使節派遣の方針を変更するなど「使節ハ勿論天皇陛下政府之大不信ヲ徴シ、各国之偏執ヲ招キ、和ヲ失ヒ、此儀不測之弊害有之候」などと申し述べたが容れられなかっ

たこと、案の定、アメリカで一国のみと条約改正交渉を行うことに対して、他の条約国から異議が上がり始めたことなどを縷々訴え出ている。そして、拝命の趣旨も覆り、もはや御用に報いることはできないとして使節団から離れる意思を示し、それがようやく叶えられたので、寺嶋の到来前に帰国の見込みだと記されている(『史料』二〇―八)。使節派遣の下準備を入念に行い、その指針を策定するなど使節団の〝事務局〟を担ったとの自負の念あったが故の辞意であることが、重ねて推察される。

七月二一日、渡邉は日本に舞い戻った。本来ならば、一介の書記官にあるまじき造反行為として御咎めがあったとしてもおかしくはない。だが、運命はここでも彼に味方するのである。

第三章　欧州への赴任——society の発見

1　奇縁としての岩倉使節団

“男”を上げる

明治五年（一八七二）七月二一日、渡邉は単身日本に帰国した。アメリカに到着早々から伊藤の振る舞いに憤懣やるかたなく辞意をもらしていた彼は、当初の条約交渉の指針が覆されようとしているさなか、堪忍袋の緒を切らして辞表をたたきつけたのである。規律違反を犯して帰国したかのような行動だが、渡邉はこれによっていわば男を上げた。伊藤の言動に眉をひそめていたのは渡邉一人に限らなかった。我が物顔で大使一行を引っ張る姿は、大方の顰蹙をかっていた。だが、洋行経験のない大使と副使の一同は、伊藤の知識と経験に頼らざるを得なかった。

しかし、そのような伊藤の威信が失墜する事態が生じる。伊藤と大久保が条約改正の全権委任状を携えてワシントンに向かっている間に、そこにとどまっている使節のもとへは、条約改正の準備不足をたしなめる声が陸続と届いていた。各国の外交官や日本人留学生からの忠言を耳にした大使の岩倉らは、当初の方針通り条約改正の延期交渉を行うことを決断する。ワシントンに戻った伊藤を待っていたのは、大きなしっぺ返しだった。

そのような経緯があったので、渡邉の辞表提出は、かえって彼の株を上げることになった。帰朝にあわせて、岩倉は三条実美宛の書簡を渡邉に託しており、さらに使節団が日本政府へ送る電信に用いる「隠語」＝暗号の変更について、また条約談判の顚末について直接三条の耳に入れるよう密命を帯びていた（明治五年七月十九日付三条宛岩倉書簡『三条実美文書』書簡の部一九一―三五）。渡邉の帰国は、使節団首脳部によって是認されていたことが分かる。

木戸に見出される

ところで、誰よりも渡邉の気っ風に強い印象をもったのが、木戸孝允だったと思われる。木戸はアメリカからイギリスを経て渡ったフランスにおいて、十一月二七日付で渡邉に長文の書簡を書き送っている。それは、条約改正交渉方針を取りまとめた渡邉ら外務省の旧幕臣系知識人の主張に呼応したものとなっている。

劈頭、木戸はアメリカでの蹉跌の後、われわれも大いに後悔し、あれから早々と渡英の途に就き、イギリスでもヴィクトリア女王が避暑で不在だったため足止めを喰らっていたが、今月十六日によやく渡仏し、大統領への謁見も昨日済ませ、遠からず出立の予定だと書いている。また、イギリスでも当初の「御国書（事由書）」に基づき交渉に臨み何も不都合は生じなかったこと、アメリカではこちらから本交渉に入ることを申し入れたのであわや一生面目を失うことになると思ったが、大統領選挙が間近であったため、あちらも日本人に欺かれたなどという世評がはびこることを恐れて不問に付したため事なきを得たという生々しい使節団深奥の情報が伝えられている。

だが、何よりも注目に値するのは、木戸がこの書中で、「骨髄からの進化」を説いているくだりである。曰く、

何分皮膚上之事は暫差置、骨髄中より進歩いたし不申候而は今日之開化も他日之損害如何歟と致煩念候。……国家之弊害は当時に切ならすして、多くは十年二十年之後に至り始而熟するものあり。依而雷同流行も亦多き所以なる。雖然有司任其責ものは、元より同日之論にあらず。仏国頃日之形情を推察候而も不覚本邦之事心頭に浮ひ申候。仏国も今日之政府決而永続は無覚束、人心上之如此病害出来候而は有力家少々有之候とも実に難渋至極と相考へ申候。何事も中々難尽禿筆。いつれ帰朝之折と申縮候。

（『木戸文書』第四巻、四二四頁）

木戸はここで、皮膚上の開化ではなく、骨の髄からの進歩こそが課題だと唱えている。上っ面な文明の模倣ではなく、欧米の文物をその根幹となる思想や制度にまでさかのぼって学ばなければならないとの主張である。そうでなければ、国家への弊害はすぐには露呈しなくても、やがて十年二十年が経った後で顕現するであろう。木戸はフランスの状況を眺めて、その政情の不安定さを指摘し、物質

的繁栄の裏に認められる浮薄で流されやすい民心の傾向を文明の病弊として指摘しているのである。木戸はフランスのなかに、日本が参入しようとしている文明社会の負の部分を敏感に察知し、警鐘を鳴らしている。

このような胸襟を開いた個人的感慨を述べ伝えるほどに、木戸の渡邉に対する信頼は厚かったということだろう。付け加えれば、この木戸書簡の写しが、『岩倉文書〔対岳文庫〕』にも残されている（一七47⑵、リール23）。その劈頭には「渡辺洪基より借写」と注記されており、岩倉使節団の後、渡邉が岩倉ともコネクションを築いていたことが推察されるのである。

次節で詳しく触れるが、渡邉はまだ一行が欧州に滞在していた明治六年四月、オーストリアの在外公館に駐在するため再度欧州の土を踏んでいる。その知らせを受けた木戸は、帰国直前の五月二五日に再び筆を執り、渡邉の栄転を言祝ぎ、「本邦へ御用も御座候は丶御容赦なく御申越可被下候」と書き送っている（『木戸文書』第五巻、二六頁）。このあたりにも、木戸と渡邉両者の緊密な結びつきが表れている。木戸の歓心を買うことができたのは、渡邉の岩倉使節団参加の果実だった。

伊藤との接触

この果実は思いもよらぬ副産物をもたらした。木戸の仲介で、渡邉は伊藤ともつながりを得ることとなったのである。既述のように、ワシントンでの条約改正交渉のフライングにより、伊藤は面目を失った。特に木戸の逆鱗に触れた。同じ長州閥の兄貴分である木戸から見放され、伊藤は使節団のなかで疎外されることになる。

だが、ヨーロッパに渡り、一行の旅が進むにつれて、伊藤の内面に変化が見られ、それとあわせて木戸の怒りも和らぎ、二人の間にはまた元の信頼関係が復活する。ヨーロッパにおいて、単なる文明の物質的華美のみでなく、その背後にある古代以来の歴史の堆積を感得した両者は、まさに「骨髄からの進化」に開眼した漸進的開化主義者としてともに再生を遂げるのである（以上の経緯につき、［瀧井：二〇一〇］第一章を参照）。

少し先の話になるが、オーストリアでの勤務を終えて帰国した渡邉は、日本に着くやいなや伊藤のもとを訪れ、赴任地の状況について事細かく報告している。明治九年六月十七日のことである（渡邉の帰国は十五日）。渡邉の訪問を伊藤は木戸に書き送っており、この訪問は木戸の慫慂になるものだったことをうかがわせる。だとすれば、何とも逆説的なことだが、伊藤に腹据えかねて及んだ岩倉使節団時の渡邉の言動が、めぐりめぐって二人の間をとりもつことになったということになる。その後の帝国大学や国家学会、立憲政友会などを通じての伊藤と渡邉の表裏をなす関係を考え合わせれば、岩倉使節団は両者にとってまさに奇縁と称すべきものだったといえよう。

2　再び海を渡る

最初の夫人・貞子

明治六年（一八七三）一月、渡邉はかねて婚約していた庄司貞子と結婚した。この結婚はタイミングをはかったものであった。翌月の二月八日、渡邉は外務二等書記官に任ぜられ、イタリアおよびオーストリア駐箚の外交官としてウィーンに赴任することになる。海外に駐在することは、外務省に入省したときから予想されたことであった。その時のために、渡邉には心中期していたことがあった。任地に夫婦で赴くことである。彼は、「将来外交官の夫人として外国語を知るの要あるを思ひ、明治四年渡米中貞子を横浜に遣はし外国人に就き英独語学を修めしむ」（［渡辺：一九七三］三三頁）と伝えられる。

これは、日本人外交官が任地に夫人を帯同した最初の例とされている。「〔夫人〕同伴一号は、明治もようやく六年になってから、渡辺洪基が臨時代理公使〔ママ〕としてウイーンに赴任したときにはじまる。新橋の駅で見送りのひとびとを驚かした珍ニュースである」とは、宮岡謙二の快著『異国遍路旅芸人始末書』の記すところである（［宮岡：一九七八］一五七頁）。

ファーストレディーの役回りに象徴されるように、今日でこそ外交の舞台でのパートナーの存在には一目置かれている。しかし、西洋的国際政治に参入してまだ間もない時期である。女性を男の仕事場に連れていくなど前代未聞であったろう。任地に妻を帯同し、そのために予め外国語教育を受けさせていたという渡邉の先進性がうかがえる。

ウィーン社交界の華

そして実際に、貞子夫人は渡邉の期待通りの、いやそれをはるかに上回る働きをした。そのことは、次のような語り草となって伝わっている。

明治六年澳国博覧会の当時には維也府に居て或る宴席に於て皇帝舞踏を所望せられた時渡邊夫人は三味線を弾いて渡邊に附属した或役人が踊つたと云ふ話は有名なものである。

（「故渡邊洪基先生傳記編輯資料」『武生郷友会誌』第二六号、三二頁）

皇帝列席の宴の場で、三味線を弾き、舞いの伴奏をしたという。折からのウィーン万博で流行りとなっていたジャポニズムのもと、貞子の存在はかの地の上流社会で喝采を博したであろう。そのことは、現地の文献によっても裏づけられる。当時ウィーンでは貞子から聞き取りして日本に関する書籍が出版された。オイフェミア・フォン・クドリアフスキー（Eufemia von Kudriaffsky）というオーストリアの貴族夫人が一八七四年に著した『日本についての四つの報告（*Japan. Vier Vorträge*, Wien. 1874）』がそれであり、この書は貞子に捧げられている。謹呈の辞には次のようにある。

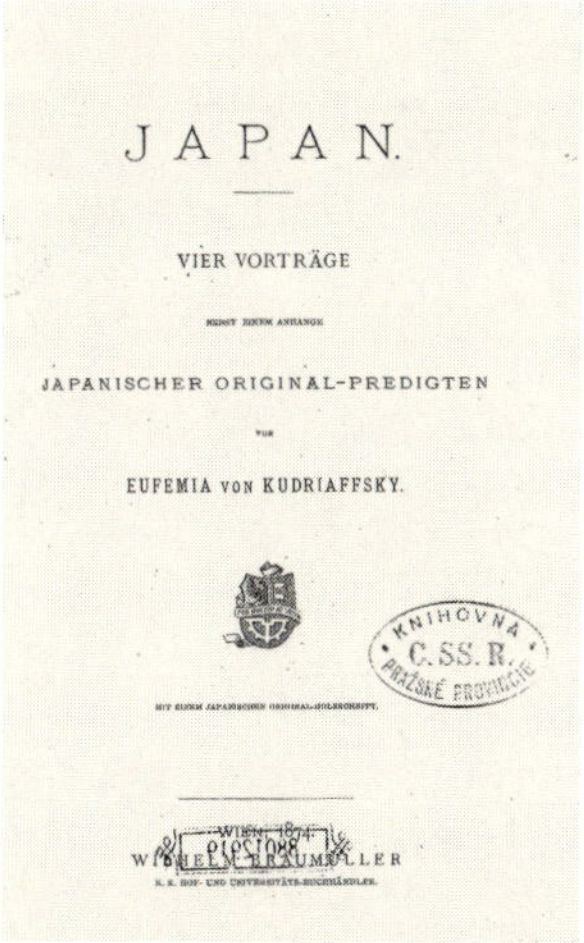
JAPAN.

VIER VORTRÄGE

JAPANISCHER ORIGINAL-PREDIGTEN

EUFEMIA VON KUDRIAFFSKY.

WIEN, 1874.

WILHELM BRAUMÜLLER

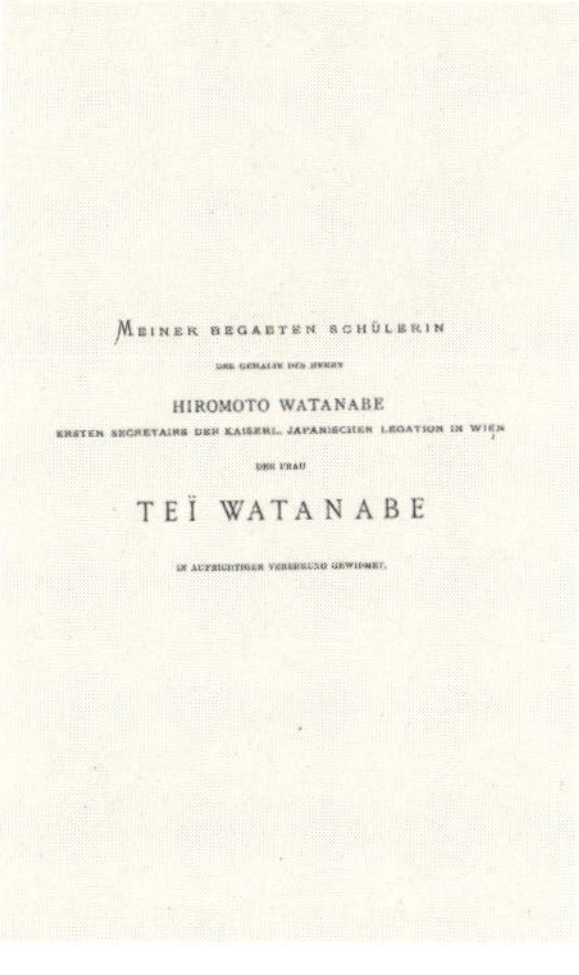
MEINER BEGABTEN SCHÜLERIN

HIROMOTO WATANABE

ERSTEN SECRETAIRS DER KAISERL. JAPANISCHEN LEGATION IN WIEN

TEÏ WATANABE

クドリアフスキー著『日本についての４つの報告』の扉（上）と謹呈の辞（下）

謹呈　私の優秀な生徒である在ウィーン日本帝国公使館一等書記官渡邉洪基夫人・渡邉貞に心からの敬愛の念をもって。（［Kudriaffsky：一八七四］）

この本は、前年のウィーン万博で喚起されたジャポニズムに乗じて書き上げられた日本の風俗やしきたりについての他愛のない書物に過ぎない。著者のネタ元は、ジーボルト（Philip Franz von Siebold）の『日本（*Nippon*）』やミットフォード（Algernon B. Mitford）の『日本昔話集（*Tales of old Japan*）』であるが、それらと並んで貞子も重要な取材源であった。貞子は、日本の婦人の家庭での生活ぶりを伝え、ウィーンの仮寓にクドリアフスキー夫人を招いて日本の着物を見せたりした。最も感銘深かったと思われるのが、一八七三年十一月十一日に佐野常民公使公邸にて催された天皇誕生日の祝賀会である。そこで貞子は、やはり三味線を弾き、場を盛り上げたことが記されている（［Kudriaffsky：一八七四］六四頁）。

オーストリア貴族の回想　この他、あるオーストリア貴族の著した回想録のなかに、彼女についての言及がある。訳出しておこう。

外務省の通商政策局長を務め、万国博覧会〔一八七三年のウィーン万博を指す〕の際に外交日程を任されていたマックス・フォン・ガーゲルン男爵（Max von Gagern）は、自宅を外国からの委員や代表団のために開放していた。〔中略〕ガーゲルン家では——そこでの多彩な面子を前にすると、「サロン」という呼称はあまりにありきたりであるように思われる——東アジアからの最初の代表と近付きになる機会をもつこともできた。ある日本人公使館員の愛らしい奥方は、ウィーンの土地にすっかり馴染んでいた二人の魅力的な南アフリカの御婦人と同様、たちどころにその場に溶け込んでいった。

（［Przibram：一九一〇］三八〇—三八一頁）

この記述によれば、オーストリア政府の外交官マックス・フォン・ガーゲルン男爵は、当時自宅を国際親善のための社交場として提供していた。引用文中、「東アジアからの最初の代表」とはウィーン万博を訪れた岩倉使節団を指すのであろう。ウィーン万博の日本展によってもたらされた空前の日本ブームに乗じて岩倉の一行はガーゲルン家に招かれ、さらにその場は引き続き日本趣味のひとつの拠点となったことが考えられる。

そのようななか、右の引用にあるような「ある日本人公使館員の愛らしい奥方」もガーゲルン家に招かれた。それは、渡邉貞子のことと考えて間違いあるまい。和装で三味線を奏でる姿は、ウィーン社交界のエキゾチシズムを刺激した。あるいは彼女自身もひとさし舞ったかもしれない。

以上の断片的な記録からも、貞子がウィーンの上流社会で日本趣味のひとつの触媒となっていたことが看取できよう。渡邉が任地への夫人の同伴を決したのは、現地の人々との「交際上便多き」と判断したかららしいが、貞子は夫の期待を上回る活躍を見せていたことが指摘できる。やはりガーゲルン家の常連客であり、一八八二年（明治十五）に伊藤博文が憲法調査でウィーンを訪れた際に伊藤に国家学を伝授したウィーン大学教授のローレンツ・フォン・シュタイン（Lorenz von Stein）が、後年当地を訪れた日本人を相手に次のように説いた時、彼の念頭には着物姿の貞子があったのではなかろうか。

御国ノ貴婦人ヲシテ此ノ服飾〔和装〕ニテ欧州ノ宴席夜会ニ臨マシメハ、其盛粧ハ衆賓ノ嘆賞シテ止マサルノミナラス、典故学士ハ勿論、美術ニ於テモ、世界中婦人装飾ノ上乗ヲ占ムルノ公評ヲ博セム。（［海江田：一八八九］二一頁）

夫人の陰で

夫人がウィーンの社交界で喝采を浴びている一方で、当の渡邉は何をしていたのか。公務の「傍ら兵事を講じ其報告をなし、自ら亦私に士官を傭ふて兵学を講習す」とは、ある伝記の伝えるところである（［福田：一九七二］上巻、七五一頁）。確かに、イタリアの軍港を視察した際の報告書（「以太利軍港スペシヤ之記」アジア歴史資料センター Ref. B07090358800、『史料』六一—二八）や、現地製の銃やピストルの性能比較についての覚え書きが残されている（「欧州諸国ノ火器ニツイテ在墺渡邉洪基報告ノ件」（アジア歴史資料センター Ref. B07090252700））。

だが、彼が関心をもって観察していたのは、軍事ばかりではなかった。彼はヨーロッパの経済発展の由来について考えを巡らしていた模様で、それについても日本へ向けて建策を試みていた。例えば、帰国の途次、イギリスにおいて認められたとおぼしき意見書の草稿（「（政府援助による貿易商社設立に関する意見書）」『史料』三―九）によれば、官商を断固排斥すべきことが提言されている。そのようなものは民業を圧迫する、というのがその理由である。民間の自由な経済活動が国力の土台となることは、渡邉が在欧中に得た確信であった。

他方で、同じ意見書のなかでは、海外市場の状況に暗い国内産業のために、その仲立ちとなるような商社の設立を政府が行うべきとの提言もなされている。殖産興業のための政府の役割を官業主導の産業振興よりも、商社的な仲介という媒介の機能に求めていることが注目される。このように政府ないし国家機関を媒介者として措定する見方は、後年の渡邉の行動原理となっていく。

society への開眼

また、在欧中、渡邉は現地の盛んな結社活動に大きな関心を示している。帰国後、彼はその感銘を次のように綴っている。

一国ノ人ハ固ヨリ互ヒニ其智恵ヲ交換合併シテ共ニ繁栄ヲ謀ルベク、又世界万国モ其如クシテ我ノ彼ニ劣ラザルヤウ注意スヘキナリ。是レ各国ニテ勧業協会地理協会兵学協会工学協会農学協会等種々《イロイロ》アル所以ナリ。

（「智識ヲ交換スル利益ノ事」『萬年会報告第一報』七頁）

世界各国で各種の団体（society）が作られ、それらによって知識の交換と結合が行われていることに、渡邉は国家繁栄の鍵を認めた。言葉を継いで、次のように語られている。

我国ニテモ何卒従来ノ旧習ヲ破リテ各々其所知《シルトコロ》ヲ人ニ示シ、人ノ智恵ヲ自分ニ取ルハ双方ニ得ノミアリテ損ハナキモノナルヲ知シ、自家繁栄ノ基《モトイ》ナルコトヲ弁ヘアリテ所在可成丈《ドコニテモナリタケ》同志同業ノ相集リ広ク他ト相通ジアヒテ其智識並ニ経験《タメシ》ヲ交易《トリカヘ》アランコトヲ祈ルナリ。

（「智識ヲ交換スル利益ノ事」）

このように渡邉は、結社活動の重要性に開眼し、それを日本で実践していくことを志すことになる。この点は次章で詳しく述べられるが、ここでの渡邉の眼を人々の社会的交流＝society に向けさせる機縁となったひとつの協会《ソサエティー》に言及しておこう。オーストリアの帝国地理学協会（die k. u. k. geographische Gesellschaft）がそれである。渡邉はウィーンで、実際にこの協会の会員だった（一八七四年四月二八日の月例会で、渡邉の入会が承認されている。*Mittheilungen der kais. und königl. geographischen Gesellschaft in Wien, Bd. 17, S. 191*）。

この会は後年の「組織魔」渡邉の原体験となった。月例会を活動の主軸とし、各界の名士を広く包含していた同会の活動に渡邉は西洋文明のひとつの結晶を認め、その日本への移植を志すようになる。明治十二年（一八七九）に彼はオーストリアの地学協会に範を取って東京地学協会を立ち上げるが、同会発足一周年を記念して刊行された『東京地学協会第一年会記事』によれば、「東京地学協会設立ノ起源ハ、現今本会ノ幹事タル渡邊洪基氏曾テ欧州ニ在リテ維也納府勅立地学協会ノ社員タル日、地学協会ノ本邦ニ欠クヘカラサルヲ熟思シ」た結果と設立の経緯を伝えている（『東京地学協会報告』一

〔復刻版〕、三七四頁〕。

「貴顕学会」としての地学協会

話が前後することになるが、ここでこの東京地学協会について触れておこう。同会は、今日にまで存続しているわが国の地学研究のパイオニア的団体である。ただ、地学と称しても、設立当初はむしろ地誌学や地理学の結社というべきものだった。geology でなく、geography の集まりだったのである。そして、その活動の実態はというと、決してアカデミックなものではなかった。月々の講演会を活動の主体としていた同会の性格は、今日の専門家から次のように見なされている。

演説の内容は〔中略〕異国の旅行見聞談が主であって、これを「聞いて楽しむ」という要素があったと想像される。演説後、質疑応答も多少あったらしいが、何分にも会員たる聴衆（普通二十名前後）の大部分は研究者でないし、講演の内容そのものも研究の結果というよりは見聞談だから、学会でみるような討論を望むのは無理であり、そういうところに東京地学協会の目的のなかったことは後にわかる。鹿鳴館時代が近づくと、会員の夫人・令嬢も同行出席している。まことに八十年後の現在でも稀なるハイカラな雰囲気である。（〔石田：一九八四〕一〇一頁）

かような「ハイカラ」さは当時から評判だったらしく、真面目な学術を標榜する向きからは、「貴顕学会」（『東洋学芸雑誌』一四五号）と揶揄された。

もっとも、このような地理学会のあり方は、国際的には決して奇異なものというわけではなかった。前記の石田氏は次のように言葉を継いでいる。

しかしこれは翻って考えてみると、日本の諸団体、とくに学術的団体としては稀有例外なことであるが、西欧社会の団体ではごく当り前のことであった。それをまねたのである。単に形式だけでなく、内容においてもイギリスの Royal Geographical Society の活動、あるいは地理学のあり方をまねようとしたのである。

（［石田：一九八四］一〇一頁）

つまり、東京地学協会は、決してディレッタントでスノッブなだけの団体だったのではなく、西欧の地理学協会のあり方に学んで意図的にそのように志したのだった。その先蹤となったのが、イギリスの王立地理学協会だったと地理学史上は位置づけられるのだろうが、東京地学協会の場合、直接のモデルは前記のように、渡邉が入会していたオーストリアの帝国地理学協会だったのである。

3　帰国の途

貞子の病い

貞子は、懸命に外交官の妻を演じていたが、孤絶ともいえる異国での生活は彼女の健康を蝕んでいったようである。明治七年五月ごろから病気を理由として妻の帰国を渡邉は断続的に願い出ている。最終的に貞子が日本に向けて旅立ったのは、明治八年（一八七五）十月である。発病後一年以上も帰国が延引したことは、病因が身体的なものではなく、精神的なものであったことを推察させる。他に日本人女性もいない孤独で不便な環境からくるストレスだったのではなかろうか。病状には波があり、夫も妻を励ましたりいたわったりしながら日々を乗り切っていたことが想像される。

結局、貞子は渡邉のオーストリア公使館勤務の任期が終わった明治八年九月まで外交官の妻としての役目を演じ切り、翌月帰国の途に就いた。渡邉とは別れて単身での帰国である。当の渡邉のほうには、病身の妻と同行できない用があった。それは、日本への帰路、できるだけ見聞を深める漫遊を行うことである。

渡邉はオーストリア在勤が終わりに近づいた明治八年八月十六日、九月三日、九月十八日の三度にわたってトルコの内政状況につき報告している（アジア歴史資料センター Ref. B03050300400）。そこでは、当時トルコ領だったヘルツェゴビナ地方での民衆反乱の実情が伝えられ、同国の多民族かつ多宗教に起因する内政の混乱とそれに乗じてヨーロッパ諸国に蚕食されつつあるさまが記されている。西洋と踵を接する東洋の大国トルコへの関心を胸中に抱いていたのか、彼は帰国に際して同国を実見する旅路に出ることになる。

中井弘との漫遊

明治九年一月、ロンドンに赴いた渡邉は、その地で中井弘と落ち合った。後に滋賀県知事として琵琶湖疏水工事を敢行し、その豪放磊落な人柄でその名を知られたこの薩摩人と彼は行を伴にすることになる。その旅程はドイツからロシアを回り、トルコ、中東を経てインドに渡るというものである。この時の旅の記録は、『史料』に「東帰随筆　壱・弐」（三〇—一、三〇—二）として残されており、それをもとに、後年、彼は東京地学協会で「東帰録」と題した講演を行っている（明治十三年三月二七日。筆記録が『東京地学協会報告』第一巻第十号に発表されているが、

『漫遊記程』

「第一回英国龍動ヨリ露国痾徳沙（オデッサ）ニ至ル」までしか掲載されていない）。また、中井もこの時の旅行記を『魯西亜土耳古漫遊記程』（以下、『漫遊記程』）と題して刊行している。以下では、これらを参看しながら、二人の行跡を追っていこう。

中井は、『漫遊記程』の冒頭で、渡邉と同行するに至った経緯を次のように記している。

> 偶渡邊洪基氏カ帰朝スルニ当リ、魯西亜ノ内地ヲ経黒海ニ航シテ土耳古国ノ都府君斯坦丁堡ニ入リ、希臘埃及ヲ経テ印度支那ニ漫遊セントスルニ会シ、終ニ意ヲ決シ渡邊氏ノ龍動ニ来会セシヲ幸ヒトシ一月三十一日ヲ以テ英京ヲ発ス。
>
> （［中井：一八七八］上、一葉）

当時外交官としてロンドンに赴任していた中井は、日本への帰朝の命を受け、帰国の途に就こうと

していた。帰国までの間に諸国を巡遊することを願っていた中井は、渡邉がロシア、トルコ、ギリシャ、インド、中国を旅して日本に戻る計画を立てていることを聞き及び、彼がロンドンを訪れた機をとらえて、同行を願い出た。こうして、明治九年一月三一日、二人はロンドンを発ち、西洋の地から東洋世界を抜けて帰朝する旅に出発した。その旅程を、『史料』の記録と中井の『漫遊記程』とを突き合わせながらたどると次のようになる。

二月　一日　ロッテルダムに着。鉄路、ベルリンに向かう。
　　二日　ベルリン着。
　　四日　エッセン着。
　　十日　サンクトペテルブルク着。
　十八日　モスクワ着。
　二一日　キエフ着。
　二三日　オデッサ着。
　二七日　コンスタンチノープル着。
三月　三日　中井、単身エジプトへ向かう。
　十四日　アレキサンドリア着。
　十六日　中井と再会し、カイロを発す。

十七日　スエズ港よりインドに向け出航。
二九日　ムンバイ着。
三一日　中井、渡邉と別れ、直ちに日本に帰る。
四月　五日　デリー着。
六月十五日　帰朝。

車中の語らい

二人の旅行記を併読した時に浮かび上がってくるものとして、渡邉の社交性が挙げられる。彼は旅の車中や船上でさかんに異国の同乗者と交流を図っている。特徴的なのは、渡邉が貴賤の別なく交際をもったことである。例えば、ベルリンを発しサンクトペテルブルクに向かう列車のなかで、彼は試みに中等の車両に乗車した。外交官として一等車に慣れていた彼は「其寒素ナルニハ閉口セリ」と述べているが、他方で「車中邂逅スル所ノ客ニ就キ其地方風俗ノ一斑ヲ知ルヲ得テ、羈旅ノ鬱ヲ散スルニ足ル」とも記し、庶民との語らいを楽しんだ。この時は、プロイセンからロシアへ向かう大工とその徒弟の一行と同乗し、「其性極テ活発ニシテ談話湧クカ如シ」と意気投合している（『東京地学協会報告』一〔復刻版〕、三五一頁）。その模様は、中井にとっても印象的だったらしく、『独逸ノ木匠三名アリ渡邊氏ト談話ス』（〔中井：一八七八〕上、六葉）と書き留めている。*

＊後年の帝大総長としての渡邉の人となりを、三宅雪嶺は『同時代史』のなかで次のように描写しているが、右のような渡邉の社交性と平仄を合わせており、彼の人物像をうかがわせる評言といえよう。

〔前略〕渡邉は加藤（弘之）の学者肌なると違い、頗る気軽にして、風采を飾らず、何人とも談話し、大臣とも語れば、初年生とも語る。食卓にて不充分ながら英語にても挨拶し、独逸語にても挨拶す。口も八丁、手も八丁、官界にも、実業界にも重宝がられ、不思議なる人物の出でたるかに考へらる。
（［三宅：一九四九～一九五四］第二巻、二七四頁）

ロシアに入ると、オデッサへ向かう車中でポーランド人とオーストリア人の乗客とドイツ語で延々と談じあったことが、中井によって特筆されている。渡邉にとっても興趣尽きない体験だったらしく、その内容は「東帰録」のなかで詳しく述べ伝えられている。当時の市井の西洋人の日本理解や関心を示す好個な記録とも考えられるので、その問答を摘記しておこう（表記は原文の意を汲んで改めた）。

問「日本は何教か」
答「欧州でいうところのシントイズム、すなわち神道を国教となしている。しかし、仏教が普及しており、近頃はキリスト教を奉じる者もいる」
問「神道は回教の一派か」
答「否、別種である」
問「貴国の君主はスルタンと称するのか」
答「否、天皇と称する」
問「天皇は世襲なのか」

答「有史以来、二五〇〇有余年、一系連綿である」
問「豚肉や酒は禁じられているか」
答「そのようなことはない」
問「一夫一妻か」
答「然り」
問「家に複数の婦人を抱えることはないのか」
答「妾をもつ例はある」
問「皇后はお一人だけか」
答「然り」
問「トルコのようなハーレムはないのか」
答「……」（渡邉は、「余於是少ク答ニ窮スル所アリ」と正直に述べている）
問「貴国は欧州各国と交際を有し、公使を派遣しているか」
答「然り。サンクトペテルブルク、ベルリン、パリ、ロンドン、ローマ、ワシントン、北京などに公使館を置き、ウィーンでは私はしばらくその任にあった」
（中略）
問「日本は安全か」
答「然り」

問「日本には双刀の士がいて、触ればたちどころに斬り殺されると聞いたが、本当か」
答「否。双刀の士は今日ほとんどない。私もかつて双刀の士だったが、今は一変して見ての通りになっている」
問「キリスト教は厳禁か」
答「公然とは禁を解いていない。しかし、信者はおり、宣教師もいる」
問「イエズス会は禁じられているか」
答「別に違いはない。ただし、国法を害し、人民を惑乱する者は何宗を問わず制裁を受けざるを得ない」
（『東京地学協会報告』一〔復刻版〕、三六二―三六四頁）

以上のように、渡邉は日本の宗教や風俗、慣習について延々と尋ねられ、逐一回答した。さすがの渡邉も、東洋と聞いてトルコのことしか念頭にないオリエンタリズムや日本についての知識の無さにいささかうんざりしたようである。「総テ其問フ所全ク我国ノ事情ヲ知サル者ニシテ、欧州一般我国ノ事情ニ疎キ知ルヘシ」と嘆息している（同右、三六四頁）。

さて、オデッサを経てトルコに入ると、彼はトルコ高官との旧交を温めている。コンスタンチノープルでは、トルコ外務大臣ラシット・パシャと面会した。かつて大使としてオーストリアに駐箚していた時に、彼はその知遇を得ていた。また、当時のウィーン駐在の大使アーリ・パシャとも懇意だった彼は、「大ニ土耳其国ニ遊行スルノ便宜ヲ得タリ」（「中井：一八七八」上、十二葉）と記されている。

トルコ経由での帰国という航路を選んだことには、ウィーンでの外交官生活で培った彼の国の顕官との交流があった。同国に滞在中、外相の手引きで宰相マームル・パシャとも面談できた渡邉は、そのコネを活かしてトルコで物見遊山にふけることができたのである。それは、貴顕の士にも臆せず溶け込むことができた渡邉の資質のなせる技であった。

伊藤博文と会う

六月十五日、渡邉は日本に帰還した。帰国して彼が真っ先に面会したのは、伊藤博文だった。「一昨日澳国より渡辺洪基帰朝、今朝暫時面晤仕候」と同月十七日付の書簡で、伊藤は木戸に宛てて書いている（『木戸文書』第一巻、二九六頁）。

なぜ帰国を待ちかまえていたかのように、伊藤は彼と面会したのか。当時伊藤は工部卿であり、一介の外交官に過ぎなかった渡邉との接点はない。考えられるのは、木戸の指示があったことである。既述のように、木戸は渡邉に目をかけていた。そしてこの時期、伊藤は大阪会議の後を受けて、木戸の政権復帰とその立憲体制樹立構想をサポートしていた。そのような伊藤に対して、木戸は渡邉との接触を強く望んだのではないかということが推察できる。

伊藤は渡邉が弁じる中欧情勢を食い入るように聞いたらしい。オーストリアとハンガリーとの軋轢のほか、「中亜細亜之擾乱、魯澳土三ヶ国関係之始末も充分の結果に未到」との不穏な国際関係について説明を受け、「一両年間に必ず欧州再乱之憂可相発」との思いを新たにしている。

だが、それよりも二人の関係において注目すべきは、帰国後の渡邉が抱懐していたひとつの国家経綸上の確信である。「東帰録」のなかには、次のような述懐がある。ロシアにおける知識人の情勢についての観察である。

本府〔モスクワ〕ニ一ノ大学校アリ。即今現ニ生徒千二百名アリ。内、法律学ヲ学フ者ハ八百名余、次テ医学者三百名余、器械化学及ヒ教法ノ学ニ就ク者実ニ僅々ナリト。蓋シ魯西亜全国人民甚貧シク物産起ラス。故ニ器械化学等殖産ノ学用ユルニ所ナク、而シテオアルノ士ハ徒ニ官吏トナリ政ニ与ルヲ以テ目的トスルニ因ス。於是乎学術益開クルニ至テ殖産ノ道随テ開ケス。唯政談不平ノ徒増殖ス。近来虚無党ノ興ル亦タ幾分カ之ニ因スル者ト言ハサルヘカラス。

(『東京地学協会報告』一〔復刻版〕、三六二頁)

モスクワ大学では、学生は法学部に集中し、そのために優秀な青年は専ら官吏となって政治に携わることを志望しており、その結果「政談不平」の徒が巷に満ちるという悪弊が生じているという。ロシアにはびこるニヒリスト分子もそこから派生していると説かれる。これに対して推奨されるのが、殖産の道を開く学術であり、具体的には工学や化学である。「はじめに」で述べたように、渡邉は生前「三十六会長」と呼ばれていた。次章以下で、その実際の働きを順次見ていくことになるが、彼が各種の学術団体の創設や経営に関わった背景には、まさに右で述べられているような学問観があったことがやがて明瞭になるだろう。

伊藤の「教育議」

そして、そのような学問観は、伊藤によっても共有されていたものだった。渡邉の東京地学協会での演説に先立つこと半年前の明治十二年（一八七九）九月、伊藤は教育の基礎を固め、科学を振興するべしとの建言書を著している。「教育議」と題したその建策のなかには、次のような一節が認められる。

高等生徒ヲ訓導スルハ、宜シク之ヲ科学ニ進ムヘクシテ、之ヲ政談ニ誘フヘカラス。政談ノ徒過多ナルハ、国民ノ幸福ニ非ス。今ノ勢ニ因ルトキハ、士人年少稍ヤ才気アル者ハ、相競フテ政談ノ徒トナラントス。蓋シ現今ノ書生ハ、大抵漢学生徒ノ種子ニ出ツ、漢学生徒往々口ヲ開ケハ輒《すなわ》チ政理ヲ説キ、譬ヲ攘ケテ天下ノ事ヲ論ス。故ニ其転シテ洋書ヲ読ムニ及テ亦静心研磨節ヲ屈シテ百科ニ従事スルコト能ハス。却テ欧州政学ノ余流ニ投シ、轉タ空論ヲ喜ヒ滔々風ヲ成シ、政談ノ徒都鄙ニ充ツルニ至ル。今其弊ヲ矯正スルニハ、宜シク工芸技術百科ノ学ヲ広メ、子弟タル者ヲシテ、高等ノ学ニ就カント欲スル者ハ、専ラ実用ヲ期シ、精微密察、歳月ヲ積久シ、志嚮ヲ専一ニシ、而シテ浮薄激昂ノ習ヲ暗消セシムヘシ。蓋シ科学ハ実ニ政談ト消長ヲ相為ス者ナリ。

（『伊藤博文伝』中巻、一五三―一五四頁）

伊藤もまた、科学と政談を相対立するものとして捉え、政談の徒が跋扈することは国民の幸福につながらないとして、実用的な科学教育を広め、それによって政談の暗消を唱えるのである。

相前後して提唱された両者の科学論には、二つの共通点が見出せる。ひとつは言うまでもなく、科学教育の振興であり、それを通じて殖産興業のための実用的な知識を生み出すことである。もうひとつは、政治空間からの政談の締め出しであり、そのための政治教育の刷新である。事実、伊藤の立憲国家構想は、このような方向での高等教育システムの改革を土台として形作られていた（[瀧井：二〇一〇] 参照）。そして、そのような考えは、ヨーロッパから帰国した渡邉が確信していたものでもあったのである。

渡邉帰朝直後の二人の邂逅は、新知識を制度化し、それに立脚して国家建設を推し進めようとする両者の軌跡が初めて交差した瞬間であった。

第四章　萬年会、統計協会、東京地学協会——society の移植

1　「衆智」へ向けて

ヨーロッパから帰朝した渡邉は、明治九年（一八七六）七月に外務権大丞の職に就き、記録局に配属された。翌年の一月には外務権大書記官となり、記録局長を拝命している。これ以後の彼の外務畑での働きは、華々しい外交舞台とは一線を画した記録作りのデスクワークに傾注される。

"竹島"問題の調査

記録局勤務時の注目される仕事として、「松島之議」と題する二通のレポートの作成が挙げられる（「渡邉洪基松島ノ議」アジア歴史資料センター Ref. B11091460400所収。『史料』十六—九に草稿が残されている）。これは今でいうところの竹島問題をとりあげたものである。当時、韓国の鬱陵島《うつりょうとう》が竹島と呼ばれ、竹島のことが松島と称されていたが、この二つの島の帰属について日本政府でも定見はなかった。渡

邉の意見は、江戸幕府は事なかれ主義で竹島〔鬱陵島〕は朝鮮のほうに近いからそちらへ「譲与」したが、「松島〔竹島〕ハ竹島〔鬱陵島〕ヨリ我近キ方ニアレハ日本ニ属シ朝鮮又異論アル能ハス」というものである。

この渡邉の意見書は、政府の人間がはじめて今日の竹島の帰属を問題にしたという意味で注目される（[池内：二〇一六] 一六〇―一六一頁）。それまでは、竹島は何の価値もない海上の岩礁として一顧だにされなかった。日本の漁民などが鬱陵島に向かうまでの間に位置している目印という程度のものだった。しかし、渡邉はそれがちょうど日本と朝鮮との中間に位置し、朝鮮へと至る航路に当たり、また長崎からウラジオストックに航行する際にも必ず近づくことになるので、「緊要ナル所謂竹島〔鬱陵島〕ニ数倍ス」との認識を示している。そうであるから、速やかにこれまでの「習例ヲ糺シ併セテ船艦ヲ派シテ其ノ地勢ヲ見」るなどして帰属関係を確定すべきという。

しかし、このような渡邉の提言は政府内で主流となるには至らなかった。既述のように当時の日本人の意識では、まだまだ竹島（当時の松島）は鬱陵島（当時の竹島）への航路の途上にある岩山としか見なされておらず、それ単独での価値は認められていなかったからである（[池内：二〇一六]）。

記録官として

渡邉の建言は実りをもたらさなかったが、ここでの彼の緻密な論証作業からうかがえるのは、在外公館勤務から本省勤めへの異動が、決して彼の意に反するものではなかったことである。むしろ彼は記録局という場を根城として、日本外交の「習例」を記録する作業に打ち込んでいく。

その成果として、明治十四年に『外交志稿』が編纂された。渡邉が井上馨外務卿に宛てた巻頭の辞によれば、同書は古代からの二千有余年にわたるわが国の外交上の事績を網羅すべく編まれたもので、その発端は明治十年秋に彼が時の外務卿寺嶋宗則に建議したことにあると記されている（アジア歴史資料センター Ref. B13080807600）。諸書に散述されている外交関連の事項を採集し、八つの部門（「交聘」「戦争」「版図沿革」「漂流」「帰化移住」「学術宗教」「贈酬」「貿易」）に分類して略述された。明治十七年には付録の図表とあわせて全二巻で公刊されている。

このように帰朝後の渡邉は、外交官というよりも、外交史料の専門調査官に納まったかの趣がある。今日の目から見れば閑職に追いやられたと見なされかねないが、彼の働きには確然としたものがあった。倦まず弛まずに文書と格闘したことが、前記の成果から十分にうかがえる。多少穿った見方をすれば、彼は外交史料の山のなかから、「日本」を立ち上げていこうとしたのだと考えられる。実際、そのような姿は、本章でこれから見ていく東京地学協会や統計協会にそのまま連なっていくものである。地学と統計という手法で、渡邉は日本に形を与えていこうとする。もっとも、今の時点でこの点に立ち入るのは性急に過ぎる。その意味するところは、やがて明らかとなろう。

史料編纂に取り組む渡邉の非凡さは、衆目の一致するところだったのであろう。明治十一年三月、彼は『外交志稿』の編纂に従事しつつ、太政官大書記官法制局への転属を仰せつかる。法制官僚として抜擢されたわけである。ここで彼は、政務訴訟及願請取扱条例、行政裁判規則、行政処分願請規則といった法令案を矢継ぎ早に起草し建策した。その果てに、後に悪名をとどろかせる集会条例が連なる。

しかし、このように法制官僚への栄達の道を歩み始める一方で、この時期に彼はそれに収まらない才覚の萌芽も見せている。明治十一年四月に設立された萬年会がそれである。この会は、組織魔として勇名を馳せた「三十六会長」渡邉が樹立した記念すべき最初の結社である。そこで、その成り立ちを詳しく見ていきたい。

「武生地方有志諸君に告ぐ」

この時期に渡邉のしたためた二通の書状が、郷里武生に残っている。後の彼の歩みを考えるうえで示唆深いものが含まれているので、その内容を詳しく紹介しておこう。一通目は、明治十一年二月二三日の日付をもつ、「武生地方有志諸君に告ぐ」と題した書状である（越前市武生公会堂記念館所蔵、口絵参照）。その内容は、直接的には武生に図書館ないし博物館の設置を勧めたものである。そのような書籍と物品の集積場所をもつことが、地域の産業振興に直結すると説かれている。この点を念頭に置いて、渡邉の記すところを辿ってみよう。

まず彼は次のように説き起こしている。

凡そ一地の繁栄を謀るにも亦タ衆智を集むるを第一とす。是会合の止むへからさる所以、且他に其聯絡を求めさるへからさる所以なり。而して其実行を見る富を以て第一とす。

開口一番、その土地の繁栄のためには、衆智を集めることが肝要だと切り出されている。そのためには内に人々が会合し、そして外に対して知識を求めてつながりを築いていくことが不可欠である。富はその帰結としてもたらされるものだという。

この目的のために、西洋では各地に図書館と博物館が設けられているとされる。曰く、

此目的を達する其物産運輸製造器械地質等或は真物或は雛型ニ就て其実況を見るの便を与へ、次て書籍ニ就て之を講し、自己の智力を研磨せさるへからす。是れ殖産の法を講するに此等の物品書籍を集むるの欠くへからさる所以、西洋各国各郡是等の博物館を設くる所以なり。

諸事万物について実物かレプリカを展示し、ありのままの姿を実見する機会を供し、次に書物について研究することで知力の向上を図る。物品と書籍を集積することは、殖産興業の捷径なのである。言葉を換えれば、その土地の経済的発展のための車の両輪として、博物館と図書館が構想されているといえよう。渡邉は、この構想実現のための資金の提供を申し出ている。あわせて有志を募って醵金《きょきん》を得、物品や図書購入に資することができたならば幸甚である、と。

このような構想の果てに、彼は次のように武生の将来像を思い描いている。

若此事成らんには、集会の利益ハ別ニ詳述するか如く、物産の展観は独り其地有志者の講究に便なるのミならす。武生は既に一小商府にして、他方人の往返淹留するものも亦多けれは、兼て此

等ニ示されは又商事の便を為し、実に同地の商業を繁盛ならしむるの一助とならん。

武生の地に博物館を設置し、物産の展観の用に供したならば、単に同地の住人に便なるのみならず、もともと商業の地である武生には方々からの来訪者も多いので、同館をベースとして知識の交換流通が促進され、商都武生の一層の繁栄がもたらされるだろうというのである。

ここには、渡邉の注目すべき発想が盛り込まれている。それは、冒頭の「凡そ一地の繁栄を謀るにも亦タ衆智を集むるを第一とす」との言に集約されている。そのような衆智の拠点として、ヨーロッパ諸国には博物館があり図書館があることが述べられ、その移植が提言されているのであるが、注意すべきはそれに先立ち、「会合」と「連絡」の意義が掲げられていることである。博物館なり図書館というものも、人々が集い結び合う拠点としての役割を期待されていると考えられる。それがあってはじめて、知識が循環し富が生み出されるのである。

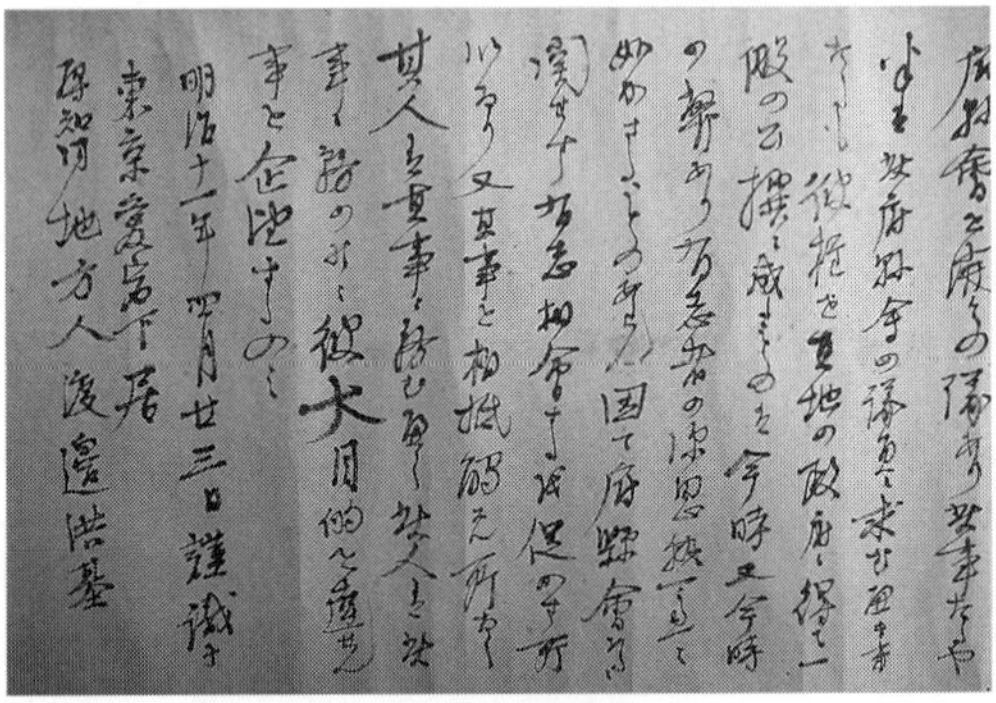

「元帝国大学総長渡邉洪基先生巻軸」
（越前市武生公会堂記念館所蔵）

そうしてみると、渡邉にとって地域繁栄のために真っ先に指折られるべきは、衆智のための「集会」にあったといえよう。「集会の利益ハ別ニ詳述するか如く」とあるように、この点はここでは割愛されている。それに代わって、まさにこのことを詳述したと目されるのが、「元帝国大学総長渡邉洪基先生巻軸」と題された越前市武生公会堂記念館所蔵のもうひとつの書状である。長文であるが、渡邉の〝組織哲学〟が集約されていると思われるので、煩を厭わず紹介したい。

まず一言でこの第二書状の内容を要約するならば、東京への人材や知識の一極集中を排し、地方の実情にあった知を創出するために、「集会」を興すべきというものである。何のために知識を高め、学術を講じるのか。それは、独立の精神を保持し、内は同胞と親しみ、外は各国と交通し、各人がその能力を高めて幸福を摑み、文明開化と富国強兵、独立自主の功を遂げるがためである。しかし、いま現在そのための施策は、東京に偏っている。

地方に学士人才を養ふの力なく、当世に流行の士は尽く東京其他の都会人民輻湊の地に集まり、其所謂我世態に通すると謂ふ者は都会の時運地利人情ニして、各地方ニ至りては実ニ全ク知らさるなり。此都会と雖とも亦タ多クハ当時政府ニ奉仕する人員ニ就て見る者多く、地方自から地方の官吏ありと雖とも其有権者は他方より駐箚する者ニして、且ツ官民の間に行はるる従来の慣習ありて其人民の実情ニ適する真ニ難きものありて其実施する所は固より中央政府の命令に順従し、他は都下出たす所の新聞及ひ書籍ニ其源を取るものなり。故に官府及ひ学人工師其他の人物皆な外国の事を直ニ我ニ施すに非されは、都会其自己の社会に行はるる勢を稍斟酌して、之を全国一般ニ推〔し〕及さんと謀るニ過キス。故ニ其労力苦心多くは一般人民ニ便ならす。

地方に知識ある人を養う力なく、そのような人材は東京その他の都会に流れ出てしまい、地方を指導する官吏などは言ってみればよそ者で、その土地の実情を知らず、中央政府の意向で外国からの受け売りの知識や都会で流行している政策を押しつけんとしているに過ぎない。それがため、彼らの努力や苦心は決して一般民衆の役に立っているとは言えない。渡邉は、中央政府による外国の新知識の独占とそれの各地方への押しつけにここで強く異を唱えている。これに対して、彼が提示するのが地方における衆智の結集である。

学術事業を研究する衆智を集むるより良きはなし。而して其先つ各地の時運地利人情に適応すの法を求むるは、之ニ可成同しき處ニ就て其経歴学識を求むるより尤便利なるはなし。是れ欧州之内各国の其経歴学識を相流通して大ニ益する所以なり。

知識を結集するのだが、その知識とはローカルなものでなければならないことが説かれている。すなわち、その土地を豊かにするためには、そこでの「時運地利人情」という固有の事情が勘案されねばならず、そのためにはその土地で育まれた「経歴学識」を活用するのが一番である。欧州各国ではそのようにして有識者の交流が行われている、と。

このように渡邉は、地域に根差した知を喚起して衆智と化し、そのようにして各地に叢生した衆智を結び合わせることで、これまでの中央指導の知の流通に対抗しようとしている。そのためには、まずそのようなローカルな知のための結社が設立されなければならない。

衆智を組織する

此目的を達せんか為めに、我輩在京有志の徒一の集会を開き、務めて各地方に又有志の集会を開き、事を奨慂し相連絡して各員其知己の地方の為めに其求むる所と其事情を知了して之ニ適応するの方法を以て、先きの大目的を達するの一助とし、又其地方ニては、有志の士相集まりて、其地方の事情並ニ其欽望スル所の者及ひ其経歴学識を其会の社員ニ通して其他方の経歴学識を聞見し、又外国の学源ニ就て其求むる所を求め、其自己の地方の経歴学識を通して他地方ニ益し、互ニ他の長を取りて己れの短を補なふの手段を尽し、内同胞と相親ミ、外各国と交通し、各自ら神力を研磨し、相励ミ相競ひ、衣食住の安豊を謀リ、生前死後の栄耀を求め、一人一国共ニ天賦の幸福を享け、風俗文明国家富強独立自主ノ功を成さんとす。

地域に立脚して、そこからボトムアップしていくように知を積み上げ連結させ、そうすることで地域から国家、そしてさらには世界全体へと人々が切磋琢磨しながら結びつき、豊かになっていく姿が思い描かれている。これが渡邉が当初夢見た組織の哲学であった。

もうひとつ付言しておけば、そのような理想図は、現下に展開されている結社のあり方への根本的な疑念から描かれたものでもあった。渡邉は、既存の集会を次のように批判している。

本会の主旨彼《かの》漫ニ法律の改良民権の拡張政憲の改進等を唱テ自から彼《かの》一般の弊害ニ陥りて行はるへからさるの説を為して、更ニ一般人民ニ益せすして、却りて一人一国災害を招ク者の弊を矯正するニ在るか故ニ、一般人民の実情ニ通して之ニ適応するを主とし、軽浮渺茫過激等の説を発せす、着実を務め、彼《かの》熱心不平を去りて虚心平気人民の望む所を計り、其入るへきハ度を求めて相研磨スルを旨とす。

ここで槍玉にあげられているのは、自由民権派の集会であろう。渡邉によれば、そのような政治運動主体の集会は、人民の生活の真の必要や実情を顧みていない自己本位な過激論に過ぎない。熱に浮かされたように不平を唱えて空言を弄するのではなく、虚心坦懐に民富を高める道を講じるべきというのである。

以上のような論旨のなかには、後の渡邉の活動を規定する重要な思想が見て取れる。衆智のための結社、知を通じての人々の結合、集会を通じての知の循環、そして実利主義的な集会像（その非政治化）である。そして、その実践のために彼が立ち上げた最初の結社、それが萬年会と呼ばれる団体だった。

2　萬年会の創設

初めての結社

萬年会は、明治十一年（一八七八）四月二八日に設立された。既述のように、「三十六会長」渡邉の手になる最初の団体である。萬年会という名は、東京都港区愛宕に今もある曹洞宗の寺院、萬年山青松寺に由来する。当時彼は青松寺の近所に住んでおり、萬年会の会合は同寺において催された。会の創設もここで行われている（萬年会についての貴重な先駆的研究として［黒木：一九八七］がある）。

萬年山青松寺

この日、渡邉の呼びかけに応じて参集したのは、福井出身で元東京府知事の由利公正（当時、元老院議官）、学農社を興し『農業雑誌』を創刊するなどした農学啓蒙家・津田仙（津田梅子の父）、外務省出身の元老院議官で後の駐ロシア国公使となる柳原前光（大正天皇の生母・柳原愛子の兄）、外交官の花房義質、後にいわゆる対外硬運動に加担する神鞭知常（当時、内務省勧商局）、旧幕臣の大鳥圭介（当時、工部省大書記官で内国勧業博覧会審査員）、陸軍軍医の石黒忠悳をはじめとする十二名である。

これら創立メンバーに見られる特徴として、次の点が指摘できる（［黒木：一九八七］五九頁）。①すべて非藩閥出身者、②外務省関係者（柳原、花房）、福井出身者（由利）、若き日の友人関係（石黒）など渡邉との人的コネクション、③第一回内国勧業博覧会事務局とのつながり（神鞭、大鳥）、以上である。*

*黒木論文では、このほか、藩閥政治の批判と漸進的民権論者の集まりであることが強調され、あわせて過激化する豪農民権運動の非政治化と中立化の役割を当初同会が担っていたこと、それがやがて明治政府の外縁に取り込まれていくことが論じられている。しかし、そのような政府批判の言説を関連資料のなかに見出すことはできないし、そもそも渡邉の頭のなかでは、官民をつなぐという発想はこの時から一貫していたと目される。

設立に際して定められた申合規則は、その第一項で次のように会の目的を規定した。

本会ハ経済上各地人民ノ知ラント欲スル事ヲ知ラシメ、又其事情ヲ審察シテ之ニ適応スルノ方法ヲ案シ、以テ文明ノ道ニ進マン事ヲ謀ルノ主旨ナルガ故ニ、先ツ各員其地方ニ此目的ニ応スルノ集会ヲ勧奨シ、此集会ヨリ求ムル者ヲ会席ニ持出シ、他員及他方ノ経歴知識ヲ求メ、其求ムル所以ノ主旨ヲ達セシムルヲ先トシ、次テ其事情ヲ測リテ之ニ応ズベキノ事ヲ衆員ニ議《はか》リ、且ツ自ラ見込ヲ述ルニ限リ、更ニ是等ニ原因スル所ナキコトヲ漫ニ弁論スルヲ得ス。

（『萬年会報告第一報（『農業雑誌』第七三号付録）』一頁）

ここからうかがえる会の基本方針とは、地方から寄せられる様々な経済活動上の問題を吸い上げ、それを会の場を通じて各種の経験知識に照らして討究し、その現実的解決策を提言していくというものである。そのための方法として、同会は当初地方主導を掲げていた。

萬年会設立の趣旨

その内実を詳論すべく、津田仙の『農業雑誌』の附録の場を借りて発刊された『萬年会報告第一報』は、「各地ニ本会支派ノ協会ヲ興スヲ勧ムルノ文」、「各地ニ物品陳列場ヲ設クルヲ勧ムル文」、「智識ヲ交換スル利益ノ事」と題する渡邉の論説を掲げている。このうち前二者は、前節で紹介した越前市武生公会堂記念館に残る二通の書状とほぼ同文である。また、「智識ヲ交換スル利益ノ事」も前章で引用したごとく、知識の交換と結合に西洋の文明的隆盛の真因を求め、かの地の結社活動に範を取って知識の開放と交流の促進を説いたものである。これらによって示されている衆智による国と地域の発展、そしてそのための結社活動、それこそが萬年会の綱領に他ならなかったのである。

萬年会の設立から十年を経て著された「萬年会沿革」（『萬年会報告』第十一年第一号所収）も、会の当初の活動を次のように伝えている。

> 元来本会の組織は各地方に支会を設け、而して東京なる本会は此の地方支会の名代人の集会する所たらしめんとするの趣向に基けり。何んとなれは本会設立の諸氏は此の如き方法に由て各地方の智識経歴を交換し都鄙の事情を疎通し新旧の事業を調和するを得へしと信したれはなり。

（「萬年会沿革」二八―二九頁）

すなわち、各地から創発される殖産上の実学的知識を全国に流通伝播させていくためのネットワーク作りが萬年会設立の趣旨であり、そのために中央と地方の媒介をなすことが運動方針だったのである。

けれども、この地方主義は会の発足後間もなく見直しを余儀なくされる。翌年六月に会則が改正され、それによって地方支部を会の「本源」とするあり方が変更されている。「一ヶ年余の経験によるに、各地に会起り其会の名代人たる人のみを以て組立つる事実際行はれず」（『萬年会第一会記事』十五頁）、とこの時会長渡邉は説明したという。地方が萬年会に呼応して、支部をつくって活動に参加するには、まだ開化も日本全体の交通も進んでいなかったということになろうし、またそもそも計画自体が遠大であったといえる。結局、萬年会の活動は、「東京の欧米の学術、知識、理論による地方実業家の指導」（［黒木：一九八七］六六頁）へとシフトすることになる。

活動の進展

このようにして初発の理念は修正されざるを得なかったが、会自体は当初着実に発展していった。会員の数は十二名の発起人たちから出発して、翌明治十二年には七九名、十三年には一八九名、十四年には二八三名と順調に増加し、創立から十年が経った明治二一年中には三四九名を数えている（「萬年会沿革」二三―二四頁）。

会の活動は、月一回の常会と会報（『萬年会報告』）の発行を主としていた。常会は会員たちの茶話会的な情報交換の場であった。会員たちやその紹介になる者が、毎回各地の農産物や新作器具や器械を持ち寄り、その品評会を行うというものである。毎月の常会に加えて、明治十四年十二月からは講話会と呼ばれる集まりも始められた。これは、「地方の実際家をして独り地方実際の事情を吐露するの道を得せしむるのみならす、欧米改進の方向を窺知し以て其実際の事業を改良するの知識を得せしむるも亦た極めて必要の事とす」との趣旨のもと、「客員並に其他の会員か実際に近き問題を学理上より平易に演説して会員に之を聴かしむるもの」と性格が規定されている（「萬年会沿革」三六頁）。講話会の内容は『萬年会報告』に抄録され、地方の会員のもとへも届けられた。そのようにして、知の伝播を図ろうとしたのである。

ここで、明治十六年一年間の講話会の内容を一瞥してみよう。それは、萬年会の機関誌『萬年会報告』からうかがうことができる（明治十六年発行の『萬年会報告』は通巻第五巻となっているが、これ以前の同誌の刊行は確認できなかった。これ以前に出されていた『萬年会記事』がこの年に改称されたものと考えられる）。

一月六日
中野初子「電器爐」
佐々木長淳「製糸器械」
二月十七日

丹波敬三「酒の利害」
桑原政（工学士）「工業と火山の関係」
三月十七日
古市公威「運河の説」
四月二一日
藤岡市助（工学士）「電気運転機関並に電気蓄積器」
五月十九日
赤松則良「米穀儲蓄法」
六月十六日
佐々木長淳「蠁蛆の成育並に之を防御する考案」
舘三郎「不明」
七月二一日
大鳥圭介「五棓子の説」
九月十五日
飯沼長蔵「「シナ」の木の説」
十月二十日
藤岡市助「電気船の説」

十一月十七日
藤岡市助「避雷柱の事」
上林熊治郎「日本製茶業に付ての意見」
十二月十五日
岩佐巌「「シーメンス」火葬論」

一見して明らかなごとく、内容は多岐にわたり、雑多である。有力メンバーであった花房義質は、往時を回顧して、「所謂何んでも屋の会であつた」と語っているが（[黒瀬：二〇〇二] 一八一頁）、農学、化学、工学とおよそ分野を問わず、新技術の紹介と伝統産業の技術革新が論議されていたのである。まさに殖産興業政策の落し子のような会だったといえよう。

糖蔗集談会

このような萬年会の名を世に高からしめたのが、明治十三年十一月二十日から二五日にかけて催された萬年会糖蔗《とうしょ》集談会である。当時懸案となっていた砂糖の輸入超過問題に対処するため、国内の製糖業の振興策を広く討議することを企図して萬年会が組織したシンポジウムである。会員のみならず全国の糖蔗業者に呼びかけて、大々的に挙行されたことが、当時のメディアによっても報じられている。十一月二四日付『郵便報知新聞』、同月二五日付『東京日日新聞』によれば、二十日は約二五〇名、二一日は二七〇名の参加者があった。催しは政府の後押しも受け、内務省の後援が得られたほか、宮内省や主だった華族から巨額の寄付が寄せられた（宮内省より金一千円、岩倉具視、徳川慶勝、毛利元徳、島津忠義ら華族十二家より計二千三百円が下賜された。『萬年会第三十七会記事』一―五頁)。まさに官民一体となっての盛挙であった。

一体となったのは官民ばかりではない。この会では「学術家の演説あり、実際家の集談質問あり、各地の実況報告あり」と渡邉が回顧しているように(『萬年会第三十八会記事』八頁)、学理と実務、中央と地方の諸士が一同に会して意見を闘わせ、そこで決議されたことは勧農局長品川弥二郎に建策された(『萬年会糖蔗集談会報告』一八二頁以下)。「学術と実際の間、都府と地方の間、新案と旧慣の間に周旋媒介して之を調和する」(「萬年会沿革」五〇頁)ことを自任していた萬年会と渡邉洪基にとっては面目躍如たるものがあった。

もっとも、この集談会には後年、厳しい評価が下されている。そもそもこの集会は、従来の国内の甘蔗糖業の不振と輸入砂糖の増大に対する対処策を練ることを目的としていたが、具体的に掲げられていたのは蘆粟《ろぞく》による製糖の普及だった。東北地方の蘆粟栽培に着目し、同地に製糖業を興そうというのが眼目だった(『信夫:一九四六』二五六頁以下)。

しかし、その末路は惨憺たるものだった。すでに明治二八年の第四回内国勧業博覧会がその報告書において、「抑々蘆粟ニ過分ノ望ミヲ措キ、其甚シキハ東北地方ニ於テ蘆粟ノ栽培夕ニ盛大ニ行ハレナハ、モハヤ甘蔗糖ノ盛衰ハ敢テ憂慮スルニ足ラス、即チ外国輸入ノ勢ヲ防クニ足ルヘキモノノヤウニ思ヒナシ、頻リニ蘆粟ノ繁殖ヲ図ルハ十年ノ一夢ニ属セリ、今日ニシテ之ヲ回顧スレハ軽躁ノ所為タルヲ免レス」(『信夫:一九四六』二六三頁)との烙印を押している。この萬年会の企画は、「わが国における甘蔗糖業の急激な凋落に対する性急な対応策」（［信夫：一九四六］二六三―二六四頁）と切り捨てられるものだったのである。

会の凋落

この集談会が萬年会の活動のピークであった。これ以降も同会は月二回の会合を堅持していたが、その活動は漸次衰退していく。明治二一年（一八八八）十二月、『萬年会報告』誌上で次のような告知がなされ、ついに講話会の廃止と『萬年会報告』定期刊行の取りやめが決められる。

近来各所に専門の協会興起したるか為、本会に於て講義を依頼し来れる客員諸氏の如きも多くは他の協会の会員として独り本会の為に力を専にする能はす。依て本会は往々定日に適当の講師を得かたぎことあり。且つ今日の世態を察するに、復た本会か曾て講話会を開設したるの日と同しからす。協会及学校は月を追て新設せられ、著述反訳は日と共に進めり。故に会員か従来本会の講話会に依て得し程の智識学問を得るに、今日は最早必すしも本会の講話会に依頼するを甚た必要とせす。依て本会は爾今定期講話会を廃止せんとす。

（『萬年会報告』第十年第十二号、六八八―六八九頁）

ここに書かれているように、実業の分野でも専門の協会が次々と設立され、「何んでも屋」の萬年会は、それらに人員が吸収されて会の開催が困難となったのである。*

＊萬年会が何時その存在に終止符を打ったのかは不明である。機関誌たる『萬年会報告』は管見の限り、明治三四年刊行のもの以降見当たらないが、会合自体はその後も続いていたらしい。『工学博士高松豊吉伝』には、昭和三年にまだ同会が存続しており、創立五十周年を祝ったとの記載が見られる（［高松博士祝賀：一九三二］二三七頁。［須々田：一九九三］も参照）。しかし、何か実質的な活動を行っていた形跡は見当たらない。

例外として、明治四一年に、牧畜家の角倉賀道の発議により、東京帝国大学教授の中村達太郎（建築学）と古在由直（農芸化学）、津田仙の子息で学農社社長の津田次郎、そして角倉を委員に任じて、乳牛飼料用サイロの築造法を調査せしめている。その調査報告書に寄せられた緒言に次のように明言されているのは興味深い。専門分化への対抗、学術と実業の接合が萬年会のバックボーンであることが、再認識できるからである。

社会ノ状態益進歩シ本会ノ如キ公共ノ利益ヲ図ル各種ノ団体続々興起セリ。但シ是等団体ハ農業ニ工業ニ商業ニ殆ント分業的ニシテ、而シテ或ハ専ラ学術ノ進歩ヲ図リ、或ハ実際事業ノ発展ヲ期シ其ノ事業範囲稍本会ト広狭相同シカラス〔後略〕。（［北村：一九〇九］一―二頁）

このようにして、思い出されたように単発的な活動の跡が認められるとしても、会の衰退はもはや覆うべくもなかった。明治末期か大正初年に聞き書きされたと思われる『子爵花房義質君事略』には、「近頃は古市〔公威〕博士が会長で眞野博士が副長で自分も理事の一人で居るのであるからモチット活動も出来利益も興して役にも立つやうになるでもあろうと思つて居る」との記述がある（［黒瀬：二〇〇二］一八二頁）。

萬年会はその総花的性格によって、専門主義の趨勢に取り残されていった。しかし、組織自体は形骸化していっても、ここで先鞭がつけられたひとつの社会的機能は、渡邉によって所を変えてさらに継承されていくことになる。それは、糖蔗集談会において見られたシンクタンク的活動であり、知によって官民を融合していこうとする働きである。確かに、糖蔗集談会以降にも萬年会では、積極的に政府に働きかけ、政策提言を行うシンクタンク的活動が展開されていた。明治十七年八月に在ニューヨーク領事に宛てて日本製の帽子用麦藁紐を送付し商況につき調査依頼していることはその一例である（これは「日本に於てハ麦藁の如きハ左程の功用なきものなるに、西洋にてハ帽子材に多量を用ゆる故之を輸出せハ必す利潤を得るべし」との会員の提案に基づいていた。『萬年会報告』第六輯第十巻、六八三頁）。

また、ある会員が後年回想しているところでは、「役人と民間の人の間の密接がむつかしいのを萬年会があつて其間の疎通を助けて農業や工業のことに就て欧羅巴の説などを伝へる」傍ら、次のようにして地方から出てきた青年の官途への斡旋を行っていたという。

> チヨツト農商務省或は大蔵省の勧業局へ行くに、萬年会へ来れば渡邊花房といふ者が会員になつて居るから紹介状を貰つて行くといふやうなことが出来て、地方の人の大変便利になつたやうである。
> （［黒瀬：一二〇〇二］一八二頁。義質の弟・直三郎の言葉）

地学協会・統計協会へ

組織は退潮しても、萬年会のこのような面は、渡邉の手になる後続の団体において受け継がれていく。この点は次章以下で詳らかとすることにして、次に萬年会と時期を同じくして渡邉が設立した東京地学協会と統計協会について見ていきたい。

3　統計協会

日本統計協会の前身にあたる統計協会は、明治十二年（一八七九）四月に発足した。また、今日なお公益社団法人として活動している東京地学協会は、前月の三月にやはり成立している。相前後して、というよりほとんど同時に立ち上がったこの二つの協会に、渡邉はともに初代の会長として臨んだ。

統計協会の設立

しかし、なぜ「統計」と「地学」なのか。一見脈絡のない取り合わせである。だが、彼はこの両者を組織化することに多大の労力を傾けた。渡邉が単なる雇われ会長でなかったことは、これから記す両会の設立経緯を一瞥すれば、たちどころに明らかとなる。彼は実質的に創設の旗振り役を演じたが故に、周囲から推されて会長の座に就いたのである。では、この時、彼のなかで「統計」と「地学」はいかに結びついていたのだろうか。その疑念を頭の片隅に置きながら、両会の設立のもようをたどっていこう。

統計協会の直接の淵源は、明治十一年十二月十八日に統計学振興のための団体として製表社が設立されたことに求められる。福澤門下で東京学士会院会員だった小幡篤次郎が斯学の重要性に鑑み、明六社のメンバーでもあった杉亨二に働きかけて作られたのが、製表社である。杉は、わが国の近代統計の祖と呼びならわされる人物である。明治二年にわが国初の人口調査である「駿河国人別調」を作成し、その後明治新政府に出仕して近代的統計の整備に取り組んでいた。

年が改まった翌年の二月、別の相談が杉のもとへ持ちかけられた。太政官法制局に籍を置いていた渡邉、馬屋原彰、小野梓の三名が、統計に関する協会を興したいと杉を訪れたのである。杉は、「其趣意大略製表社ト同シキヲ以テ合テ一社トナス」（[宇川：一八八〇] 二頁）ことを製表社に諮り、異議なく認められ、ここに統計協会は設立に向けて始動することになった。*

＊渡邉はこの時のことを、「当時太政官中法制局ニ従事セシヲ以テ、同僚ト共ニ其会員ト会シ、此事業ヲ拡張センコトヲ謀リ遂ニ本会ヲ創立スルニ至レリ」（『統計集誌』第百号、四四四頁）と回顧している。「其会員」とは、前記の製表社グループのことに他ならないが、渡邉はこの会を指して、同じ文章の別の箇所では、杉が政府の外で開いていた統計を「講習スルノ集会」と述べている。正確にはこれは、杉が社長を務めていたスタチスチック社という別個の組織である。後述するように、統計協会に合流した二派は容易に融和できず、明治十九年には渡邉の協会運営方針に反発する者たちがスタチスチック社に活動の場を移すようになる。当時勃発していた統計協会とスタチスチック社との分裂が、ここでの渡邉の混同を生んだのであろう。

杉亨二
（国立国会図書館所蔵）

設立までのいざこざ

しかし、二つのグループの合流それ自体は容易に承認されたものの、いざ具体的に創設の準備が始まると、ことは単純には進まなかった。三月六日に主だった者たちが合一の方法と今後の目的を議するために集まったが、「議論紛紜一定セス」（［宇川：一八八〇］二頁）と伝えられる。結局、この時は渡邉、小野、馬屋原、小幡、そして阿部泰蔵の五名に会則の制定を委任することが決められ、彼らの間で議論が続けられることになった。

渡邉の日誌によれば、この後、三月二十日と二五日にも会合はもたれた。しかし、やはり話し合いは紛糾したらしい。二十日の会では、小野は「議ニ参セスシテ帰ル」（『史料』七—一）とあり、協議をボイコットする者も出る始末だった。ようやく会則案がとりまとめられたのは二五日のことで、渡邉は「洪基会頭ニテ規則ヲ決ス」（同右）と日誌に書き留めている。自らの力技で策定にこぎつけたことを誇示しているかのようである。そして、翌四月一日に、その案は、「統計協会規則」として議決され、ここに民間の統計研究集団だった製表社と、渡邉や小野を中心とする法制局の少壮官僚グループとの合流が名実ともになり、統計協会が成立したのである。

それにしても、同会の成立はなぜかくも躓いたのか。容易に推察されるのは、二つの集団のカラーや統計に寄せる考え方に違いがあったということだろう。製表社のグループは、東京学士会院会員にして福澤の慶應義塾門下生である小幡篤次郎の主唱になるところからうかがえるように、啓蒙主義的見地から統計学の普及と研鑽を図ろうとしたものと考えられる。それは、いわば学者の集まりであった。これに対して、渡邉らのグループは官僚の集団であり、官界とのつながりを重視する傾向があった。そのような各々の集団の性格の差異が、いざ一緒になるという時に反目を生み出す種となったのではないか。

協会の成立後もしばらくこの火種はくすぶり続けたようである。会則が議決され、具体的な活動の幕が切って落とされる段になっても、肝心の会長職はしばらく決まらなかった。ようやく翌年の明治十三年二月になって、渡邉が初代会長に選出され、機関誌『統計集誌』の編集委員にも呉文聡《くれあやとし》と宇川盛三郎の二名が任じられ、会の陣容が整う。統計協会はその活動を開始した。

統計協会のすべり出し

ここで統計協会規則の最初の数条を摘記しておこう。同会の活動の指針がうかがえるからである。

第一条「内外諸科ノ統計ニ関スル材料ヲ蒐集シテ会員講究ノ便ニ供ヘ、且ツ其必要トスル所ノ者ヲ編纂公布スルヲ以テ本会ノ目的トス」

第二条「本会講究スル所ノ条件ヲ大別シテ地積、人口、行政、司法、宗教、教育、慈恵、予備、保険、財政、陸軍、海軍、農業、工業、商業、通運、郵便、電信、日用品、等ト為シ、会員ハ其各科細目ニ就テ一件又ハ数件ヲ担当スヘシ」

第三条「各員分任ノ科目ニ就テ取調ヘタル事件ハ毎月定期ノ会ニ於テ之ヲ演説シ、又ハ其書面ヲ示シ、本会要用ト認ムル者ハ之ヲ編纂シテ年報トナシ刊行スヘシ」

〔第四条、第五条略〕

第六条「本会ハ広ク内外官民ト統計上ノ通信ヲ開キ、必要ノ報知ヲ集ムヘシ」

第七条「定期ノ会同ハ毎月第一火曜日午後三時半ヨリ九時マテトシ、各員調査ノ事件ヲ講明スルノ外、統計ノ材料ヲ集ムルノ方法ヲ講シ、並ニ議スヘキ事アルトキハ会議ヲ開クヘシ。但シ会議ハ晩クトモ四時半ヨリトス」

（『統計集誌』第一号、二―三頁）

一見して明らかなごとく、ここでは統計に関するデータの収集に重きが置かれていた。そのために分野を細別し、各科の担当者を決めてデータの入手と整理、そして定期的に開かれる例会や刊行物を通じてのその報告と普及が図られた。そのような活動目的は、統計「学」のための学術組織というよりも、シンクタンクを髣髴とさせる。「統計局の外郭団体としての性格を色濃くもった中央統計団体」（〔薮内：一九九五〕六〇頁）と評価される所以でもある。

四月六日、初代会長の座に就いた渡邉は、右のような活動目的を実地に移すため、早速次のような請願書を諸官庁へ発し、協力を求めた。

今般同志相集リ、統計協会ト名クル一社ヲ創立シ、広ク世上百般之事件之数ニ表スベキモノヲ網羅縮約シ、一ハ公私便益之為メ、一ハ統計之学術研究之為メ、社会事業之考証ト相成候様一目瞭然タル書籍出版仕度候。就テハ御発行之報告類ハ勿論、其他御書類中ニ就キ統計ニ関係セルモノニテ御差支無之書類ハ下付又ハ御貸下相願度。且御貸下難相成分ハ社員之内出頭謄写之儀御許容被下候様致シ度。本会規則並調査科目相添此旨拝願候也。

（『統計集誌』第一号、十二―十三頁）

この呼びかけにより、統計協会には官の作成ないし収集した統計データが豊富に提供された。その掲載が、その機関誌である『統計集誌』の大きな柱となる。すなわち、同誌には、「国内外の各種統計資料が渉猟、整理され毎号掲載」され、それは今日でも一八七〇年代以降の統計データのうえで必須の資料と評価される一面を有している（［藪内：一九九五］六二頁）。

このように渡邉は、初代会長として統計協会の初期の運営に指導力を発揮した。渡邉の存在がこの時期の協会のなかで重きをなしていたことは、明治十五年（一八八二）二月に同会特別会員のポストが設けられた際、彼が杉亨二と並んでその地位に就いたことからも察せられる（明治十七年には、杉を差し置き、名誉会員に任じられている）。

渡邉会長への不満

だが、渡邉主導の会のあり方に不満を抱く者も少なからず存在した。例えば、統計協会創立時の中心メンバーだった呉文聰は、後年次のように回顧している。

統計協会の世話を明治十七八年ごろまでやつて居たが、途中で面白くないことが起つて暫く構はぬで居つた。其の中に統計学校の卒業生を私が世話をした其の人たちがスタチスチック社の系統を引いて居るものだから、スタチスチック社の雑誌に投書をして呉れと云ふので、毎回投書をした。さう云ふやうに一方で論説を書く所が出来たから、協会の方に縁が絶えた（以下略）。

（［呉：一九二〇］七四―七五頁）

呉文聰は、杉亨二と並び称される日本統計学のパイオニアである。統計協会の創設時に『統計集誌』編集委員に任命され、協会の屋台骨を支えていた呉であったが、明治十七・十八年ごろ「面白くないこと」が起こり、協会から遠ざかったという。そして、むしろスタチスチック社のほうへ関わりをもつようになったことが述べられている。

スタチスチック社とは、明治九年に杉亨二を社長として設立された統計学研究のための結社である（設立当初は、「表記学社」と名乗っていた。明治二五年（一八九二）からは「統計学社」と改称）。このスタチスチック社と統計協会との間には久しく軋轢があったことが知られている。後の明治三二年（一八九九）にこの二つの会は合同で統計講習会を催すことになるが、それは「統計仲間に不和があつては、センサス〔国勢調査〕を行ふときに妨害になる、さう説が分れるやうでは私どもでも懸念を懐く、さう云ふことを調和してはドウか、それが巧く相談が付くなら働かう、世話をしてやらう」（［呉：一九二〇］八一頁）とのさる筋からの働きかけがあったからだった。逆に言えば、それほどの永きにわたって、両者は反目し合い、そのことが日本での国勢調査実施の妨げになっているとはた目からも心配されるありさまだったのである。呉の次の回想は、そのような事情を如実に物語っている。

〔統計〕学社と〔統計〕協会と連合して講習会を開くと云ふことは随分困難であつて、平常、仲の悪い人たちであつたが、花房君〔義質。当時統計協会会長〕が温厚な人であつたし、私の方でも穏かにして居た為め、宜い塩梅に折合つた。（同右、八二頁）

スタチスチック社との関係

だが、なぜこの二つの会に行き違いが生じたのか。それは、統計協会が創立時に抱えていたごたごたと無縁ではなさそうである。もう一度統計協会創設当時の経緯を振り返ってみたい。それは、小幡篤次郎ら民間の統計学研究団体と渡邉ら政府の太政官官僚グループという毛色の異なった者たちが合体したものだった。真っ先に思い浮かぶのは、研究を掲げる「学者」と統計実務に専ら関心のある「官僚」との同床異夢が破綻したのではないかということである。

そのことを裏づけるのが、明治十九年（一八八六）三月の新生スタチスチック社の発足である。既述のように、スタチスチック社自体は明治九年に誕生していたが、この時にそれはスタチスチック同朋会という別組織と合流して新たに船出した。その背景には、この前月、統計学教育のために杉亨二らの尽力で運営されてきた共立統計学校が、統計協会に合併されるという事態が介在していた。同校の経営が苦境に陥るなか、校長鳥尾小彌太は統計協会に合併を申し入れる。これに対して統計協会は、

「該校ノ所置一切御任セ、資金家屋其他ノ資産ハ総テ東京統計協会ニ御譲与相成、本会ノ規則ニ因テ之ヲ管理スル」ことを条件に受け入れた。事実上の接収である（『統計集誌』第五四号、三九頁）。

共立統計学校の閉校に直面し、同校を本拠とするスタチスチック社とスタチスチック同朋会は「両社分立ノ不利」を覚り、「二月中ニ至リテ二流ノ源泉全ク一派ニ帰シ、新ニ「スタチスチック」社ヲ起ス」に決した（「スタチスチック社沿革概略」『スタチスチック雑誌』第一号、二頁）。このように見てくると、呉がほのめかしていた「面白くないこと」とは、共立統計学校の統計協会への合併問題だったのではないかと考えられる。というよりも、この問題が引火点となって、それまで協会内でくすぶっていた対立が一挙に噴出したということだろう。では、その対立とは何に起因するのか。それをうかがわせるのが、スタチスチック社とスタチスチック同朋会の合流にあわせて定められた新生スタチスチック社の規約である。その第一条と第二条には、次のようにある。

第一条「本社ハ同志結合シ「スタチスチック」ノ学術ヲ普及スルヲ以テ目的トス」

第二条「本社ハ毎月第一日曜日午前ヲ以テ講談会ヲ開キ「スタチスチック」ノ学理方法ヲ研究ス」

（『スタチスチック雑誌』第一号、二頁）

先に引用した統計協会の規則と比較した時、学術や学理をうたっていることが分かる。つまり、統計協会の統計資料収集という実務偏重方針に反発する学究派の統合が、この時スタチスチック社に託されたものと目される。それが統計協会と統計学社の対立へと引き続いていったということであろう。このような事情は、明治十九年に発刊されたスタチスチック社の機関誌『スタチスチック雑誌』創刊号に寄せられた社長杉亨二の綱領論文「「スタチスチック」の話」の次の一節からも看取できる。

今「スタチスチック」に統計などの訳字あるより学問上の唱へと通俗の唱へとの二ツに別れたり。通俗の唱へは思いつき次第勝手に名称を下す故、其字義にては定義もなく責任もなく、又範囲もなければ方法もなきことになりて、支那の字義の儘に解釈して何事をなすも随意なるへし。

（〔杉：一八八六〕七―八頁）

statistic は、漢語にこれに該当する概念を見つけることのできない「文明世界の新学術」とは杉の年来の主張であり、それが故に彼は、「統計」という訳語を拒み、「スタチスチック」と表記することにこだわっていた。創設の際に杉を担ぎ出していた統計協会も、当初はスタチスチック協会の名称で準備されていた（「（渡邊洪基日記）」『史料』七―一、明治十二年三月六日の条）。それが、より汎用性のある呼称をということで、統計協会の名に落ち着いたのであろうが、杉にとってみれば、学問的厳密さを損ねる「通俗」的な行いとして腹に据えかねていたものと思われる。共立統計学校が廃校となり、統計協会の通俗主義の前に統計上の学理主義が落城しようとするなか、その再興を期して結成されたのが、新生のスタチスチック社だったということになる。

以上のような「通俗」対「学理」という対立図式は、これから先渡邉が手を染める結社事業の随所で繰り返されることになる。その最も高揚した争いを、われわれは国家学会の草創期の路線闘争に見出すことになる。そのことはまた後で詳しく触れるので、ここではこの問題にはこれ以上深入りせず、次に統計協会と同時期に創設されたもうひとつの団体、東京地学協会の成立の経緯と初期の運営の様子をたどってみたい。

4 東京地学協会

地学協会の創設

東京地学協会の設立に向けた動きが始まるのは、明治十二年(一八七九)二月二二日である。統計協会の創設を渡邉が杉に相談した時とほとんど同時である。この日、上野精養軒に有志が集まり、地学協会創立に向けての会合がもたれた。来会したのは、鍋島直大、長岡護美、榎本武揚、花房義質、桂太郎など十二名である。それから日を置かずして、三月一日には渡邉の手により協会の規則案が作成され、同月二一日には設立が議決された(『東京地学協会報告』一〈復刻版〉、七頁)。そして、翌四月二六日に第一回の例会が開かれ、その活動を開始した。

ここで、前章で言及したウィーン駐在時に渡邉がオーストリアの地理学協会に入会した挿話を思い出したい。そこで引用した『東京地学協会第一年会記事』には、次のように記されていた。「東京地学協会設立ノ起源ハ、現今本会ノ幹事タル渡邊洪基氏曾テ欧州ニ在リテ維也納府勅立地学協会ノ社員タル日、地学協会ノ本邦ニ欠クヘカラサルヲ熟思シ」た結果である（同右、三七四頁）、と。地学協会は、他ならぬ渡邉の主唱によって、立ち上がったのである。会長たる社長の座には北白川宮能久親王が就き、副社長には榎本武揚が選任され、渡邉は幹事となった。統計協会と異なり、渡邉が自らトップの位置に立つことはなかったが、彼が事実上協会を差配していたことは、明治十四年五月の年次大会において、「同氏ノ従来本会ニ功労アルヲ謝シ賞牌ヲ授与」（「東京地学協会第二年会記事」『東京地学協会報告』二（復刻版）、五六二頁）されていることに明らかである。

「貴顕学会」　この協会が、「貴顕学会」と揶揄されていたことも前述した。社長に皇族を迎え、副社長に榎本という名だたる政治家を据えたことは、それを象徴している。特に榎本は、これ以前に駐ロシア公使を務め、同国の地理学協会に加入し、帰国に際してはシベリアを横断してその旅行記（『シベリア日記』）を著している。会が戴くに、うってつけの人物だったといえる。第一回例会に集まった人々のなかにも、井上馨、大隈重信、福澤諭吉（一年以内に退会）、山県有朋らの名が見える。さらに翌月には伊藤博文も入会した。「当時此会に純地理学者は一人もな」かったと断言されるように（［田中：一九三〇］五七九頁）、地（理）学を究めるとはまた別の目的をこの会がもっていたことは明らかである。その目的を言い表しているのが、創立にあたって社長の北白川宮能久親王が行った演説のなかの次の一節である。

地学ノ用内国ニ在リテハ、勧農ナリ勧工ナリ勧商ナリ運輸ナリ政治ナリ防禦ナリ一モ之ニ由ラサルナク、外国ニ向ツテハ、航海ナリ通商ナリ攻戦ナリ亦タ之ニ由ラサルナシ。内富強ヲ謀ルヘク外威徳ヲ伸フヘク、一モ地学ニ其資ヲ取ラスンハアラス。

（『東京地学協会報告』一〔復刻版〕、十六頁）。

つまり、国家の統治にあたって、地（理）学の知識は内政外政の双方にとって必要不可欠なのだとされる。それなくして、富国強兵を全うし、国威を伸長することはできないと高唱されている。そのような認識を統治に与る国家のエリートに周知させ、国運隆盛のための地政学的知識を流通せしめることが、この協会の目的だったといえよう。東京地学協会は、「貴顕学会」たらざるを得なかったのである。

ヴェガ号歓迎式典

貴顕の士の集まりとして出発した東京地学協会は、その門出に際して願ってもない賓客を迎えることになる。北極踏査で勇名を馳せていたスウェーデンの探検家アドルフ・ノルデンシェルド（Adolf Erik Nordenskjöld）に率いられたヴェガ号が、明治十二年九月、日本に寄港した。ノルデンシェルドは、この時スウェーデンを発してロシアの北上を東航し、氷海に閉じ込められるという難局を打開してベーリング海峡を通り抜けるという快挙を成し遂げていた。それは、世界中の航海者が夢見ていた北東航路の開拓であり、その偉業をひっさげてヴェガ号は日本に立ち寄ったのである。

このような〝時の人〟ノルデンシェルド一行をいち早く日本で歓待すべしとの提案は、まずは駐日ドイツ公使から設立間もない地学協会にもたらされ、同会とドイツ・アジア協会ならびにイギリス・アジア協会の合同になる歓迎晩餐会が九月十五日に催された。会には内外から計一三四名が集い、地学協会からは社長の北白川宮のほか、大木喬任、寺嶋宗則、西郷従道、川村純義、井上馨（夫人と令嬢を同伴）、森有礼、榎本武揚、青木周蔵、大山巌といった人々が参加し、もちろん渡邉の名も見える（『東京地学協会報告』一〔復刻版〕、一一〇頁）。

この時の情景を伝える『東京地学協会報告』の記事によれば、宴会が終わると、楽隊が招き入れられて舞踏会となり、ノルデンシェルドらが退座した後も、夜十二時を過ぎるまで「舞踏歓娯満室蕩々タリ」という盛況だった（同右、一二三頁）。また、当のノルデンシェルドは、西洋風に着飾った日本女性数名の姿を認め、ことごとくヨーロッパ風に演出された会の様子を綴っている。そして、食後に始まった舞踏会について、「帝国海軍軍楽隊の楽士たちがヨーロッパの曲を巧みに演奏していたが、このことに日本人は見るからに満足そうだった」と印象的に記している（『ノルデンシェルド：一九八八』三〇二頁）。この後にやってくる鹿鳴館時代の前哨のようである。いずれにせよ、世界にその名を轟かせた探検家を迎え、文武の顕官を糾合した盛会をもてたことは、地学協会にとって何とも幸先の良い出来事だったといえよう。

しばらくの間、会の運営は順調だった。毛利、徳川、伊達、鍋島、松平といった有力華族からの醵金が相次ぎ、明治十四年（一八八二）四月には宮内省からも金千円の下賜を受け、協会の懐は大いに潤った。それを元手に、翌年には東京京橋に地学協会会館が建てられた。今日なお残っている地学会館の前身である。同館の講堂は公会堂として当時世間にその名を知られ、渡邉が主宰する数多の会合もここにおいて開催されることになる。また、同館の空き部屋は萬年会、亜細亜協会など渡邉とゆかりのある団体の事務所として貸し付けられた。この会館についてはまた後述しよう。

しかし、そのように潤沢の資金にまかせて活況を誇った時期は終わりを告げ、じきに凋落が訪れることになる。その理由は明快である。貴顕の士たちは「世事繁忙自ラ諸学ノ暇ナキ」（「東京地学協会第五年会記事」『東京地学協会報告』八〔復刻版〕、三九六頁）身だったからである。国家統治という実践に携わる者が、毎月どこか見知らぬ土地の話を聞きに集まるというような悠長な世の中ではない。渡邉が思い描いていたような国家のエリートが分野を越えて集まる知的サロンというあり方は行き詰まり、協会はその存在意義を見失っていく。

地学会への吸収

他方で、巷では純学術的な地学研究が台頭してきていた。明治二二年（一八八九）、帝国大学理科大学の地質学者を中心に組織されていた地学会が『地学雑誌』を創刊している。明治二五年当時も三〇名に満たない規模ながら、日本に科学的地学を確立せんとの意気は軒昂だった。その目覚ましい活動に注目した東京地学協会会員の坪井正五郎が人的交流を地学会に申し入れたことから話が展開し、明治二六年十二月、東京地学協会と地学会との合併が成立する。すでに活動が形骸化していた東京地学協会はこれによって、学術団体として再生を期すことになる。『東京地学協会報告』は廃刊され、協会は地学会の『地学雑誌』の発行を担うこととなり、それは今日まで続いている。かくして知的親睦団体として出発した東京地学協会は、アカデミズムのなかへ解消されていったのである。しかし、そのさなかにも、協会の会員のなかから次のような言葉が挙がっていたことは、この会の信条というものを如実に示している。

合併当時、並にその後に至つても、旧地学協会員の予等に暮々言はれたことがある。それは協会は学術研究の一本槍で行く処ではなく、政治・経済・工業・商業等に関する事をも研究する所であるから、それは充分承知してゐて貰ひたいといふことであつた。〔横山：一九三〇〕五六六頁）

統治の学へ

明治十二年に渡邉の手により相次いで設立された統計協会と東京地学協会は、対照的な歩みをたどった。前者は持続的発展を遂げ、後者は当初の理念を放棄せざるを得なかった。

好対照な帰結に至った二つの組織だが、そこには共通の性格も見て取れる。それは、両者ともに純然たる学術組織からあえて乖離したことである。統計協会も東京地学協会も単なる学者の集まりではなく、その会員は実務家や政治家など幅広い層を含んでいた。それが故に、それらはスタチスチック社や地学会のようなアカデミズムを標榜する競合団体とは微妙な緊張関係をはらまざるを得なかったのである。

その一方で、二つの会のあり方には重大な差異も指摘できる。それは、開放性と閉鎖性の違いである。統計協会が統計知識の普及を志向して統計実務家の底辺の拡大を旨としていたのに対し、東京地学協会のほうはエリートの集まりとして、閉鎖的なサロンの趣をもっていた。地学協会の低落には、会員のディレッタント性に加えて、そのスノビズムが会員の拡大を阻害していたことは想像に難くない。知の普及か、それとも精選された知の凝集かという二つの結社理念の狭間で自らのアイデンティティを確立できなかったが故に、地学協会は内部からの融解を余儀なくされたのである。

なぜ統計と地学か

さて、本章の最初に提示した問いに立ち帰ろう。なぜ、統計と地学なのか。一見、全く無関係のように思われるこの社会科学と自然科学の一分野に、なぜ渡邉は時を同じくしてそれぞれ組織を立ち上げようと粉骨砕身したのだろうか。

その理由を渡邉自らが語っている。明治三二年（一八九九）に統計協会がスタチスチック社と共催で統計講習会を開催した際の開講の辞で、彼は次のように語っている。

今日国をなすと云ふものは、即ち人民と国土である。土地と人民と云ふものは、即ち国をなすことの要素である。然るにまだ今日の所では、残念ながら即ち民口調査、其民口調査に付ては色々単純なる民口調査と複雑なる民口調査とありますが、其単純なる民口調査もまた出来ない。又モウ一ツは土地の測量である。是も地学的測量と地形的測量と二ツある。是もまだ十分出来ないのであります。此処で私が申すも可笑しくありますが、即ち統計協会と地学協会とは大抵同時に出来たものである。然るに両方共にまだ十分なる目的を達せぬと云ふことは、実に国として又吾々帝国の人民として、甚だ遺憾な次第である。然る所が、段々進むに従つて、今大蔵大臣の申される通りに統計の事も重きを置かれ、地学の事にも段々重きを置く訳に進んで参りました。然らば是に従事する所の人々は、愈々以て奮励して此事に進歩を与へられること丶信じ、且つ希望する次第である。

（『統計集誌』第二一九号、三一〇頁）

統計と地学の協会を興すことは、理の当然と確信していたことが述べられている。その根底にあったのは、「土地と人民と云ふものは、即ち国をなすことの要素である」との考えであった。すなわち、国土と国民の実勢というものをしっかりと把握することは、国を治めるために不可欠なこととの想念が、彼をして統計協会と地学協会の設立に向かわせたのである。ここに、渡邉の結社の哲学の三つ目のテーゼが求められる。すでにわれわれは、渡邉にとって、結社とは知を流通させるためのものであること（萬年会）、そして純粋な学理に固執するのではなく、異分野の人々を広く結び合わせるべきものであること（統計協会、東京地学協会）を指摘した。その二点に加えて、渡邉にとって結社とはさらに、国の統治に資するものであることを要請されていたのである。

渡邉は、そのような観点からの別個の組織化にも、この時関与していた。それは、学習院の改革である。明治十一年（一八七八）に渡邉は学習院の次長職を拝命し、貴族の子弟の教育に携わることになる。これを皮切りに、彼は国家エリートの育成に手を染めていく。次章では、この点を考察しよう。

第五章　新たな「治国平天下」の学を求めて

1　学習院次長となる

〝新生〟学習院

明治十年（一八七七）十月十七日、天皇皇后臨席のもと、学習院開業式が挙行された。江戸時代末期の弘化四年（一八四七）に開設された公家の子弟のための学問所は、新時代にふさわしいものたるべく装いを新たに再出発した。

その〝新生〟学習院に、渡邉が次長という職名で着任したのは翌年の明治十一年十月四日である。教頭の役回りとイメージすればよい。以後、明治十四年五月にその職を退くまでの間、渡邉は学習院の改革の陣頭指揮にあたることになる。

ここで渡邉が次長に就任するまでの学習院の歩みをざっと見ておこう。学習院なる名称の学校が京都の地に設けられたのは、既述のように幕末前夜にあたる弘化四年三月である。長らく廃絶していた公家のための教育機関の再興であり、その背景には、「禁中並公家諸法度」以来、江戸幕府の厳しい統制に服してきた京都の朝廷の幕府からの自立化の気運があった。それが故に、この草創期学習院では、幕府を慮って朱子学を中心とした教学が行われたが、学則には「皇国之懿風《いふう》を崇め」、「国典に通じ」ることも明記され、国風の精神の涵養もはっきりと意図されていた（『学習院：一九八〇』三一頁）。それは折からの国学の台頭という精神的潮流と無縁ではありえず、幕末期の尊皇攘夷運動が猖獗《しょうけつ》を極めた時期には、そこは尊攘派の少壮公家や志士の京都での活動拠点ともなった。

明治維新を迎えるや、学習院は改組され、漢学所として再出発することになる。ここで注目されるのは、これと同時に設けられた皇学所の存在である。皇学所は読んで字の如く国学の教育機関として創設された。それを唱道したのは、平田鉄胤、玉松操、矢野玄道といった、岩倉具視や三条実美のような新政府の実権を握っていた公家と通じていた国学者である。彼らは、パトロンたる公家勢力を動かして、王政復古に伴う祭政一致を体現するための学問機関を創出しようとしたのである。つまり、皇学所は江戸期学習院の精神を汲んだ正嫡子として位置づけられるものだったといえる。

皇学と漢学の対立

ところが、開学の当初から、皇学所は旧学習院たる漢学所との間に熾烈な学閥争いを展開することになる。その収拾に手を焼いた明治政府は、結局、東京奠都に乗じて、皇漢両学所を廃止してしまう。学習院の正嫡子であったはずの皇学所は、結果的に幕末からの学習院の学燈を断つ鬼子となってしまったのである。

「明治維新の序幕は教育を以つて始まる」（渡邊幾治郎）との評言がある。幕末維新期の学習院の姿は、まさに維新（「復古」）にふさわしい学知と教育を実現しようとする思想的運動だった。その主体となったのは、玉松ら当代の指導的国学者であったが、彼らのあまりに偏執的な復古思想はやがてかつての庇護者だった岩倉からも忌避されるようになり、学習院の流れを汲む皇漢両学所の閉学を招いた。

このようにして、元来の学習院は制度的にも思想的にも廃絶されたが、それが担おうとしていた機能の必要性はやがてまた再認識される。それは、旧学習院が担っていた公家の教育施設としての役割であり、さらに言うならば、国家エリートの養成機関である。明治十年に再始動した学習院は、華族の子弟に国家のトップリーダーとしての志操を叩き込む場として創設された。そして、叩き込まれるべきは、軍人精神だった。明治政府によって、元公家と大名をあわせて新たに創出された華族という特権身分には軍人となることが期待されたのである（［浅見：二〇一五］十四頁）。

明治10年の学習院（学習院アーカイブズ所蔵）

渡邉次長の改革

そのような新生学習院に、輿望を担って送り込まれたのが、次長としての渡邉だった。次長に就任した渡邉は、学習院の改革に大鉈を振るっていく。就任の翌年の明治十二年三月に彼の手によって草された「学習院改正趣旨」（『学習院年報』第三、二頁以下。『史料』十七―一）には、改革の目指すべきところが熱く説かれている。そこで示されている学習院教育の眼目は次のようなものである。すなわち、学習院とは勅諭を遵奉して華族を教導誘掖する場なのであり、他の諸々の学校とは区別される。つまり、「各科ヲ分任シテ各一科ヲ修スルノ学校ト同ラス」なのである。

このように学習院教育を特化させることには、二つの理由があったと考えられる。まず第一に消極的な理由である。この文書のなかで指摘されていることだが、この頃、華族の若者は東京大学や慶應義塾、同人社といった諸学校で学ぶ者が少なくなかった。そのような現状を改め、華族の将来を担うに足る新たな学制を作らなければならないというのが、渡邉が学習院を改革するひとつの理由である。かくして、学習院の学課と修学体制を充実させることが企図され、男女普通学、男女実学、文学（和学・漢学・英学）が設置された。

第二の理由は、より積極的なものである。それは、既に触れたような国家の指導層の養成機関の必要性である。渡邉は、華族の男子教育の支柱を兵事と政治と経済に置いている。なかでもまず掲げられているのは、軍人教育である。既述のように、華族は軍人となることが期待された。その要請に沿って、渡邉は次のように記す。

華族ノ責ニ任シ自ラ執ルヘキノ業、兵事ヲ第一トス。兵官ハ身自ラ身命ヲ博シテ以テ国家ノ威権ヲ護シ、国民ノ安全ヲ保ツノ責ニ任ス。技芸アリト雖モ、其志操高卓、風采衆望ヲ繋クニ足ラスンハ、能其任ニ堪ヘス。彼ノ学術ヲ以テ糊口ノ資トス、父母ヲ養ヒ妻子ヲ養育スルノミノ業ニ非ラス。必ラス自ラ既ニ人望アリ資産アリ、其名誉ヲ好ンテ其任ヲ執ル者ニ非ンハ能ハス。是華族従来ノ教育人望資産、其目的ニ最近シ。唯至当ノ学術ナカル可ラス。華族ニ海陸軍士官タルヲ勧奨シ、学制亦其預備ヲ目的ノ一ニ置ク所以ナリ。

軍人というものは、身命を賭して国家の権威と国民の安全を守ることを使命とするものであり、学力や技術力以前に何よりも高い志と風采で人望を集めることが求められる。そのような軍人の本分に適しているのは、教育あり人望あり資産ある華族階級に他ならない。言うなれば、ノブレス・オブリージュを要請される点において、華族と軍人は通底しているのである。このように説いて、渡邉は華族が修めるべき「至当ノ学術」として、兵事を第一に挙げる。

これに付け加えて、渡邉は政治と経済の研鑽を求めている。特に、経済学の重要性については、次のように説かれている。

国家学への第一歩

今ヤ華族本邦有産者ノ多分ヲ占ム。而シテ本邦物産匱乏、輸出輸入ヲ償ハス、国家貧弱ニ陥ントス。宜ク有財者ハ自家ノ財ヲ理シ、敢テ無用ノ費ヲ為サス、之ヲ興産ノ資ニ供シ、自家保存ノ基礎ヲ固クシ、国家ノ富強ヲ資ケ、人民ノ安全幸福ヲ増殖セサル可カラス。是レ経済ノ学ヲ要ス。

華族は事実上日本の有産者層を占め、国家の経済を左右する存在である。だからこそ、自己の資産をよく管理し、節倹と興産に努めることは、単にその家の繁栄のみならず、国家の富強にもつながり、国民の福利の増大もそれにかかっている。国家の手によって作出された特権身分であるが故に、国家経営に特別の責任を果たすべきことが改めて強調されている。そしてその責任とは、何も財界でのそれに限られなかった。政治そのものを担うべきことが説かれるのである。

且政治ヲ執ラントスルモ、国家ノ経済其主要ニ居ル。是レ経済学ヲ其目的ノ一トスル所以ナリ。之ヲ実学ノ目的トス。

政治を執り行う者は、すべからく経済に通じていなければならない。経済学こそ彼らが修めるべき学問であり、実学そのものなのだという。このような実学としての経済学の主張が、同じ時期に彼が立ち上げていった統計学や地学と相まって、やがて国家学へと結実していくさまをやがてわれわれは見ていくことになる。

改革の諸相

いずれにせよ、かく述べて渡邉は、華族教育の刷新を図ったのだった。これに引き続き、「学習院学制」「学習院教授時間割」「学習院教育各科時間一週間総計」「教場掲示・休憩所掲示・寄宿舎規則」「学習院庶務規則」「学習院諸経費予算」の諸規則が矢継ぎ早に定められ、学習院教育の整備が進行していく。外務省時代に渡邉のもとで働いていた加藤増雄は、渡邉の死に際してその事績を綴っているが（「渡邊洪基氏履歴」『史料』二六二）、それによると渡邊による学習院改革の要目は以下の三点にまとめられている。①体操科を設け、体育を奨励したこと、②衛生監督を置き、学校衛生に配慮したこと、③制服制帽を定め、儀式を厳格にしたこと、である。第一点は既に何度か言及した軍人教育の一環である。軍人的気風の涵養を目指してカリキュラムの再編がなされ、その目玉として身体を鍛錬する教育プログラムが組まれた。『学習院百年史』も、「初期学習院の教育のきわだった特色の一つは男子に対する士官育成のための軍事教育と体操教育である」（『学習院：一九八〇』第一編、一一五頁）と記す。ところが、新生学習院の看板授業であるはずだったこの体育教育は、当の生徒たちの側から非常な抵抗にさらされた。この点は後述しよう。

第二、第三の点も広い意味では軍事教育に関わる。衛生面の充実とは、生徒の健康管理と身体能力の向上を志向してのものである。軍人としての頑強な肉体を育成し維持していくために必要とされたものと考えられる。さらに推察すれば、蒲柳の質である旧公家の子息が厳しい操練に耐えられるための措置だったのではないか。渡邉は、後に陸軍軍医総監となる石黒忠悳（当時陸軍一等軍医正兼東京大学医学部綜理心得）を保健監督として迎え、衛生管理を委嘱した。

第三の服制には、軍人的規律化の影が見て取れる。「学習院改正趣旨」は、次のように述べて制服の採用を要請している。

生徒ヲ放チテ散歩セシムルモ、其衣服正シケレハ猥雑ノ所業アルヲ恐ル。是ニ於テ衣服ヲ制シテ一トナストキハ、先ツ上ノ弊害ナク一院ノ生徒相和スルノ勢ヲ来タシ、其悪業アル者ハ直ニ顕ハレ、自ラ正スノ便アリ。是衣服ヲ制スル所以ナリ。

（『学習院報告』第三、七―八頁）

どうやら公家や大名の子弟といえども、当時の学習院生にはバンカラな気風があったようである。院の外に出た時に体面を汚すような見てくれや素行が少なからずあったらしいことが、右の引用からうかがえる。その対処策として衣服を統一しようというのである。そうすれば、生徒たちは周りを気にして自らの居ずまいを正し、「猥雑ノ所業」を控えるようになるだろう、と。かくして学習院には制服制帽が導入され、身だしなみの端正化と規格化が図られた。ここでも指針となったのは、軍人であった。採用された制服は海軍に範をとったものだったのである（［刑部：二〇一〇］一九二頁）。なお、蛇足ながら、ランドセルの使用も学習院が始まりであり、これは陸軍の兵士が使っていた背嚢にヒントを得たものだった。もっとも、こちらは渡邉の創案ではなく、花房義質など幾人かの洋行帰りの華族が、欧州の地で兵隊の背負う背嚢にヒントを得て、自分たちの子息に買い与えたものらしい。

改革への抵抗

このように、渡邉の発意で学習院教育はその装いを一新しようとした。しかし、改革の常として、それに待ったをかける動きが現れる。「学習院改正趣旨」が立案されてから四ヶ月後の七月十四日、広島藩藩主だった浅野長勲を仰ぐ一派によって、学制改正への異議が提起された。これは直接には、学習院の予算面での不備を衝いたものである。

当初、渡邉は新学制に必要な予算を年七万円弱と見積もっていた。華族会館長の岩倉具視はそれに応え、年額予算を向う二年間は三万円、さらに十四年からは四万五千円、そして十四年以降も漸次増額を行い、将来的には渡邉の要求額に達することを内示した。しかし、これに華族の間から反対が起こったことが伝えられている（『学習院：一九八〇』一五八頁）。浅野らの異議は、そのひとつと目されている（「学習院学制改正に関する書類」学習院アーカイブズ所蔵『浅野家旧蔵』九）。

そのなかでは、学習院の学制改革に必要だという七万円の年額を一挙に捻出するのは無理だから徐々に学業を盛大にし、予算を漸増させていくという方針が論難されている。そのようにだらだらと学科目の新編が進んでいくようでは、教育の実はいつまでたっても上がらず、華族教育の目的に背する結果となってしまうとされる。「願ハクハ資金ノ全額予算ヲ確定シ、併セテ課目ヲ協議センコトヲ欲ス。其全額ヲ議定セスシテ啻ニ課目ニ而已渉ル。則チ根本ヲ鞏固セスシテ枝葉ヲ長セント欲スル者ナリ」というのが反対派華族の言い分であった。結局のところ、学習院予算は、最初の二年間三万円、十四年から四万五千円とすることで落ち着いた（『学習院：一九八〇』一五八頁）。

このような華族からの抵抗は、ここ数年にわたって教育の内容が定まらないことへの危惧の念の表明であるが、それ以上に渡邉の改正趣旨書で示された教育の指針に対する違和感があったということも考えられる。いざ新カリキュラムに基づく教育が始められるや、たちどころにそれに対して不平の声が湧き起こったからである。渡邉の懇望により保険監督に就任した前記の石黒忠悳は、次のように述懐している。

この時渡辺洪基氏の発意で、私も賛成して、学習院生徒に一定の制帽・制服を着用させ、また体操・馬術を課することにしました。これらのことは東京で学習院が嚆矢です。ところが、その初めのうちは学生の家庭で随分苦情を言い出しました。華族の子弟にシャツ一枚で荒々しい体操をさせては人品が下る、また万一負傷したらどうする、などと抗議したものです。また隣地の大学予備門の学生からは、こちらの生徒を「だぼくら」「だぼくら」と悪口言うのです。その時分制帽などは仕立て方が慣れないため帽の山が妙に大きく、いやがる少年に強いて被ぶせた形はちょっと見ると頭が大きくてだぼ沙魚《はぜ》そっくりなので、かくあだ名されたのです。

（石黒［一九八三］二四四—二四五頁）

渡邉が鳴り物入りで導入した諸施策、特に体操教育は、当の華族の側から大きな抵抗にあった。元大名の子弟はともかく、旧公家層にとっては武家よろしく軍人教育を受ける羽目になり、まさに驚天動地だったのではなかろうか。彼らから不平不満が上がったことは、容易に想像できる。先述の漸次的カリキュラム編成への異議も、むしろ本心は体育教育を中心とする軍人化にこそ矛先があったと考えられる。軍人教育の漸進的導入を押し止めようとする保守的公家層からの反発である。彼らは、予算不足にかこつけて、改革それ自体を頓挫させたかったのではないだろうか。

体操教育に対する抵抗は、渡邉次長の在任中止むことはなかった。石黒によれば、明治十四年一月には、「体操は創《はじ》めたものの、どうも華族の家庭でこれを嫌い苦情続出で困るから、近日総会の時篤《とく》と訓示して欲しい」との渡邉からの依頼があり、石黒は生徒の父兄に対して「体操の必要」と題して講演したとのことである（同右、二四五頁）。これ以降も、華族の軍人化が学習院教育の指針であることは、戦前を通じて掲げられていたが、在校生やその家庭でそれを忌避する雰囲気も一貫して持続した（[浅見：二〇一五]）。そのようなねじれた構図をもたらしたのが、渡邉による学制改革だったということになる。

2　集会条例の起草

学習院次長を辞す

前章で扱った統計協会と東京地学協会の創設にかかずらっていた傍らで、渡邉は学習院という特権階級のための学校運営にも着手していた。一見無作為のように思える取り合わせだが、実はそこには渡邉なりの目論見があったと考えることも可能である。前章末尾において指摘したように、統計協会と東京地学協会は統計と地理学上の知識を掘り起し、それを共有することによって国家経営に資することが渡邉の秘していた意図だった。

学習院の改革も、これと無縁ではない。それは、華族という作られた特権階級の再生産装置として位置づけられていたのであり、彼らに国家を担うトップリーダーとしての自覚を植え付けることに主眼があった。そのために選び取られたのが軍人教育だったわけだが、雅を旨とする筋には不評で、結局渡邉は改革の実をあげられないまま明治十四年（一八八一）五月に学習院次長の職を辞することになる。

志を遂げることなく撤退を余儀なくされた学習院であったが、そこで思い描かれた国家エリートの育成という課題は、その後の渡邉の活動を貫くライトモチーフとなっていく。その点は次章以下で詳しく論じよう。次に、やはりこの時期に渡邉が手を染めたもうひとつの「政治」改革の試みに言及しておきたい。それは、彼の起草によって成立した集会条例である。

「悪法」集会条例

集会条例は、いわゆる自由民権運動を抑圧した治安立法として悪名が高い。明治十三年四月に制定された同条例は、政治集会の開催や政治団体の結成を認可制とし、折から高まりを見せていた愛国社などによる国会開設請願運動に掣肘を加えようとした悪法として語られる。そして渡邉はこの立法の起草者として、当時から民権家の間では怨嗟の的であった。竹越与三郎の『新日本史』は、集会条例の制定によって「民権家は直ちに中央政府に対して示威的の運動を為すの道を失したりき」と記したうえで、「而して集会条例の起草者、渡辺洪基の名、中外に記憶せら」れたことを伝えている〔竹越：二〇〇五〕上巻、二三六頁)。

そもそも、慶應義塾の出身者たる者が、あたかも官憲の使嗾であるかのように民権派の弾圧に加担するとは、大きなセンセーションを呼び起こしたであろう。明治十五年に刊行されたある当代政界人物評論は、当時のそのような声を赤裸々に代弁している。

〔渡邉〕君ハ曽テ慶應義塾ニアリテ蛍雪ノ辛苦ヲ積ミ、稍ヤ得ル所アリテ一時詞郊人園ノ裡ニ美名ヲ鳴ラセシメ、一朝魔夢ノ為メニ襲ハレテ昨日ノ呪詛ハ今日ハ早クモ筆硯ト共ニ掃溜ノ中ニ放棄シ去リ、揚々髯ヲ玄車上ニ捻テ街区ヲ往来スル雲上ノ人トハ化セラレタリキ。〔中略〕畢竟彼ノ至貴至重ナル集会条例モ屁ノ屁トモ思ハス容易ニ起草セラレタルコトニテ、其議量ノ程コソ推シ図ルヘカラスシテ恐ロシキ御方哉ト称賛セサルヲ得ス。（〔森・大野：二〇〇〇〕十六―十七頁）

右の記述に続けて、同書では、渡邉が慶應の同窓会に出席してスピーチをした際、「集会条例起草者ニシテ生意気ニモ我々自由論者ノ中ニ立テ演説ヲ試ム、何等ノ咄々怪事。咄汝下ルベシ」との野次が飛び、血気にはやった者たちが渡邉を壇上から引き摺り下ろそうとしたというエピソードも紹介されている（同右、十八―十九頁）。このように、集会条例は渡邉の名を江湖に広く知らしめるきっかけとなった。それは、慶應義塾塾生から藩閥政府の軍門に降った変節漢として、であるが。

条例の内容

条例の内容をかいつまんで見ておこう。第一条は、「政治ニ関スル事項ヲ講談論議スル為メ公衆ヲ集ムル者」は、開会三日前に詳細を「管轄警察署ニ届出テ其認可ヲ受」けなければならないと規定する。政治集会の許可制が宣明された。第二条以下では、さらに政治結社それ自体の規制に文言が及んでいる。すなわち、「政治ニ関スル事項ヲ講談論議スル為メ結社スル者」に対して、社則や社員名簿を管轄警察署に届け出て認可を受けることを求め（第二条）、警察署は「国安ニ妨害アリト認ムルトキハ」集会や結社の設立を許可しないことができるとされた（第四条）。また、警察署は、警官を会場に派遣してこれを監視せしめること（第五条）、集会の届書に掲示されていない事項に演説が及んだ場合などに「全会ヲ解散セシム」べきこと（第六条）が認められている。

第七条では、政治集会や結社への軍人、警察官、学校教員や生徒、農工業の見習生の参加と加入、また他の結社との連結や連絡を取り合うことが禁じられた。当初、女性も禁止対象者のなかに含まれていたが、これは削除された。女性の政治参加を認めるという開明的な理由からではない。「婦女子ハ縦令其場ニ臨ムモ更ニ妨害アルヘカラス。既ニ妨害ナシトセハ、之ヲ加ヘサルヲ可トス」という説明がなされている（『元老院会議筆記』前期第八巻、三三四頁）。

細かな規制はさらに続き、集会での論弁の旨趣を会場の外に拡散させることや屋外での集会の開催も禁止された（第八条、第九条）。あまりに包括的な政治的表現の自由の制約であり、今日的な観点からすれば、確かに悪法の見本のような問題立法である。

政談の抑制

この条例の起草の責を渡邉一人に負わせるのはお門違いのようであるが（［中原：一九八〇］所収の緻密な考証は、井上毅や大森鐘一といった法制官僚の俊英たちの関与をむしろ重視する）、明治十三年三月三一日に同条例が元老院での議定の審議にかけられた際に、その政府側の説明にあたったのは、当時太政官大書記官だった渡邉だった。彼はその口で、いかに集会条例を正当化したのだろうか。

開口一番、渡邉は次のように立法の趣旨を述べている。

抑々講学ヲ基トシテ人民ノ相集会スルハ固ヨリ不可ナシト雖モ、近来往々政談等ノ名目ヲ以テ論者集会シ、討論ト云ヒ講談ト唱へ、其公言スル所動モスレハ社会ノ安寧ヲ妨害スルモノアリ。本按ハ即チ之ヲ制スルモノニシテ、敢テ悉ク社会一般ノ集会ヲ抑止セントスルニアラス。之ヲ要スルニ講学ノ集会ニハ勤メテ妨害ヲ為サス。只其政談等ノ社会ノ安寧ト国家ノ政治ヲ害スルモノヲ防クノミ。

（『元老院会議筆記』前期第八巻、三一九―三二〇頁）

規制の対象は政談を行う集会なのであって、集会一般を取り締まるものではない、との前口上であるが、ここで注意しておきたいのは、「政談」と「講学」という二項図式である。渡邉の説くところでは、政談集会は規制するが、講学の集会に対しては「勤メテ妨害ヲ為サス」という点にこの条例の主眼があった。さらに言うならば、政談の抑止にとどまらず、講学を振興するということにも立法者の意思はあったということが考えられる。そのような観点からこの条例の存立を読み解いてみよう。その際、注目すべきは、第七条である。

第七条は、「政治ニ関スル事項ヲ論議講談スル集会ニ陸海軍人常備予備後備ノ名簿ニ在ル者警察官官立公立私立学校ノ教員生徒農業工芸ノ見習生ハ之ニ臨会シ又ハ其社ニ加入スルコトヲ得ス」と規定し、政談集会に参加し得る身分を限定した。治安に従事すべき軍人や警官のみならず、学生をはじめとする学校関係者はそのような集会に参加できないものとされたのである。当初の案で同じく列挙されていた婦人が元老院の審議で削除されたものの、それは女性の集会参加を積極的に認めたが故ではなく、たとえ女性が参加していたとしても、取り締まりの妨害をなすことは考えにくいという人を食った理由からであったこと既述の通りである。

なぜこのような人的制約が設けられたのか。渡邉は、次のように説明している。

概子政談ヲ為サントスルモノハ必ス学科卒業ノモノニアラサレハ之ヲ為ス能ハサルナリ。且生徒ハ目下学問ニ従事スルモノナレハ未タ政談ヲ為スノ暇アラス。若シ之ヲ為サハ肝要ノ修業ヲ怠タルニ至ルヘシ。又教員ハ又生徒ヲ教導スルノ任ニシテ警察官ハ弊害ヲ防護スルモノナレハ、共ニ之ヲ許サ丶ルナリ。独リ教導職ハ庶人ヲ教導スルモノニシテ前者ノ比ニアラス。故ニ之ヲ禁セサルナリ。

（『元老院会議筆記』前期第八巻、三二三頁）

ここで目を引くのは、政談をなすことができる条件として、学業の修了が掲げられていることである。学生は学業に専心するべきであって、政談などにうつつを抜かす暇などあってはならない、というパターナリズムそのものというべき理由づけで、渡邉はこの条文を正当化しようとした。あわせて、そのような学生を教導するべき教師も政談からは身を遠ざけておかなければならないとされた。このようにして学生に静穏な修学の場と時間を保障することが、集会条例に託された政策的企図だった。その意味で、それは政談から解放された講学の振興を志向したものだったと言えるのである。

渡邉の弁明

このような理由づけは、渡邉にとって決して詭弁ではなかった。『史料』のなかに、集会条例の制定にあたっての自己の立場を弁解する渡邉の書簡（草稿）が残っている

（明治十三年六月二七日付土屋直三郎宛渡邉書簡、『史料』四九―三〇）。そこにおいて彼は、この条例は太政官法制部書記官という立場上、「内閣ノ命ヲ受ケ立案」したもので、かつ「小生ガ起稿ノ如クニモアラズ。且中迠モ無御座小生ガ発シタル物ニモ無之」と弁明する一方で、次のように述べている。

右之集会条例タル、血気未ダ定マラズ、智識未ダ発達セザル人ノ是ヨリ血気ヲ定メ、生涯之目的ニ応シテ智識ヲ発育スル物ニ其立場不適当ナル事ヲ教ヘテ日月ヲ消糜セシメ、又ハ其順路ヲ妨ゲ、又是等ニ順路之学業ヲ教ユヘキ人ノ其他路ニ走リテ其弟子ノ学業成熟ノ期ヲ誤リ、又警察官兵士ノ如キ当時社会統率ノ責ニ任シタル政府之号令ヲ遵奉シテ進退スヘキ物ノ其他ノ事ニ傾キ遂ニ其整備ヲ失シ、亦政治上ニ関係スルコトナク、実業ヲ勉励シテ社会ノ経済ヲ助クヘキ人ヲ誘導シテ遂ニ実業ヲ放棄セシムルノ弊害ヲ防クニ外ナラス。

ここに表明されているのは、学生、教師、警官、兵士といった人々が政治に深入りすることなく、社会のなかでそれぞれの職分に忠実に働くべきとの理念である。特に、右引用文冒頭で触れられている学生に関してはさらに、本条例は彼らが政治によって貴重な時間を徒費することなく、「其生涯ノ事業目的ヲ定メ是ニ予備スルノ自由ヲ保護シ、亦各自其自カラ修メント欲スル業務ヲ勉励スルノ自由ヲ保護」するためのものだと正当化が試みられている。つまり、青年たちが政治に関係することなく実業の研鑽を積むことを奨励し、またそれを阻んで有為の若者を政治に熱中させることを防ぐことが意図されていたのである。

このように述べると、また何とも干渉主義的な言辞に響くが、学生の政治化を防ぎ、彼らを本来の学業へと誘うとの点において、渡邉の説くところは一貫していた。そして、それは政府の中枢と相通じた考えであったことも指摘できる。集会条例の制定に先立つこと一年の明治十二年、内務卿伊藤博文が「教育議」を提言していたことは第三章でも言及した。そのなかでも、「科学ハ実ニ政談ト消長ヲ相為ス者ナリ」として、「高等生徒ヲ訓導スルハ、宜シク之ヲ科学ニ進ムヘクシテ、之ヲ政談ニ誘フヘカラス」と唱えられ、政談の「暗消」と科学の振興が説かれていた。

政談に深入りする青年書生をいかに科学と実業に向かわせるか。そのことが喫緊の国家的懸案であるとの思いにおいて、伊藤と渡邉はこの時期に期せずして同じ地点に立っていたのである。二人の思想的素地の共有がここにうかがえる。だが、この両者が真にお互いを認め、協働するに至るにはまだ時間を要した。

政談と区別される講学のための集会を促進するという渡邉の信念は、この後も護持される。繰り返しになるが、集会条例に託された渡邉のプランとは、決して政治的言論一般の取り締まりにあったのではなく、それを政談から政策研究へと導いていくことにあったと考えられる。それが故に、彼自身は講学の集会と政談集会との区別を強調していた。この区分を厳格に解釈するという点に、条例制定の精神はあった。

「ザル法」としての集会条例

では、両者はどのようにして識別されるのか。政府の側が目安としたのは、会の名称である。すなわち、政談演説会などと名乗っている場合は集会条例の規制対象となるが、学会や研究会の名を称えていれば、お咎めなしとされた。そのような条例適用の抜け道は、政談の士たちに容易に見抜かれ、研究会の名称をかたった政治集会が叢生するという事態が招かれる。なかには、「近来政談演説会ノ名義ヲ以テ演説スル者アリ。警官之ニ中止解散ヲ命スル時ニ方リ、直ニ名ヲ学術会等ニ変シテ演説ヲナス者アリ」(集会条例の改正を審議する元老院会議での渡邉の発言、『元老院会議筆記』前期第十二巻、五一二頁）などという体たらくだったのである。

政府側にとって決定的だったのは、明治十五年五月に開かれたいわゆる酒屋会議である。前年に酒税の値上げに全国各地の酒造業者が請願書を出したことに端を発したもので、かの植木枝盛が、その運動を糾合して大阪において酒屋会議の名で大がかりな反政府集会を挙行せんと奔走した。政府はその開催を差し止めようとしたものの功を奏せず、結局大阪と京都で数回にわたって会議が開かれた。このような事態の展開を前にして、集会条例によっては規制の実が上がらないことを切歯扼腕する当時の内務卿・山田顕義の明治十五年二月二〇日付上申書が残されている（[中原：一九八〇] 二〇〇頁）。

それによれば、元来集会条例が「制スル所ハ唯ニ政治ニ関スル事項ヲ講談論議スル為メノ集会ト結社トニ止リ」、「政治ニ関セサル名義ノ集会ハ素ト本法ノ与カラサル所」であるが、巷では「警官ノ監視ヲ避ケンカ為メ、或ハ名ヲ学術演説ニ藉リ、或ハ事ヲ親睦会ニ托シ、其他何々会議ナト種々ノ名義ヲ設ケテ公衆ヲ集合シ、政治ヲ議論スルモノ往々有之」有様である。植木が企てている酒屋会議などその最たるもので、いかに既存の集会条例がザル法となっているかを如実に示しているとして、山田はその早急な改正を求めている。

条例の改正

かくして、同年六月一日に集会条例の改正が元老院に改めて諮られた。説明に立った政府側委員は同条例を指して、「殆ト其効ヲ奏セス。実ニ徒法タルノ姿トナルニ至レリ」と烙印を押す始末だった。審議の結果、集会条例には抜本的な改正が施され、名称の如何にかかわらず、政治に関する事項を講談論議することを目的とする結社全般に規制の網がかけられることになったのである（第二条）。

以上のように、明治十三年の集会条例は、立法の目的をとても完遂できない脱法し放題の不完全な代物だった。その意味でも同条例は〝悪法〟だったのである。それというのも、当時の官憲が、政談集会と講学の集まりを峻別しようとして、後者を尊重するあまり「研究会」や「会議」などと名のついた集会には干渉することを避けたからだった。起草者の一人であった渡邉が、自らこの点を強調していたこと既に見た通りである。

ここに込められた渡邉の政治理念は、彼が学習院での改革の頓挫を受けて考案した政治学校の構想を詳しく検討すればより一層明らかとなるが、そのことの考察に入る前に、われわれは明治十四年という政治史上の一大転換点に渡邉がどう身を処したかを見ておかなければならない。

3　明治十四年の全国漫遊

政談か学術演説か

集会条例は、自由民権運動がかつてない高まりを見せ、政談演説会を通じて反政府の論弁が猖獗を極めるなか、そのような動きに抑制を加えるために作られた。明治十三年（一八八〇）三月には自由民権の代表的政社である愛国社の大会において国会期成同盟の立ち上げが宣言される。国会開設を求める全国的な政治結社の誕生である。

このような動きの背景には、自由民権運動の構造的な転換があった。元来不平士族を母体としていた自由民権運動であったが、相次ぐ士族反乱の鎮圧により、その勢いと求心力には翳りが生じる。その流れは明治十年（一八七七）の西南戦争における西郷隆盛軍の敗北によって決定的となった。ここに民権運動の担い手としての士族はその威信と勢力を失墜することになる。しかし、それは運動自体の退潮を意味するものではなかった。士族に代わって主体となってきたのが、豪農豪商を中心とする地方の有力者であり、政治化した血気盛んな若者たちであった。彼らは専ら口舌を示威の手段とした。彼らによって担われた政談演説会は、日本各地にはびこった。集会条例とは、それに対する対抗措置として講じられた。

だが、政談と学術的演説とを峻別しようとする立法趣旨があだとなって、脱法行為的に「研究」を掲げる政治集会が跋扈したこと既述の通りである。また、政談自体も官憲の抑圧を受けてかえって高揚する側面もあった。「政談演説が大流行になり、山間僻地で開催しても遊興的聴衆が多く集つたが、俗耳に入り易い浅薄な政府攻撃論、又は臨監の警吏を罵るなどでなくば喝采を博さなかつた、それで弁士といふのも食詰書生などで、其放言囈語が歓迎され「アンナ巡査も亦官員か」といふ演題で中止解散、拘引と成るのを喜ぶ聴衆が多かつた」とは宮武外骨『明治演説史』が伝える当時の情景である〔宮武：一九二六〕一一七頁)。政見を聴きに来るというよりも、政談を媒介に演じられる弁士と警吏との衝突の一幕を見物しに来た人々も多かったのである。聴衆というよりも、観客である。演説会場は、一触即発のスリルを満喫できる劇場の趣もあった。

エンターテーメントとしての演説会

この時期に自由民権運動が最高潮に達したことの裏には、このようなエンターテーメント性も与って力があったことは強調しておく必要がある。それが故に、運動は社会の広い層に浸透し、津々浦々へと広がり、世論を沸騰させ喚起することができたのである。それを象徴的に示すものとして、明治十四年八月二五日に新富座で開かれた政談東京演説会の模様を垣間見てみよう〔稲田：二〇〇〇〕三三〇頁以下参照)。

この演説会は、この頃発覚した開拓使官有物払下げ問題をきっかけとして挙行された。開拓使官有物払下げ問題とは、政府が官舎・倉庫・工場・牧畜場・鉱山などの北海道開拓使の所有する官有物を、破格の値段で官吏や自らの息のかかった大商人に売却しようとしたことを導火線として勃発した事件である。これが民間に漏洩するやたちまち藩閥政府を糾弾する烽火が蔓延し、七月中旬から八月にかけて政府批判の政談演説会が燎原の火のように全国で催された。そのクライマックスといえるのが、八月二五日の新富座での政談東京演説会だった。この日弁士を務めたのは、福地源一郎、益田克徳、高梨哲四郎、肥塚龍、沼間守一の面々であり、その盛況は「我国未だ曽て有らざる」ものと壮語された（『東京横浜毎日新聞』、以下『毎日』）。稲田前掲書の筆で、その様子を語ってもらおう。

さて、当日は聴衆が早くからつめかけ、十時にはすでに千人ほどになり、新富座から六、七町も離れた所までごったがえしていた。何しろ、東京だけでなく、神奈川や埼玉からやってきた者もおり、昼ごろ来た者は、あきらめて帰って行った者も少なくない。〔中略〕午後一時、会場の整備もできて開門となるや、「聴客ハ恰も十里の長堤一時に壊裂して狂瀾の地を捲き来るが如くドット」押し寄せた（『毎日』）。桟敷・土間は言うまでもなく、舞台・花道にまで芋を洗うが如くに人が溢れた。この日の聴衆の数を『日日』〔東京日日新聞〕は四千五百から五千と報じ、『毎日』は三千有余人と書いているが、会場の広さから言ってどんなに詰め込んでも三千人がやっとであった。ただし、満員の札を掲げても、無理やりなかに入ろうとする者もあったし、なかには当日売りの切符がまだ有るのではないかと主催の毎日新聞社にまで足を転じた者もあった。ただ、同社前にもやはり、早くから売切れの札が掲げられていた。

（〔稲田：二〇〇〇〕三二一頁）

まるで今日のロック・コンサートを髣髴とさせる情景である。実際、政談演説会の場では、それと通底するような危い熱気が充満していた。そのことは、先に紹介した宮武外骨の引く挿話からもうかがえる。いつ臨席の警吏が立ち上がり、弁士との間で大立ち回りが演じられるか。そのような臨場感もまた演説会に人々を引きつけるものだった。そして、「その際どい危険性に人びとを巧みに導いていく手腕をもった者」(［稲田：二〇〇〇］三二二頁)が、人気を集めた。さながら、反体制を歌うロックンローラーのように、である。演説というメディアを通じて、自由民権運動は大衆文化へと転化し、それが故に空前の盛り上がりを見せることができたのである。

このような政府批判の高まりを前にして、ついに十月十一日に払下げの中止を決定する。これと同時に、在野の民権派とつるんでいたとの嫌疑をかけられた参議の大隈重信は罷免されて政府から追放され、さらに翌十二日には民権運動を慰撫するかのように国会開設の勅諭が渙発され、明治二三年(一八九〇)には国会を開設することが天皇の名で公約された。世に言う明治十四年の政変である。

全国周遊の旅へ

日本中が政治熱に浮かされ、世論が沸騰していたなか、渡邉は何をしていたか。彼は官を辞していた。この年の五月に一切の公職から退き、渡邉は翌年三月まで日本全国漫遊の旅に出た。一体何故なのか。政府部内にいていち早く開拓使官有物の払下げを知り得たことによる抗議の辞職だったのか、あるいは民権運動の高揚を見越しての中央政界からの逃避行だったのだろうか。そのような憶測が可能である。逆に、民権派の雑誌『近事評論』は、各地に燎原の火のように広まっている民権派の運動を前にして、「氏が目的ハ其持説ヲ開演シテ民権説ノ気焔ヲ鎖鎮セントスルニアリト」の伝聞を記している(第三二〇号、九頁)。集会条例を起草した強面のイメージで、渡邉はあくまで語られていたのである。

この点、渡邉自身は出立にあたって、旅の備忘録に「国を相手に事を為す人は遠く旅行せさるへから」ず（「紀行壱」『史料』二七）と気概を書き留めている。国家の経綸に与る者は、その領国を自らの目で観察しなければならない。そのような大きな自意識で渡邉は旅に出たのだった。先にヨーロッパでの在外勤務から帰国する際に、彼が諸国を視察して回ったことに触れたが、いわばその国内版として日本の隅々を見て回ろうという意図が彼のなかにあったことは指摘しておきたい。

五月二三日、渡邉は東京の自宅を出発した。翌年三月に東京に帰還するまでの間、一年近くの国内周遊の旅の始まりである。外務省で彼と親交のあった花房義質の弟、花房直三郎が同伴した。花房は後に内閣統計局ができた時に初代の局長となる統計畑の官僚である。渡邉とは統計協会つながりで旧知の間柄でもあった。

原敬、同行す

しかしそれよりも注目すべきは、この旅に後の平民宰相原敬が同行していたことである。原が残した「海内周遊日記」によれば、原は渡邉が日本全国を周遊して地方の実況を通覧しようとしていると聞き及び、渡邉のもとを訪ねた。渡邉は、原に同行を持ちかけ、原も「欣然従つて周遊せんことを約」した（『原敬日記』第六巻、二〇頁）。当時『郵便報知新聞』記者だった原は、周遊の記録を断続的に紙上に寄せている。渡邉にしてみれば、お抱えの記者を帯同することができ、自らの旅の成果を発信する格好の術

海内周遊時の原敬
（『原敬全集』より）

を得たわけである。だが、それにとどまらず、この旅はこれ以後長く続くことになる渡邉と原の交遊のきっかけともなった。これから折に触れて言及することになるが、この二人の間にはこれ以降〝師弟〟関係のごとき交わりが結ばれるのである。渡邉は、原を何かと頼りにして使い走りのような依頼まで行い、原はそのことに時に辟易としつつも、死後まで渡邉の面倒を見続けることになる。

原と花房を連れ立ち、渡邉はまずは東北・北海道を目指した。旅の主な経路を記しておくと次のようになる。

六月　五日　水戸。
　　　八日　福島県に入る。
　　十二日　猪苗代の安積疏水の工事を見学。
　　十七日　米沢。
　　二十日　山形。その後、天童、庄内、酒田、新庄を回る。
　　二七日　秋田県に入る。阿仁鉱山、大葛金山、尾去沢鉱山、小坂鉱山などを視察。
七月十三日　青森県に入る。
　　十六日　函館着。北海道内を巡察。
八月十八日　青森に戻る。開墾地を中心に視察。
　　二八日　盛岡に至る。

三一日　盛岡を発し、釜石、気仙沼などを経て、仙台へ向かう。
九月　九日　仙台。
十三日　仙台を発ち、福島へ向かう。
十六日　福島。
十八日　福島を発し、二本松を経て、郡山へ。
二十日　栃木県に入る。那須開墾社などを訪問して、日光に滞在（二二日〜二九日）
三十日　花房、一行と別れ、東京へ帰る。渡邉と原、栃木へ。
十月　一日　栃木着。

原が渡邉と同行したのはここまでである。十月二日、花房に引き続き、原も単身東京へ戻ることになる。原は、「余已みがたき事故あり、一時帰京に決したれば〔渡邉〕君とこゝに分袖せり」（『原敬日記』第六巻、八六頁）と記している。十四年政変の勃発前夜で風雲急を告げる東京の政界が、原および花房を引き戻したことは想像に難くない。彼らにしてみれば、悠長に地方を視察して回るどころの騒ぎではなくなったのであろう。また、原にしてみれば、すでに郷里岩手とその一帯の東北・北海道を隈なく見て回ることができ、所期の目的はある程度達せられたとの満足感もあったのではなかろうか。

渡邉のほうは、政変の燻りを尻目に、漫遊の旅を続行した。信州から北陸地方を回り、中国地方を経て九州に入った。まさに日本中を隈なく見て回ろうとしたのである。

旅の情景

この旅については原敬の見聞記が『郵便報知新聞』に掲載されていたこと既述の如くである。原にとってこの紀行が大きな意義をもっていたことは、山本四郎氏や伊藤之雄氏による充実した原の評伝によっても強調されている〔山本：一九九七〕、〔伊藤：二〇一四〕。原は渡邉に付き従い、精力的に東北・北海道地方を視察して回った。各地の開墾地や殖産興業の実況、交通の開け方などの開発の具合、またその地方の民情を丹念に観察し、詳細に書き留めている。後に彼が首相になった時に示した四大政綱（教育改善、交通整備、国防充実、産業振興）の萌芽がここに認められると考えることも可能である。原は、行く先々でその地の民度を計って教育の大切さを繰り返し唱え、中央と地方をつなぐ交通網のあり方を思案し、産業振興の程度と展望を論じた。

このような観察は、渡邉においても共有されていたものである。公表されることはなかったが、渡邉もまた詳細な旅のノートを残している（『史料』二四～二九）。そこで記されていることは、原の記述と重複したものも多く、二人が共通の関心で訪れた土地土地を視察していたことをうかがわせる。原の記事のなかには、渡邉の見解も多分に含まれていたということも考えられる。いずれにせよ、二人は地方の実情と日本の全体的なあり方について議論を重ねていたであろう。

この時の原の渡邉に対する心服の念は、周遊記に折に触れて認めることができる。例えば、郷里盛岡に滞在中、原は「周遊日記」の草稿に、「予渡邊洪基氏と同行するを以て少年輩の来る者少し。蓋し渡邉氏之集会条例を草したりとの評説あるに因り、非常の圧制家と思へ、来訪せざりしなり。我県人の見聞に狭き今に脱せず、誠に憫むに堪へたり」（『原敬文書』第四巻、一六八頁）と記している。集会条例起草者としての渡邉の悪名が日本の津々浦々にまで轟いていたことを証すると同時に、民権派が浸透してそのような偏狭な見方に囚われた故地の青年層を憂えている。

また、原は各地に知遇を得ている渡邉の顔の広さに括目したようである。訪れた所々で実業の立ち入った視察が可能だったことには、官途で培ったコネがあったと目され、彼らは先々で県令をはじめとする官吏から便宜を図ってもらっている。それにとどまらず、渡邉は郷土武生の人脈や交詢社のネットワークをも利用できる立場にあった。渡邉の来訪を聞き及び、一行が歓待を受けたとの記載が一再ならず見られる。戊辰戦争の最中に留まった米沢を訪れた際には、旧知の人々が彼を迎えた。「此夜当地の酒楼南部屋より迎へられ相伴ふて行。饗応極めて懇切なり。渡邊君が往年此地にありし時何かれの世話せし人なりと云ふ」（『原敬全集』上巻、七五頁）と原は書いている。中井弘との日本への帰朝の旅の途上で、渡邉が示した交友の才が偲ばれるのである。

東京に戻る

渡邉の旅の幕は突然降ろされた。明治十五年（一八八二）三月十七日、彼は漫遊先の長崎から突然帰京の途に就いた。前年十月の政変勃発の際にも動じることなく周遊を続行した彼だったが、この時何が起こったのか。

彼が旅を切り上げたのは、朝鮮情勢の故である。この時、外交官として同じ釜の飯を食ってきた親友花房義質が代理公使として朝鮮との外交交渉に当っていた。懸案となっていたのは、仁川の開港と親日化政策である（［高橋：一九九五］第一章）。かねてより二人はこの問題について意見を交わしていたようで、周遊の旅に出る直前の明治十四年五月五日には、渡邉は花房に「対韓現今政略大要覚書」

と題した意見書を出している（『花房文書』二八一―五）。そこでの彼の主張は、朝鮮開化党支援のため、兵艦を派遣すべしとの威圧論である。「日本ヨリハ速カニ兵艦ヲ居留地ノ各所及ヒ仁川ニ浮ヘ精兵二小隊ヲ送リ、其名義ハ我代官ヲ保護シ我人民ヲ保護スルノ事ニテ足レリ。此事タル実ハ万国公法ナル者ニ背キ、我拒ム所ノ者ヲ以テ人ニ施スハ固ヨリ至当ノ事ニ非ラスト雖モ、其心ヲ心トシテ臨機ノ処置ヲ為ス止ムヲ得サルナリ」と述べられている。万国公法＝国際法違反を重々承知のうえで、しかも相手方の拒絶ものともせず、ただ開化の大義を後ろ盾にして派兵せよというのである。暴論と言ってよい。

旅の最中にも、渡邉の脳裏からはこの問題が離れなかったらしく、七月三一日には北海道から、一方の党派に与するべきでないとの前言撤回の書簡も出している（『花房文書』二八一―六）。開化党を保護すべしと先に書き送ったが、わが国でも倒幕したのはかつて鎖国論を唱えていた勤王家から開国論に転じた人々だったのであるから、どちらかの勢力に肩入れすべきでないとして、幕末に幕府についたフランスではなく慎重に情勢を見守ったイギリスを見倣うべき、と説いている。

このように振幅の大きい建言をしていた渡邉であるが、盟友花房の信頼は厚かったらしい。花房は明治十五年四月に赴任地の漢城に帰任するに先立ち、どうしても渡邉と直に朝鮮問題を協議することを願い、帰京を懇望する手紙を発した。長崎でそれを受け取った渡邉は、前述のように旅を切り上げ、急ぎ東京に戻る船に乗るのである。

対韓指針書

この時に花房の求めに応じて草されたと思われる渡邉の対韓指針書が残されている（『花房文書』二八一―八）。そこで彼は、「朝鮮ニ対スル我政略ハ務メテ支那ト方向ヲ一ニシ欧米ニ対スル政略経済上三国連合ノ基礎ヲ建ル事」と謳っている。

もっとも、それは日本主導での東アジアの再興でなければならなかった。渡邉は、「朝鮮ニ対スル政略ニ於テハ我勢力ヲシテ常ニ支那ノ上ニ居ラシムル事」とも要請している。朝鮮の開化独立を促すが、日本の勢力下に収めておくべしとの肚の内である。そのために次のごとき対策が縷述されている。①朝鮮駐箚公使の地位向上、②関税の軽減などを目的とした日中朝三国による西洋に対抗する通商ブロックの形成、③日本の朝鮮政策を流布させるための漢文新聞の発行、④朝鮮の開化政策を支援するための軍艦の派遣、⑤理化学、動植物学、鉱物学の専門家を派遣し、開化政策の促進に役立たせること、⑥同様に、実業・軍事上の専門家を招聘せしめること、⑦鎖国論の志士に対する残酷な刑罰の抑止を周旋すること、⑧漢城に実学の学校を設立すること。

当時の朝鮮では、閔氏を中心とする政府が守旧派の大院君派を抑え、大がかりな粛清が進行していた。日本の歴史になぞらえれば、井伊直弼による安政の大獄に近かったということになろう。それに便乗して、日本政府は関税交渉では譲歩しながら積極的な親日化政策を展開していこうとする。従来の日本の対朝政策は、「恩威並行」と称されるものだったが、これまでの「威」がまさった方針を、「恩」の方へ大きく比重を移し変えようとしていたのである。そのことを銘記して、花房は四月二六日に朝鮮へ渡った（［高橋：一九九五］二一七頁）。渡邉の建策は、その方針に沿ったものといえる。注目されるのは、専門家の派遣や学校の創設を通じて彼が言う実学の扶植が唱えられていることである。萬年会などで展開されていた彼の実学構想の発露である。他方で、開化政策の武力的後ろ盾としての艦隊派遣も正当化されており、まさに「恩威並行」の建言となっている。

朝鮮国内において、〝攘夷〟派が政府内から追われ弾圧されたことに乗じて、融和を表面に掲げて政権内部に食い込んでいこうとしたわけだが、自国の近来の歴史を思い起こすという基本的な省察もなされなかったのだろうか。花房が着任してすぐに、朝鮮では大院君派の怨念が爆発し、七月に反閔氏政権と反日の暴動が勃発する。壬午事変である。公使館を襲撃された花房は命からがら日本に逃げ帰った。渡邉が練った「恩威並行」策も泡と消えたのである。

4 政治学校設立の構想

周遊の成果

折角の周遊紀行を中断してまで、花房との対朝方針の協議に応じたにもかかわらず、壬午事変によってその努力は徒労に終わった。だが、東京を出発してすでに十ヶ月が経ち、日本国内を東から西に縦横に観察して回っていた渡邉のなかには豊富な知見が集積され、そこから幾つかの定見も醸成されていた。後年の彼の活動への展開という観点から、ここでは次の三点に触れておきたい。

まず第一は、「実勢」というものへの視座である。渡邉は物事の実状に多大な関心を寄せていた。そのような関心から、彼は東京地学協会や統計協会を創設したのだった。その土地の自然地理を正確に把握し、各種産業の実態を数値によって統計化して目に見えるかたちにすることである。そういった問題意識を胸に、彼は全国周遊の旅に出た。旅のノートに訪れた地の地理や経済状況などを丹念に書き留めるなか、彼の脳裏には「実勢」という観念が芽生えたものと推察される。

「実勢」への注目

その実勢とは、人知によっては容易に変改できないものであり、その勢いを看破することが、現実の施策の効果を左右することになる。明治十五年五月二〇日の萬年会講話会において、「内国周遊中の所見一斑」と題して話した渡邉は、大略次のように述べ立てている（『萬年会第五十三会記事』十四頁以下）。

彼によれば、今回の周遊で気がついたことは、①日本では大事業を興すことが困難であること、②開拓事業の無意味さ、③河川運輸の困難、である。いま、①、②について彼の論旨を追ってみよう（③は後述）。①であるが、現下の日本各地で相応の利益をあげている事業は、養蚕製糸業以外に見当たらないが、それも二十人未満の職工によって担われているところばかりで、五十人以上の工場はかえって経営が苦しい。その理由として渡邉は、世間の利息が高いために資金調達が難しくなっていることのほか、職工の勤務慣行が未だ西洋的な大工場の労務管理に適合していないことを挙げている。「実に今日盛大の事業を俄かに起し、急に世間に余計なきの資本を集め不釣合の大工事を起し、急に工人を召集し未た経験なき人か其事を執るか如きは断して成る無きを信するなり」（同右、二一一頁）。すなわち、従来の習わしや意識と乖離した大事業を描いてもそれは決して根づかないので、「漸次に盛大ならしむる様になす」（同右、二〇一一頁）べきである。実情に抗わず、漸進主義で産業振興を行うべしとの提言である。

②の開拓事業についても同断である。いまや東北・北海道の随所で盛んに開墾事業が行われているが、その多くが無益なことと渡邉は断じる。徳川の世から日本では開墾がなされており、「今残り居る地ハ非常の金を費し艱難を為さされハ成功せぬ者」である。今なお土地の開墾に血道を上げているのは、「天然の地勢と風俗の合ハさる故」とされる（同右、二一五頁）。ここで言われている風俗とは、米作のことであるが、渡邉は日本の地勢上、水田に適した土地は実は限られており、多様な土地のあり方に適した多様な生業が開かれるべきと説いている。彼の見るところ、今の日本でいずこにおいても発展が期待できる産業は漁業と養蚕とされる。

以上のように、慣習や地勢など即座には変えられない現実の外在的内在的条件を洞察し、それに適応したかたちで徐々に開発を行うのが、為政者の務めと渡邉は見なしていたのであろう。その点を示唆するのが、明治十五年四月二〇日の日付をもつ「帝室財産に関する意見書」と題した草稿である（『史料』二二二）。

これは当時政府内で検討されていた宮中府中の別の確立に伴って、草されたものと目される。ここで渡邉は、「帝室ノ財産ヲ政府ヨリ分区シテ其限制ヲ定ムルハ政体ノ大改革ニシテ、将来邦家ノ活躍秩序ヲ定ムルニ於テ至大ノ関係ヲ有スル者ナリ。宜シク其由ツテ来ル所ヲ詳カニシ、之ヲ守ル所以ヲ講セサル可カラス。独リ法律規則ヲ以テ守リ得ヘキ者ニ非ス。必ス動カス可カラサルノ勢ヲ成シテ之ヲ保セサル可カラサルナリ」と論じている。皇室財産の政府からの独立という制度的措置に際して、法律規則なるものは政府によって制定されたからといって自動的に存立するのではなく、それが妥当し効力をもつためには、その法規の成立を支える堅固な事実関係の裏づけが必要だという提言である。皇室財産の設定も、制定法によって恣意的になされるべきではなく、歴史的な所以や現実の必要性をしっかりと見定めて講じられなければならない。そのことを彼は「動カス可カラサルノ勢」と表現し、別の個所では「実勢」と呼んでいる。「何時ニテモ法律規則ハ改正スルヲ得ヘケレハナリ。其実勢ノ成ルモノニ至リテハ、動カス可カラス。始メテ鞏固ト称スヘ」し。法律規則は改正されるものであり、制度を固守するには「実勢」が必要との言である。

このような渡邉の法律観は、法を現実社会の勢力構図のなかで把握する社会学的考察に近いものがある。彼自身は、数年後に国家学会を立ち上げた時に、同会で独特の「権利＝勢力」説を唱えることになるが、この点については後述に委ねよう。

鉄道への関心

第二の成果として、交通問題への認識がある。萬年会での講話において、渡邉は河川運輸の困難を挙げていた。欧州や中国の大河とは異なり、日本では水運に適した河川に恵まれていない。これは、渡邉の強い実感だった。彼は明治十六年（一八八三）九月一日にも萬年会の席において、「秩父地方の情態並に内地運輸の事」と題した講話を行っている。これは正確には明治十四年の漫遊時の視察ではないが、この頃未踏だった秩父地方に足を伸ばした彼は、同地の人心の堅実さや養蚕業の発展を紹介し、「後来必す開進すへき地なり」と期待を寄せている。

他方で、「山間に居て運輸交通の便利少なきより自ら開化せさるなり」との見解も示し、わが国では水運の発展は期しがたく、「内地の交通は到底鉄路に依らさる」ほかないが、「鉄路に必須なる所の鉄と石炭とに至て内国実に其供給に乏しきものの如し」であり、この点は「殖産に志すものは最も研究すへき所なり」と提唱している（『萬年会報告』第五輯第九巻、四七二―四七四頁）。

渡邉はヨーロッパとは異なり、河川を使った水運を頼みとすることのできない日本では、鉄道網の開発が喫緊の課題であることを説いているのである。時期は異なるとはいえ、先の全国周遊で培われた認識の延長上の発言と考えて差し支えあるまい。

なお、原敬もこの周遊が機縁となって日本国内の流通、特に鉄道整備の重要性に開眼し、後に政党政治家となった時、一大確信をもって推し進めることになる。俗に「我田引鉄」と揶揄される選挙区への利益誘導を狙いとした原の鉄道敷設政策だが、伊藤之雄氏は最近の評伝において、それが地方の経済事情や国家全体の財政構造を勘案して合理的に計画されたもの、「公利」に則ったものであるように原が腐心していたことを強調している。「鉄道の敷設が日本の産業を発達させ国力を強めるのみならず、鉄道を通して人々の交流が促進され情報が伝わり、地域住民が成熟することで立憲政治の土台を作る」というのが、原の考えていたことだった（〔伊藤：二〇一四〕下、三四―三五頁）。それは、渡邉に帯同して東北・北海道を視察して回ったことの果実であった。原はこの旅によって実際に日本の各地を見聞し得たがために、日本の内地を効果的につなぐ流通網としての鉄道について、強い信念をもって取り組むことになるのである。

原と渡邉は周遊の過程で、当然この問題についても議論を重ねたであろう。渡邉は後に各種鉄道会社の経営に乗り出していくが、その素地はこの時の全国漫遊の賜物と考えられる。

最後に第三点として挙げたいのが、政治教育の問題である。これは、次章で取り扱う帝国大学および国家学会につながっていく論点であるので、詳述しておきたい。

十四年政変を評す

明治十四年の漫遊は、集会条例の起草という過去から逃れようとするかのように敢行された。それは、東京における政治の喧騒を離れて、心静かに地方の実情を視察する旅だったかと推量される。それが故に、渡邉は十四年の政変が勃発しても、悠然と旅行を続行したのだろう。

ここに、明治十四年十月二四日付の原敬宛の渡邉の書簡がある。内容から言って、東京から政変勃発直後の当地の政治情勢を伝える原の来信に対する返書である。このなかで渡邉は、次のように記している。

> 政治上之一変動既ニ大凡承知仕候。是ハ生等兼而御話しも申置候通、預シメ知れたる位之事ニ而、其実政府之仕事益出テ、益拙ナルハ勢止むを得さる者と存候。然し到底大勢ハ最早相定まり居候事ニテ、今更之を禦キ候事ハ不相成者ニハ候得共、此度之内閣変動より不遠内（二年カ三年之内）

又一変動を可生（其如何ハ筆ニ記すへからす候）、此時ニ当りてハ政府之反動力益強カルへク、然ルニ之を制して其宜を得せしむるの策今日ニ於テ最緊要ト存候。

（『原敬文書』第三巻、五一七頁）

何か達観したような筆致である。東京での政変の知らせに、「予め分かっていたことだ」と述べ、事態は最早止めようがなく、近いうちにさらなる「変動」が招来されるだろうと不敵に語る。そのようななか、反対勢力に対する政府の弾圧も厳しくなるだろうが、今最も緊要なのは政府の強硬姿勢を緩和させることだと言っている。

ここで注目したいのは、「是ハ生等兼而御話しも申置候通」との言である。右のような事柄を渡邉と原はかねて話し合ってきた、と書いている。旅の途上で、二人の間には政治談議が積み重ねられていた。その内容は、民権派の伸張を「大勢」と見なし、反動的な姿勢ばかりで臨んでも何も解決しないとの認識を基調としていたことが知られる。渡邉は、「此説ハ人ニよりて可説事ニ候へは、御伝へも御注意被下度候」と釘を刺している。他ならぬ君だからこそこんなことを書くのだ、と。旅の間に培われた両者の信頼関係と緊迫した政治状況下での緊張感がうかがえるのである。*

＊渡邉との周遊を切り上げた後も、原と渡邉の関係が続いていったことは既述の通りである。原は周遊の後もしばらく『郵便報知新聞』の記者を続けるが、ほどなくして『大東日報』紙の記者に転職する。そのようなか、前述のように朝鮮で壬午事変が勃発し、原は外交問題への関心を深めていく。特筆されるべきは、事変の発生後の八月にその処理のため下関に向かった井上馨外務卿に同行して親しく意見を交換した

ことである（［伊藤：二〇一四］上、一一七頁）。下関では外務省の先遣隊として来ていた斎藤修一郎に迎えられた。斎藤はすでにその名が出ているように、渡邉と同郷の武生人であり、渡邉に私淑していた。斎藤を井上に紹介し、外務省に斡旋したのは渡邉である。斎藤と原はたちまち意気投合したらしい。斎藤の自伝には、「原君と渡邊浩《ママ》基先生の門下時代の旧交を温めたのであつた」（［斎藤：一九〇八］一三二頁）と記されている。この後、十一月に原は外務省に御用掛として抜擢されることになるが、それは斎藤の紹介になるものと目される（［伊藤：二〇一四］上、一二二頁）。だとすれば、原が新聞記者から官途に入るという人生の岐路には、渡邉の存在が大きく影を落としていると言うことができる。

この書簡のなかで、渡邉は次のようにも記している。

> 憲法定まりたると然らさるニ拘らす、国是（外交経済教育国防）如何を実際より研究いたし候事緊要と存候。　　（『原敬文書』第三巻、五一七頁）

この述懐に彼の政治観が明示されている。政変の結果、国会開設の勅諭が発せられた。民権運動の大きな成果である。しかし、ここでも渡邉の視線は醒めていた。憲法が制定されようがされまいが、自分は外交・経済・教育・国防といった国家の課題に実際的見地から研究し取り組むまでだと決意のほどを示している。ここで表明されているのは、政変や憲法制定といった大政治に一喜一憂するよりも、国家の恒常的な必要事に事実の観察に立脚して対処していくべきとの政治姿勢である。行政へのコミットメントとも言い換えられよう。

つまり、渡邉は時勢や社会的潮流というものを冷静に洞察し、その急進化を説く民権派にも、反動する藩閥政府にも与さない立場を取ろうとする。それでいて、権力のなかに留まり、権力の働きを時の流れに逆らわない合理的なものとするべく改革していこうとするのである。そのために掲げられたのが、「実際より研究」というスタンスであった。社会の実勢というものを事実に即して把握し、それに立脚した政策を練り上げること。そのような研究の姿勢で政策立案にあたるという想念こそ、彼が政治の渦中から離れ、全国漫遊を敢行したエートスだったと目される。

「政治学校設立之議」

帰京後の渡邉は、そのような改革を実行に移すべく一通の建議書を作成して、右大臣で華族会館長の岩倉具視に提出した。「政治学校設立之議」と名づけられた意見書がそれである（『史料』十二）。明治十五年八月の日付をもつこの建議書は、「洪基カ客年来各地方ニ漫遊シ最モ脳裡ニ感触シ之ヲ行ハサル可ラズトシテ貯ヘタル所論ノ一タリ」とあるように、旅を終えて公職に復帰した渡邉が（五月に彼は元老院議官に就任している）、旅の途上で温めてきた構想を奉呈したものといえる。一言で言ってそれは、かつて自分が携わっていた学習院の改革に立ち戻り、皇族と華族が主体となった政治教育機関の確立を唱えたものである。それを彼は、学習院とは別個に、より拡充かつ徹底したかたちで行うべきことを期している。すなわち、政治学校を新設し、新たな政治エリートの育成と体制を支える政治教育の確立が急務であることが力説されているのである。

渡邉によれば、維新前においては、修身の道を説くというかたちで政治教育がなされていた。しかし、今では各種専門教育は盛んに行われているものの、「社会ノ公利ヲ謀リ其幸福安寧ヲ保持スル政治経済ノ学」はないがしろにされている。旧体制の瓦解の後を受けた御一新の世にあって、これは黙過し得ない事態である。

文化開ラズ、交通広カラス、社会百般ノ事針孔大ノ区域ニ出ラサルモ尚オ政治ノ学ナクンバアラザルヲ見ル。況ンヤ内治外交共ニ昔日ニ数倍ノ繁密ヲ加フル今日ニ於テ政務ヲ行ヒ法律ヲ立テ国家ノ安寧幸福ニ任スル者治国平天下ノ学講セスシテ可ナランヤ。但昔日ノ如キ単簡ノ学ヲ以テ足レリトスルコト能ハサルニ至ルアルノミ。

渡邉は新しい体制にふさわしい「治国平天下ノ学」として、政治学を立論する。従来、政治経済についての知識は専ら私立学校によって担われてきた。今まで政府がこの方面の教育をなおざりにしてきたがために、それは私立の様々な学校によって主導されてしまっている。「某学校某義塾ト称スル私校陸続トシテ起リ、其所謂卒業生徒ナル者又某私校ヲ設ケ生徒ヲ教育」し、「異日天下政治経済ノ学又政治ノ思想ハ是等ノ人民ヲ以テ壟断セラレ」、「浅薄ノ学識ヲ持スル者ノ為ニ社会ヲ攪乱セラル、」と。すなわち、学校とか義塾を自称する私塾によって、政治経済の学や思想は壟断され、浅薄な学識をもった者が社会に送り出され再生産されている、と危惧される。渡邉は付け加えて、私立学校での政治教育は「学風浅薄実歴ニ由ラスシテ空論ニ流レ、議論常ニ極端ニ走ル」弊があるとも述べている。現実を見ず、観念的で過激に走る傾向があるというのである。彼は、「一片ノ理論ヲ以テ学トシ、古今ノ実歴ヲ学ハズ、自ガラ軽躁浮薄ニ至ル者」を輩出しているとも述べている。民約論や天賦人権論などを生噛りしただけで、歴史や現実の経験的分析はないがしろにして軽躁浮薄な言動に及ぶ者が多いとの苦言である。

これに対して彼が援用するのが、「西洋各国ノ実況」である。そこでは学校が整備されているのみならず、学者の識見高く、それらに供せられている社会の資本も多く、新聞雑誌も急躁過激な政見で面白く紙面を飾りたてるよりも碩学高儒や実歴者の意見を尊重するなど「政治経済ヲ学フノ装置自然ニ完備」している。

そのような彼我の差を鑑みた時、国の体制を支えるエリート教育の確立は喫緊の課題として提起される。

各国ノ貴族学校ハ皆政治経済ノ学ヲ成スヲ目的トシ、又仕官学校アリ、外交官ヲ教育スル学校アリ、政治学校アリ。皆社会ニ立チテ高尚ノ地位ヲ保チ、学識博厚ナル師ヲ蓄ヘ、資金亦之ニ称ヒ、以テ学問経験ヲ要スベキ政治ノ一道亦之ニ人民ヲ教導シ、議政行政ノ権利ヲ与フルモ亦障碍スル所ナカラシム。

かくしてヨーロッパの地では、「財産地位アル者政治ヲ執リテ悶スルナク、議論亦タ過激ナラス。

以テ文明ノ治ヲ得ル」ことができているとされる。そもそもわが国の青年書生の間に流行しているミル、スペンサー、ベンサムらにしても、西欧社会のなかでは新聞の論説のうえでの議論であり、正統的学校教育のなかで教えられている学説ではない、と渡邉は指摘する。それらは、右のような学校での政治教育を受けた後に参看されるものに過ぎない、というのである。原文を引いておこう。

〔彼らの〕政論ノ如キハ彼地ニ在ルモ固ヨリ珍重スル所ナリト雖モ、新聞雑誌ノ論説ノ如キモノニシテ、学校ニ於テ講究スルノ学科ニ非ス。専ラ古今ノ歴史実況ヲ講究シ、事ノ利害得失ヲ弁識スルノ智見ヲ広メテ後、参観ニ供スルノミ。皆ナ取捨スル所以ノ基礎既ニ定マルノ後ニ於テス。

以上のように、渡邉は西欧の政治社会を引き合いに出しながら、政治教育の反体制運動からの奪還を立論するのである。* 同時にそれは、学問による国政の基礎づけを図るものでもある。思い返せば、エリート教育は学習院次長として彼が身を投じていたことだった。学習院では苦汁を嘗めた渡邉であったが、一年近くの〝国のかたち〟を実見して回る旅を経て、彼は今また改めてより広範かつ本質的な見地から政治的エリートの教育改革を構想するに至ったのである。それは、萬年会、統計協会、東京地学協会、学習院というように分散して行われていた彼の活動が、ひとつにまとめ上げられる結節点ともなる。そして、その構想は、やがて帝国大学とそのなかに設けられる国家学会へと連なっていくのである。

＊この意見書には、フランスの政治学者エミール・ブトミー（Emile-Gaston Boutmy）が一八七二年に設立した私立政治学院（École libre des sciences politique）の概要と規則書が翻訳のうえ添付されている。私立政治学院は、「シアンスポ（Sciences-Po）」の通称で知られ、フランスのエリート養成機関グランゼコールに属するパリ政治学院（Institut d'études politiques de Paris）の前身である。渡邉は友人が留学していたという同校の機能に共鳴し、そのカリキュラムや組織構成を学習して自らの構想の雛形としたのだった。

第六章　帝国大学初代総長

1　「三十六会長」への歩み

東京に帰還して

明治十五年（一八八二）三月に全国漫遊を切り上げて東京に帰還した渡邉は、ほどなくしてまた官途に復すると同時に、各団体の切り盛りに奔走する。

五月二四日、彼は元老院議官に就任する。これまでの官吏としての裏方の役回りから、国家の立法を実際に審議する立場へと栄達を遂げたわけである。以後、彼は工部省少輔、東京府知事というように政府の顕職を務めていくことになる。

同時に、「三十六会長」への本格的な歩みもこの時始まった。同年八月、彼は統計協会の会長に復する。これに先立ち、二月に同会は特別会員のポストを設け、渡邉は杉亨二とともにその座に就いた。渡邉の会長への復任は、協会にとって願ってやまないことだったであろう。なお、渡邉は明治十七年

（一八八四）一月に会長に再選された際には、名誉会員に推されている。『統計集誌』の記事によれば、渡邉は「名誉会員タルノ功績ナキヲ述ラレテ之ヲ辞セラル」も、「衆員ニ向テ同君ヲ名誉会員トナスノ可否ヲ問フニ満場一致之ヲ可決セリ」（第二九号、三五頁）と伝えられている。この名誉会員の地位は、功成り名遂げた政治家を迎えるために特別に設けられたという意味合いがあった。この時も、渡邉のほか、大隈重信が推挙されている。統計協会のなかで、いかに渡邉が重きをなしていたかがうかがえるのである。

渡邉が会長に戻る前後から、統計協会はその活動を活発化させる。五月から山田顕義、松方正義、井上馨など政府の要人クラスが名誉会員として続々と入会し、政府の関係機関との連携も密となっていく。十二月には、宮内省から金五百円が下賜された。名称もこの頃から、「東京統計協会」へと改称されている。

五月に始まった政府系要人の入会であるが、その実況を『統計集誌』は次のように伝える。

> 五月ニ至リ在朝ノ貴紳陸続本会ニ加入アリ。山田顕義、松方正義、細川潤次郎、鳥尾小弥太、田中不二麿、土方久元ノ諸君皆ナ本会ノ名誉会員トナリ、翌月井上馨君亦同ク名誉会員ト為リ。此他貴紳学士ノ入会スル者益多キヲ加へ、本会ノ名ヲシテ愈社会ニ重カラシメ、之レカ為メ大ニ江湖ノ望ヲ属スル所ナリ、（中略）統計院内務省地理局戸籍局統計課文部省其他本会諸君ヨリ数多ノ統計書ヲ寄贈セラレタリ。
>
> （『統計集誌』第十六号、二七一—二七二頁）

郵便はがき

料金受取人払郵便

山科局
承認

1244

差出有効期間
平成29年8月
20日まで

6078790

(受取人)
京都市山科区
日ノ岡堤谷町1番地

㈱ミネルヴァ書房
ミネルヴァ日本評伝選編集部 行

◆以下のアンケートにお答え下さい。

* お求めの書店名

__________市区町村________________書店

* この本をどのようにしてお知りになりましたか？ 以下の中から選び、3つまで○をお付け下さい。

A.広告(　　　　)を見て　B.店頭で見て　C.知人・友人の薦め
D.図書館で借りて　E.ミネルヴァ書房図書目録　F.ミネルヴァ通信
G.書評(　　　　)を見て　H.講演会など　I.テレビ・ラジオ
J.出版ダイジェスト　K.これから出る本　L.他の本を読んで
M.DM　N.ホームページ(　　　　　　　　)を見て
O.書店の案内で　P.その他(　　　　　　　　　　)

＊新刊案内（DM）不要の方は×をつけて下さい。 □

ミネルヴァ日本評伝選愛読者カード

書 名　お買上の本のタイトルをご記入下さい。

◆上記の本に関するご感想、またはご意見・ご希望などをお書き下さい。
「ミネルヴァ通信」での採用分には図書券を贈呈いたします。

◆あなたがこの本を購入された理由に○をお付け下さい。(いくつでも可)
A.人物に興味・関心がある　B.著者のファン　C.時代に興味・関心がある
D.分野(ex. 芸術、政治)に興味・関心がある　E.評伝に興味・関心がある
F.その他（　　　　　　　　　　　　　　　　　　　　　　　　　　）

◆今後、とりあげてほしい人物・執筆してほしい著者(できればその理由も)

〒 ご住所	Tel　（　　　　）	
お名前《ふりがな》	年齢 歳	性別 男・女
ご職業・学校名 (所属・専門)		
Eメール		

ミネルヴァ書房ホームページ　http://www.minervashobo.co.jp/

「貴紳」を束ねるとは、東京地学協会の焼き直しとも見なし得る。ちなみに、これと前後して鹿鳴館内にまさに貴顕の士の集まりとして東京倶楽部なる組織が設けられた。会頭に北白川宮能久親王を仰ぐこの紳士的社交クラブの発起人にも渡邉は名を連ね、副会頭となっている（この点、東京倶楽部の部活史では、創設時の理事職について、「Vice President H. Watanabe とあり、同氏が理事職をされたものと思料される」とされていて（『東京倶楽部：二〇〇四』二八〇頁）、渡邉洪基とは認識されていない）。

実学の推進

さて、政界官界の有力者を勧誘することは、渡邉がかねて主張していた実学路線の推進という面もあった。渡邉は、会長就任後すぐに東京統計協会の例会運営要領を策定している（『史料』二一―一―九。『統計集誌』第十三号、一九三頁）。策定の眼目は、「本会通常事務ノ外、統計上説明ス可キ問題ヲ提出シテ之ヲ審議討論スヘシ」とあるように、統計上の重要問題について審議討論の場を設けることであった。渡邉は、現実の問題について討議することで得られた知見を政策形成に用立てるチャンネルとして統計協会を定礎しようとしていたと考えられる。そのような実学路線の一環として、明治十七年四月には、「人員調査ノ実施方法ヲ調製スルコト」が発議のうえ議決された（『統計集誌』第五五号、九五頁）。協会の初期の活動の念願だった国勢調査の実現へ向けての調査の提言である。これを受けて、協会は調査委員会を立ち上げ、その結果は明治十九年三月二二日に渡邉から統計局へ提出された。

萬年会の糖蔗集談会で試みられたシンクタンク的活動の再現といってよい。その更なる発展として、後に渡邉が国家学会を立ち上げることをわれわれはやがて知るだろう。

地学協会会館の盛況

本来の「貴顕の会」、東京地学協会ではどうだったか。漫遊中は同会幹事としての役は他に委ねていた渡邉だったが、東京に帰還してから再び会の切り盛りに活躍する。この時期において特筆されるのは、明治十五年八月に京橋区西紺屋町十九番地に土地建物を購入したことである。その建物は、地学協会会館と名づけられ、同会の例会などはそこで催されることになる。東京地学協会は今日でも東京都千代田区に地学会館の名称のビルを所有しているが、その前身である。

地学協会会館（京橋区西紺屋町，1917年改築時の写真）（東京地学協会発行『地学雑誌』第29巻第２号，1917年より）

新築なった会館において、協会はいよいよその活動を活発化させるはずであった。しかし、あにはからんや、明治十七年の年次会において開会の挨拶を述べた副会長の鍋島直大は、次のように会の停滞を嘆いている。

遺憾ナルハ平日文庫ニ来観スル者ハ固ヨリ論ナク、僅ニ月一回ノ例会ニ於ケルモ此堂ニ相見ル者甚タ少ナク、其所謂有志中ノ最タル役員中ニ於ケルモ幹事数名ノ外、副会長議員ニ至ル迄相会スル者極メテ少ナシ。蓋シ世事繁忙自ラ講学ノ暇ナキノ致所ナラント雖トモ此時ニ際シ此会ヲ興ス素志ニ対シ亦強ムル所ナクンハアラサルナリ。

（「東京地学協会第五年会記事」『東京地学協会報告』八〔復刻版〕、三九六頁）

貴顕の士は日常何かと忙しく、悠長に講演を開く暇などなく、副会長はじめ役員ですら例会に顔出す者が少ないと憂えている。こう述べた本人が、「予モ亦前期間ノ如キ常ニ止ムナキノ事故ニ遇ヒテ其思フ所ヲ果サヽル者屢々ナリシハ実ニ遺憾ニ堪ヘサル所ナリ」（同右、三九六頁）と言っているのだから、世話はない。確かにこの時期の例会参加者数は軒並み二十名に満たない程度である。貴顕の会のディレッタンティズムは、その限界を露呈しつつあったのである。

もっとも、協会自体の活動は低調になっていったとはいえ、その拠点である地学協会会館では東京地学協会以外の各種団体の会合が挙行され、活況を呈した。そのうちの多くは渡邉の息のかかったものだったことが指摘できる。地学協会会館は、さながら渡邉御殿の様相だったと評し得るのである。

以上のほかにも、渡邉は新旧様々な会の運営に関わっていく。萬年会では前章でも触れたように、周遊から帰還後に直ちにその成果を報告している。また、明治十五年十一月には興亜会の副会長の座に復している。かねてからゆかりのあったこれらの会で再び活躍の場を得ると同時に、新たな団体の設立や運営にも彼はタッチする。その主なものとして、大日本私立衛生会と工学会が挙げられる。いずれも日本公衆衛生協会、日本工学会として今日まで続く団体の濫觴《らんしょう》である。大日本私立衛生会については、明治十六年五月に創設された際に渡邉は発起人の一人として参画していた。工学会については、十七年一月十七日に大鳥圭介の後任として副会長に選出されている。以下、工学会について若干記しておこう。

工学会副会長となる

工学会は、明治十年（一八七七）に工部省に開設された工部大学校の卒業生の親睦組織として、明治十二年に創立された。当初はまさに卒業生同士の交流を目的とした集まりだったが、工業上の知見を広く世間に発信することを掲げて、明治十四年十一月には機関誌『工学叢誌』が公刊された。同誌の創刊自体は前年六月だったが、「今ヤ天下工業大ニ進歩シ、会運モ亦大ニ振フニ至レリ。是レ決シテ小成ニ安ンスヘキノ時ニアラサルナリ」（『工学叢誌』第四巻、一九六頁）として、単に会員に配布されるだけの会報の域を越えて、広く江湖に会の活動を問うこととなったのである。

渡邉が工学会と関係をもったのは、明治十六年一月をもって嚆矢とする。この時、彼は同会の客員として迎えられた（『工学叢誌』第十五巻、四八頁）。注目すべきは、これと軌を一にして会の規則が改正され、会長・副会長に正会員のみならず客員からも選出可能とされたことである。渡邉は副会長候補として入会したのではないかと勘繰りたくなる。この年の六月からは、月ごとの例会も地学協会会館にて挙行されることになった（『工学叢誌』第二一巻、三六三頁）。渡邉色の浸透が始まっていたのである。そのような地均しを経て、彼は翌年一月より工学会副会長の座に就いたのだった。

渡邉は明治二四年（一八九一）に榎本武揚に副会長のポストを譲るまでの七年間、その地位にあった。この期間は工学会にとってその活動の開花期だったといえる。それまでの工部大学校の同窓会的内輪の集まりから脱し、社会に開かれた学術団体として自らを位置づけなおそうとしていた。会員数

も この頃飛躍的に増加している。渡邉が客員として入会した明治十六年には二〇六名だったが、二年後の明治十八年には五〇一名となり、彼が副会長を退いた年には一四一八名を数えていた（『日本工学会』一九七九」）。

「三十六会長」への歩み

このような会員数の激増に伴い、会の社会的性格も変容を余儀なくされたのだった。そのひとつの表れとして、機関誌名の変更があった。それまでの『工学叢誌』はやや座りが悪いとして、渡邉を中心に誌名変更の審議がなされ、『工学会誌』と改称された（『工学叢誌』第三一巻、二五三頁以下）。

このようにして、工学会は社会的に開かれた団体としてその性格を変えていった。そして、渡邉はそのシンボルのようなものとして副会長に迎えられたのだといえる。否、その働きには単なるシンボルにとどまらないものがあった。彼は積極的に学会運営の会議に加わり、また例会報告の質疑にも加わっている。その姿からは、これまでに彼が関わった団体での運営手腕が広く一般に知れ渡っていたことが見て取れるのである。

事実、これらのほかにも、彼はこの時期に東洋絵画会なる美術家の団体においても名誉会員に迎えられている（明治十八年一月。『東洋絵画叢誌』第五集、二二頁）。渡邉は『東洋絵画叢誌』の巻頭言も著しており（第五集）、その存在がいかに重きをなしていたかが偲ばれるのである。ちなみに、東洋絵画会は読んで字の如く「東洋絵画」、それも日本画の振興を趣旨として設立されたものだったが、後に渡邉は洋画家を中心として明治美術会が結成された時も、乞われて会頭に就任している（明治二二年七月）。

このように、「三十六会長」への彼の歩みは、すでに確然としていた。

2　工部省に入る

工部少輔となる

渡邉が工学会副会長の座に就いた半年後の明治十七年（一八八四）七月、彼は工部少輔に任じられた。政府高官への大抜擢である。工学会副会長への就任が工部省での就官を見越してのものだったのか、それとも工学会での手腕が買われて工部省への入省が実現したのか詳らかにできないが、いずれにせよ彼は就任早々、工部省の組織改編に向けて積極的な動きを見せる。渡邉の在任期間は、翌年六月に東京府知事へと転任するまでの一年に満たないものであったが、彼は工部省の延命に向けて精力的に働いた。

ここで、渡邉入省時の工部省の置かれていた状況について解説しておく必要がある。工部省は、殖産興業推進のため明治三年（一八七〇）に設置された。官業として鉄道や工場などの各種の事業を興し、また工部大学校という技術者養成のための教育機関を開設して、西洋の工業技術の導入と普及を使命としていた。しかしこの頃、同省はその存在意義の見直しを余儀なくされていた。それは、政府が各種の工業を自ら立ち上げ勧奨する時世ではなくなり、民業への移管がむしろ世の趨勢となってきたからである。すなわち、明治十三年十一月に出された工場払下概則によって、政府によって設立経営されてきた官業事業の民間への払下げが政策方針として打ち出される。それは、官主導の開発主義から民業奨励への殖産興業政策の転換に他ならない。そのような事態の展開を受けて、工部省は、リストラを進めながらその存続を図る必要に迫られていたのである。

時の工部卿佐佐木高行は、明治十六年十二月、工部省改革のための意見書をとりまとめている（「工部省ノ事務ヲ釐正改良スルノ意見書」『保古飛呂比』第十二巻、二四四―二五〇頁）。佐佐木の提言は、土木事業を管轄する省庁として工部省を建て直そうというものである。創設以来、工部省は鉄道事業を別にすれば、手当たり次第に様々な事業に手を出し、その「本務」は何かと問われても答えられない体であるが、西洋各国ではみな土木をもってその管掌としているので、わが国もそれに倣って工部省を改組すべきだとされる。

当時、土木事業は内務省の所管とされていた。佐佐木の提言は、したがって、それを内務省から工部省へ移管させることを訴えるものだった。そのようにして土木工事を主軸として、鉄路・道路・運河・堤防・海港の新設整備を行う機関として、工部省を位置づけ直すことが佐佐木の企図だった。佐佐木は、日本は家屋・建築・服制などで巧みに欧風を模倣しているが、前記のような人やモノの輸送インフラについては完備からほど遠く、「本邦ノ所謂文明ナルモノハ、只皮相ヲ装飾スルニ止マ」るとの来日欧州人の見方を引きながら、その是正を訴えている。

「工部省職務整理之議」　この佐佐木意見書から半年後に入省した渡邉は、佐佐木の構想を受けてそれをさらに練り上げる任を帯びていたものと推察される。明治十七年十月、渡邉は「工部省職務整理之議」と題した建言書を取りまとめ、それは佐佐木を通じて三条実美太政大臣に提出された（『公文別録』アジア歴史資料センター、A03022937500）。佐佐木は渡邉意見書を三条に献じるに際して、「曩に本官工部省事務整理ノ事項ニ就テ開陳スル所アリシカ、頃者渡邉洪基工部少輔ノ任ヲ受ルニ当リテ其生平《ママ》〔平生？〕ノ議論ニ参スルニ受任以来ノ見聞ヲ併セ以テ今復タ別冊ノ議案ヲ奉ツルニ到リシナリ。其擬議スル所ハ固リ本官ノ同意スル所」と附している。渡邉に対する全幅の信頼がうかがえるのである。

渡邉の建言は、まさに前年の佐佐木意見書の趣旨に沿ったものである。まずそこでは、工場や鉱山など各種事業の払下げという事態の推移を受けて、「本省従来ノ精神ヲ一変シテ」、省務の縮減という大鉈を振るうことが不可避と率直に表明されている。渡邉は、今後工部省が管掌すべきは以下のものだという。それは、①道路橋梁、②川溝灌漑、③海港燈台、④鉄道、⑤鉱山、⑥営繕、⑦工部大学校の七件である。

道路、鉄道、河川灌漑、海運といった運輸流通の問題が特記されているのは、佐佐木意見書に倣ったものと見なし得るかもしれないが、ここでは明治十四年の国内周遊の成果という面に留意したい。既述のように、日本の隅々を見て回った渡邉は、各地で細々と産出されている農産物や軽工業製品の振興のために、全国を結ぶ交通網の整備を急務と想到していた。工部省に身を置くことによって、彼はこの目的にかなうように組織を再編しようとしたのである。期せずして、佐佐木は自らの改革構想を代弁してくれる右腕を見出したのだといえる。

った。そのような〝運輸行政〟という問題意識は、彼の短い工部省時代を貫くものだった。この年の十一月三十日、渡邉は「兵庫造船局並兵庫岡山両県下鉱山及滋賀三重愛知敦賀等ノ鉄道線路巡回ヲ命セラレ」（『工部省沿革報告』三五頁）、出張の途に就いた。約一ヶ月の間、政府の管掌する造船所や鉱山、鉄道の実情を視察するために再び中部・西日本を回る旅に出たのである。

当時の工部省の置かれていた状況から鑑みて、この視察の目的が官業の払下げのためのものだったことは疑いを入れない。造船所や鉱山の実態を報告することで、それらの民間への売却に弾みをつける目的があったのであろう。

鉄道敷設のために

その一方で、この出張にはもうひとつの狙いがあった。それは、工部省の主導で鉄道網のさらなる充実をもたらすということである。渡邉が帰京後に作成した復命書の草稿が残っている（『史料』五三—六）。そのなかでは、中山道鉄道を延長して名古屋熱田にまで連結させ、もって名古屋大阪をつなげることが肝要と説かれている。名古屋は「儼然タル一都府ニシテ商況繁盛衆民輻湊ノ地」であり、両者を結ぶことは、国防上も大きな意義をもつことが指摘される（「名古屋大坂両鎮台ノ間鉄路相通スルノ便ヲ開ラキ国家事アルノ日東西相応シ緩急相救フノ用ニ供スルノ便甚大ナリ」）。

また、敦賀については北海の良港であり、鉄道の敷設によってより一層の便益が本来見込めるが、「従来僻地人民固陋ニ安ンシ一般不振ノ状況ヲ呈シ、鉄道ニ托スルノ旅客貨物未タ其予期スル所ニ至ラス」と記され、住民の間に鉄道を引くことによって産品の輸送を促進して産業を振興させるという志気に乏しいことが慨嘆されており、これに対して彦根においては、湖東鉄道会社設立の気運が盛り上がっており、それは現時点では火急的必要性は認められないが、「当地方ノ民情旧時ノ慣例ニ安ンシ他ニ顧ミサル者奮発シテ此企ヲ為スハ著シキ進歩ト云フヘシ」と好意的に報告されている。ここに端無くも、渡邉の工部省改革の眼目が、あくまで民力の拡充のための官による助成にあったことがうかがえる。工部省ありきの延命策とは異なる思慮があったことが指摘できるのである。

そのことは、この出張での印象を原敬に伝える手紙からもうかがえる。彼は次のように書き送っている。

益地方之貧弱ニハ驚申候。日本人は敵愾之気象ハ今日韓事起ると聞けは直ニ奮進致候得共、実力ハ実に可愧物ニ御坐候。此気力ニシテ今少シ金ガアラハナーと存候。

（明治十八年一月十二日付原敬宛書簡『原敬文書』第三巻、五一八頁）

渡邉は、地方の貧弱を憂えている。その貧弱さとは、気力と財力の双方に起因していた。経済生活からかけ離れた空疎なナショナリズムとその土地の産業発展に適したかたちでの資金の投下がなされていないということが、地方の疲弊を招いていると見なされた。官がその地方の実情に適したかたちで金を分配し、民の気力が実業へと注ぎ込まれること。そのための要具として、渡邉は工部省を改革しようとしていたのだと考えられる。

工部大学校

渡邉の工部省改革のもうひとつの柱は、学理と実務の結合である。この関連で注目すべきは、工部大学校の性格づけである。彼はそれを次のように規定している。

大学ハ則チ学理ノ蘊奥ヲ極メ、其学理ノ用ヲ拡張シ以テ社会ニ益スル者ナリ。其学理ノ成ヲ仰キ各業ノ専門ニ就キテ之ヲ適用シ兼ネテ実業ニ従事スルノ志想ヲ養成シ、直チニ取リテ国家ノ経済ヲ利スルニハ別ニ其学校ヲ設ケサル可カラス。工部大学校其一ナリ。（「工部省職務整理之議」）

ここでは高等教育が二段階において捉えられている。まずは大学であり、そこでは何よりも「学理ノ蘊奥ヲ極メ」ることが主眼とされる。そしてそのうえで、その学理を実業に応用するための学校が別途必要とされる。それが工部大学校の役割であり、学理と実業を結合する場でそれはあるべきなのである。渡邉によれば、「仏蘭西独逸墺地利ノ工芸学校（エコールポリテクニック）ニ於ケルカ如ク、学術ノ程度ヲ高尚ニシ其実用ノ地ニ密接セシメ、学術ト実地ト共ニ進メテ遂ニ本邦学術上独立ノ基礎ヲ建ツヘ」きことが、工科系の高等教育機関である工部大学校には何よりも求められた。

学術と実地との結合という工部大学校の理念が、彼のなかでいかに重要視されていたかは、翌年の明治十八年五月に三条太政大臣に改めて提出されたもう一通の建言書に表れている（『三条家文書』書類の部、四三―二六、『明治建白書集成』第八巻、六九―七〇頁）。この建言書は、内務省や農商務省への工部省事務の編入の動きに抗議し、工部省の存続を訴えたものであるが、そのなかで工部大学校についても次のように述べられている。

工部大学校ヲ文部省ニ属スルカ如キハ、其学理ニ走セ易キト実学ニ傾クノ勢、所謂居ハ気ヲ移ス如キ性情如何ヲ監ルニアリテ、文部ニ属スルト云フモ一理ナキニ非ラサルモ、既往ノ実験ニ依レハ学生ノ心ヲシテ常ニ実際ヲ離レサラシムルカ為ニハ其学ヲ実際ニ施スノ省局ニ属スルヲ可トスル所以ナリ。

この時、工部省が管掌する事務の内務省や農商務省への移管にあわせて、工部大学校の文部省への再編も考慮されていた。渡邉はそれに異を唱えている。学生の心を常に実際に即したものとすべきである。そのためには、その学を実際に適用する省庁に大学を帰属させるのが良い。このように論じて、渡邉は工部大学校を文部省に移しては、学理偏重で実学性を失う恐れがあると警鐘を鳴らしている。

渡邉の異議は受け入れられなかった。三条への建白も空しく、工部省はこの年十二月の内閣制度発足に伴い廃止され、工部大学校は文部省へと移管された。しかしこれは、渡邉が危惧する工学教育の学理偏重への転換だったのだろうか。翌明治十九年三月には、文部省のもとへ他の諸省に分散されていた高等教育機関が統合され、帝国大学が誕生している。工部大学校も帝国大学内に工科大学として組み換えられた。文部省主導の高等教育体制＝帝国大学体制の成立だが、その初代総長に就いたのが、誰あろう渡邉洪基だった。いまようやくわれわれは、渡邉による帝国大学体制の指導を問うべき地点に来たのである。

3　帝国大学の創設

帝国大学と明治十四年の政変

帝国大学は、明治十九年（一八八六）三月一日に制定された帝国大学令に基づき創設された。その第一条は、「帝国大学ハ国家ノ須要ニ応スル学術技芸ヲ教授シ及其蘊奥ヲ攷究スルヲ以テ目的トス」と規定している。「国家ノ須要ニ応スル」と謳われ、「帝国」とにぎにぎしく冠せられた大学の成立には、どのような経緯があったのだろうか。この点を明らかにするには、ここで今一度明治十四年の政変に立ち返る必要がある。

帝国大学の創設は、明治十四年の政変に起因する。そう書くと、歴史に造詣のある読者は怪訝に思われるのではないか。明治十四年の政変とは、大隈重信のイギリス風議会政治に範をとった憲法意見書に端を発するもので、その急進的内容から自由民権派との密通を疑われた大隈が、開拓使官有物払下げ問題漏洩の嫌疑をかけられ、藩閥政府から追放された事件であり、その一連の過程のどこに大学問題の絡む余地があるのか、と。しかし、この事件の一方の雄、伊藤博文はこの政変を機にして大学改革の必要性に開眼し、それがやがては帝国大学の設立につながっていくのである。伊藤博文と大学という取り合わせも奇異に響くかもしれない。本節ではいささか迂遠ながら、明治十四年政変後に伊藤が想到していた大学問題について詳しく論じ、帝大総長として渡邉が登場する背景を理解しておきたい。

明治十四年の政変とは、国家建築の「準拠理論」、「模範国」（[山室：一九八四]）を巡る闘争だった。すでに幾度も指摘したように、大隈重信はイギリスの議会政治に準拠した抜本的な国制改革の構想をとりまとめ、それを天皇に密奏しようとした。この時、民間での私擬憲法草案が続々と発表されるのに突き動かされるかたちで、参議一同は憲法制定についての意見書を作成して提出することを大臣から求められていた。そのなかでも大隈の意見書は、翌年の憲法公布、そしてさらに二年後の議会開設という時期的な急進性もさることながら、議会の多数党が内閣を組織するという政党内閣制を唱道し、それに合わせて政府組織の全面的な作り変えを要請するもので、これが岩倉を通じて他の参議の知るところとなった時、政府内を慄然とせしむるに足るものだった。

大隈一派の追放　ここに来て参議たちの大隈への猜疑心は俄然高まることになるが、そのもうひとつの要因となっていたのが、彼の肝煎りで設けられた統計院という部署である。大隈はこの統計院を中心にして政府内に優秀な青年知識人を手引きしていった。いまその名を列挙すれば、矢野文雄（統計院幹事兼太政官大書記官）、牛場卓造（統計院少書記官）、犬養毅（統計院権少書記官）、尾崎行雄（同左）、中上川彦次郎（外務権大書記官）、小野梓（一等検査官）、島田三郎（文部権大書記官）といった人々である。

これらの若き俊秀知識人は、殆どが福澤諭吉の慶應義塾で学び、新聞記者として政論に健筆を振るっていたところを大隈の斡旋で仕官したという経歴をもつ。イギリス流政党政治の導入を考えていた大隈は、その地ならしとして、慶應義塾出身の青年書生を自分の構想を実現するためのスタッフとして活用しようとしていた。尾崎行雄によれば、彼は統計院に出仕した頃、大隈の腹心矢野文雄から、「時勢の進運に促されて、内閣にも国会開設論が起り、大隈参議などは、明治十六年を期して国会を開く希望で、既にその準備に着手した。国会が開かれゝば、国務の説明をさせる政府委員が、多数必要であるから、今の内に民間の人材を抜擢して政府に入れ、二年間政務の練習をさせることになった」（[尾崎：一九四八] 五六頁）と聞かされた。大隈の急進的憲法構想に驚愕した政府が、大隈のもとへの知識人の結集にも疑惑を強めていったのは当然であろう。そのことは、時の太政大臣三条実美が岩倉具視に対して、「大隈氏建言已来専ラ福澤党之気脈内部ニ侵入之事ニ至テハ一同憤激之模様ニ有之候」（明治十四年九月六日付岩倉宛書簡『岩倉公実記』下、七五三頁）と書き送っていることが物語っている。大隈とその一派は、明治政府内における獅子身中の虫として意識されていたといってよい。

したがって、明治十四年十月十二日に大隈が更迭された時、彼は独り野に放たれたのではなかった。彼とともに、大隈の配下にあると見なされた少壮官僚たちが挙って政府を追われたのである。それはまた同時に、イギリス的立憲政治の構想を政府内から一掃し、岩倉が井上毅の手を借りて練り上げたプロイセン流立憲君主制の牙城へと明治藩閥政府が化した瞬間でもあった。明治国家の模範国はプロイセン、その準拠理論は君主権主体の欽定憲法体制となったのである。

政党と学校

このようにして、大隈の追放と政府内イデオロギーの確立が見られたが、それは問題の解消を意味するものではなかった。むしろ、大隈一派はより奔放に自分たちの政治構想を実現するためのメカニズムの構築に乗り出していく。そのメカニズムとは、政党と学校である。大隈は、立憲改進党と東京専門学校を設立し、公然と政府との対決色を強めていくことになるのである。そこで企図されていたのは、私立学校で政治的人材を養成し、それを政党にリクルートしていくというシステムに他ならない。例えば、大隈の懐刀小野梓の東京専門学校における講義は次のようなものであったという。

小野先生の講義は丸で政治演説のやうだ。財政の原理などはそち除けで、盛んに政談をせられる。かういふ風にして、学生の気風を政治弁論に導かれたのは実に非常なものである。〔中略〕全校の生徒約二百人は、総て是れ年少気鋭の政治家であつた。（[早稲田大学：一九七八] 四七四頁）

これは、反政府勢力の再生産装置に他ならない。大隈のこのような動きは、政府側をおののかせるに十分だった。後述するが、十四年政変の後、伊藤は憲法調査のため欧州へ旅立った。渡欧中の伊藤のもとには、日本の政治動静を伝える頻繁な通信が送られていたが、その一つの大きな柱をなすのが、大隈の大学設立に関する動向だった。山県有朋が、改進党の「計画する所の順序は第一華族を団聚して立党の源を深ふし、第二早稲田の学校に於て遊説派出の人物を養成し、第三大に延して天下の豪商、豪農を団結し、以て政府に迫らんとするものに有之哉に被察候。〔中略〕〔同党は〕将来随分政治上に於て可恐党派を形成するに至るやも難測と存候」（明治十五年六月十五日付『伊藤文書』八、一〇五―一〇六頁）と報じているのをはじめとして、「大隈わせ田の学校は民権研究所の如く」し（明治十五年十二月六日付伊藤宛中井弘書簡『伊藤文書』六、二六七頁）、とか「改進党は頗更張、河野は修進社を盛にして法律者流を勧誘し、大隈は如別紙学校を創立し、孜々尽力して党勢を熾盛ならしめんとす」（明治十五年十一月十七日付伊藤宛柳原前光書簡『伊藤文書』八、五四頁）といった知らせが繰り返し伊藤のもとに届けられていた。政府は在野の反政府勢力の制度化の動きに戦々兢々としていたのである。

伊藤博文と大学

さて、日本を留守にしていた伊藤は、このような知らせを受け取って何を考えていただろうか。大隈による青年知識人の育成システム構築に最も焦慮の念を深めていたのが他ならぬ伊藤だったと考えられる。「明治二年の「国是綱目」以来、一貫している伊藤博文の考え方は、近代統一国家、法治国家としての機構、組織の確立と、その中における教育行政、学校制度のありようをいかにすればよいか、またそのような国家に相応しい人間をつくるには、どのような教育が適当であるかという」（［土屋：一九六八］二七四頁）ものだったと指摘されるように、伊藤は国家の基礎としての教育と知識の問題を人一倍重視していた政治家だったのである。「国是綱目」とは俗称「兵庫論」とも呼ばれ、伊藤が兵庫県初代知事の時に建策した国制改革の建言書であり、いち早く版籍奉還の案が示されていることで知られる。しかし、それにとどまらず、その建言のなかには新国家のビジョンが幅広く書きとめられており、教育の問題についても、「速ニ人々ヲシテ弘ク世界有用ノ学業ヲ受ケシメ」、そのために「新ニ大学校ヲ設ケ、旧来ノ学風ヲ一変セザル可ラズ」と記されていた（『伊藤博文伝』上巻、四二三頁）。伊藤にとって、新しい国家は「世界有用ノ学業」を修めた新しい人間によって担われるべきものだったのであり、そのための知の機関としての「大学校」の設立は、彼が抱懐していたことだった。

大隈の大学計画は、それ故に伊藤にとって大きな脅威であった。大隈は言わば、伊藤のお株を奪うかたちで知識人の糾合と養成に着手したのである。だが、それればかりではない。両者の間には、知識人の「質」をめぐる見解の相違も介在していた。大隈のもとに集い、彼が育成していこうとしたのは、言ってみれば「政談的知識人」である。そのことは先に引用した、東京専門学校における小野の講義風景の描写が端的に物語っている。これに対して伊藤が念頭に置いていたのは、「科学的知識人」だった。そしてこの「科学」によって、「政談」を克服することこそ伊藤の最大の関心事だったのである。そのことは、明治十二年に彼が作成した「教育議」からうかがえる。すでに引用した一節だが、伊藤はそのなかで政談の徒が過多となる弊害を矯正するために、「宜シク工芸技術百科ノ学ヲ広メ、子弟タル者ヲシテ、高等ノ学ニ就カント欲スル者ハ、専ラ実用ヲ期」すべきだと説いていた。ここで伊藤は、維新後の不平士族や欧米過激思想の台頭に対処するためには高等教育の再編成が不可避であると論じ、そのために科学による政談の「暗消」を唱えているのである。

新進知識人の脅威

しかし伊藤の提議とは裏腹に、事態は深刻の度を増していく。「教育議」のなかで、伊藤は「政談ノ徒都鄙ニ充ツル」とも述べて憂慮しているが、そのような状況は、大隈の手引きもあって、明治十四年に入ると政府の内にも浸食していったのである。伊藤はこの時期、「今日生意気ノ書記官等、頗ル急進論等ヲ以テ差迫ル事時々アリ」（『保古飛呂比』第十巻、一〇五頁）と苦言を漏らしている。

そのような伊藤が政府の他のリーダーたち以上に、政変後の大隈の東京専門学校の動きに神経を尖らせていたことは想像に難くない。伊藤は欧州に発つ直前の明治十五年二月に再度、井上毅に教育改革のための建議書を作成させている。そこでは、「教育ノ政治ニ於ケル、密切ノ関係ヲ有シ、人心ヲ冥々ノ間ニ誘導スルコト、形影相応スルカ如シ」と彼の信念が改めて表明され、「私塾私社ハ、則概ネ変則ヲ主トシ、常則ニ拘ラズ、活発敏捷ニシテ、速成ニ便ナル者アルヲ以テ、年少（稍々才気アル者）、往々此レヲ去テ彼レニ就クコトヲ致スナリ、今ノ勢ニ由ルトキハ、中学ノ設ハ、却テ七年ノ艾タル者ノ如シ（（　）内、後に抹消）」（『井上毅伝』史料篇第六、一二二頁）として、勃興する私学勢力に対処するための策が模索されている。

さらに付け加えれば、伊藤には焦眉の種がもうひとつあった。政変によって、憲法を二年後に制定するとの大隈の急進論は排されたが、同時に国会開設の勅諭が出され、明治二三年を期して立憲政治を布くことが宣明された。伊藤にとってみれば、それまでに大隈や福澤に代表される民権派を凌駕し得るような立憲政治家としての素養を積む必要に迫られたのである。そして、ここにおいても伊藤が直面していたのは知識人の問題であった。既述のように、十四年政変は、国家構想の覇権争いという性格をもつが、つとに指摘されているが如く、そこでの真の主役は伊藤や大隈ではなく、井上毅であり、小野梓であった。彼らのような西欧の国家論・政治理論を身につけた知識人の台頭を前にして伊藤は、自己の権力の安定とリーダーシップの強化のためにも、これら新興知識人をしのぐほどに立憲政治について把握しておく必要を感じていたと考えられる。木村毅が述べているように、「憲法調査のころの伊藤博文の最大の心配と煩悶は、新しい学問をして、大学を卒業してくる新知識に、どうして対抗してゆこうかということであった」（[木村：一九六四] 一六九頁）と見て間違いはない。

伊藤、欧州に発つ

そのことは、政府の外についてだけ当てはまるものではなかった。伊藤は、政府内部の知識人の台頭にも心を砕かねばならなかった。確かにこの頃、政府側にはすでにプロイセン型立憲君主制を知悉し、それを唱道していた知恵者井上毅がいた。彼こそが大隈の急進論を破砕し、伊藤を勧説して憲法起草の任に当たらしめた政府のイデオローグである。しかし、井上の存在は伊藤にとって決して安心できるものばかりではなかった。というのも、井上はしばしば伊藤の頭越しに行動し、岩倉や井上馨を動かして自己の抱くプロイセン流憲法構想へ向けて政府全体をシフトさせていっていたからである。伊藤に対しても、彼は井上馨に取り入り、その口を通じて元老院改革に固執する伊藤の憲法観を批判させ、「早ク独乙之憲法ニ習」うよう督促している。井上毅の陰での働きによって、伊藤は彼のプロイセン型憲法構想実現のための先兵に祭り上げられようとしていた（[坂本：一九九一]）。小野をはじめとする在野の理論家のみならず、体制内の井上のような知識人の政治的突出にも伊藤は対処しなければならなかったのである。彼らをはじめとする知識人を馴化し、自己の権力を支える知のシステムを確立すること。政変後の伊藤の懸案とはそのようなものだったと推察される。

以上のように、伊藤には、大隈―小野ラインのみならず、岩倉―井上ラインの憲法構想をも克服しなければならないという個人的要請があった。二つのラインからの挟撃を乗り越え、立憲制への第三の道を追求するに当たっては、日本に留まっていたのでは埒があかない。台頭する政治的知識人に対抗し、独自の立憲国家のビジョンを獲得するには、日本をいったん離れ、いち早くドイツを訪れて彼の地の国家論を学ぶ必要があった。その思いを胸に、伊藤は政変後の日本を後にし、「憲法」調査の名目でヨーロッパへと渡ることになる。そして、外遊先のウィーンで、伊藤は願ってもない啓示を与えられることになるのである。

シュタインとの邂逅

明治十五年三月十四日に横浜を出航した伊藤の一行は、五月五日にナポリの地を踏んだ。一年余りに及ぶ憲法調査の始まりである（調査の具体的な経緯について、［瀧井：一九九九］第五章「伊藤博文の滞欧憲法調査」を参照）。まず一行はドイツ帝国の首都ベルリンを目指した。しかし、そこでの成果は当初芳しいものではなかった。頼みとしていたベルリン大学の憲法学教授ルドルフ・フォン・グナイスト（Rudolf von Gneist）は非協力的で、彼の弟子アルバート・モッセ（Albert Mosse）によるプロイセン憲法の逐条的講義は伊藤の趣向にかなうものではなかった。ベルリンで伊藤は悶々と日々を送っていた。

憲法調査時の伊藤博文
（『伊藤博文伝』より）

伊藤の愁眉が開かれるのは、ベルリンの授業が

ローレンツ・フォン・シュタイン
(『ドイツ国家学と明治国制』より)

夏季休暇に入った八月に訪れたウィーンにおいてである。その地で、彼はウィーン大学の国家学教授ローレンツ・フォン・シュタイン(Lorenz von Stein)と邂逅した。シュタインは伊藤を歓待した。ウィーンの日本公使館に出入りし、横浜で発行されていた英字新聞を閲読していたシュタインは、福澤諭吉と文通するなど日本に大きな関心をもっていた。

伊藤を満足させたのは、そのようなシュタインの親日的な姿勢のみではない。シュタインを通じて、伊藤は憲法制定について大きな確信を得ることができた。それは、憲法の中身についてではなく、憲法を成り立たせるためのより包括的な国家の構造についてのものである。

すでにシュタインと会った直後の八月十一日、岩倉宛の書簡で伊藤は、「実に英、米、仏の自由過激論者の著述而已を金科玉条の如く誤信し、殆んど国家を傾けんとするの勢は、今日我国の現情に御座候へ共、之を挽回するの道理と手段とを得候」(『伊藤博文伝』中巻、二九六頁)と豪語している。そして肝心の憲法については、「憲法丈けの事は最早充分と奉存候」(十月二二日付井上馨宛書簡、同右、三二〇頁)と喝破される。

この他にも、「一片之憲法而已取調候而モ何ノ用ニモ不相立儀ニ御座候」とか「憲法ハ大体ノ事而已ニ御座候故、左程心力ヲ労スル程ノ事モ無之候」といった威勢の良い文言が、ウィーン滞在時の史料には見出される。伊藤は、「縦令如何様ノ好憲法ヲ設立スルモ、好議会ヲ開設スルモ、施治ノ善良ナラサル時ハ、其成迹見ル可キ者ナキハ論ヲ俟タス」とも記し、「施治」＝実際の執政が善良であるためには、「政府ノ組織行政ノ準備ヲ確立スル、実ニ一大要目ナリ」との認識を示している（『続伊藤博文秘録』四六―四七頁）。

つまり、伊藤はウィーンにおいて、憲法を相対化する視野を得ることができたのである。憲法とは実際の政治を善良なものとするためのひとつのファクターに過ぎない。そしてそのためには、政府の組織構成や行政制度の確立が期せられなければならない。伊藤がウィーンのシュタインのもとで学んだのは、憲法ではなくむしろ行政のあり方だったのである。

シュタインの国家学

このことは、そもそもシュタインが憲法学者ではなく、国家学というものを唱道していたことを考え合わせればよく理解されるだろう。シュタインはドイツにおいて、社会学・行政学の提唱者として知られており、労働問題などの経済上の諸矛盾を行政による上からの改革によって解決することを掲げていた。彼の言葉によれば、「憲法の時代は終わった。これからは行政の時代である」とされる。国家の全体的な構造のなかで、憲法は相対化されて捉えられていたのである。

換言すれば、シュタインの国家学とは、国家の存在意義や役割を単なる憲法の静態的解釈に閉じ込めるのではなく、社会学や経済学・財政学の知見を踏まえた総合的な行政の行動原理として体系化するものだったのである。そのために、彼の国家学体系のなかでは、大学論が特別な地位を占めていた。このような行政を担うのは、大学で国家学を修めた官僚でなければならないとの主張からである。伊藤に対しても、シュタインはこの点を力説した。そして、それは伊藤に大きな感化を与えるのである。

シュタインの招聘策

伊藤がシュタインの講義から収穫できたものとして、「将来我国の治安を図るの目的を以て教育の基礎を定むる」との考えを新たにできたことが挙げられる。それはとりわけ、立憲制に先立ってそれを支える知の機関を作り上げること、すなわち大学を政治エリート供給のための国家機関として整備するとの構想に至る。そのために、伊藤はシュタインを日本に招聘しようと画策した。八月二三日付井上馨宛書簡において伊藤は、「日本ノ形勢ニ付テ必用トシテ論スル所ハ大学校ノ基礎ヲ定メ学問ノ方嚮ヲ正スニ在リ」(『公文別録』R3, 0063)と書き送り、引き続いて発せられた通信のなかでは、次のような文言が見られる。

> 小生此便井上外務卿えの書中に、澳国の学師スタイン氏を我国に聘し度きことを勧告せり。若し廟議此師を傭入、大学校を支配せしめ、学問の方嚮を定めしめなば、実に現今の弊を矯め、将来の為め良結果を得ること疑なしと信ず。
>
> (八月二七日付山田顕義宛書簡『伊藤博文伝』中巻、三〇五―三〇六頁)

> 先便已に博士スタイン傭入の儀申上置候処、如何御考慮に候哉。小生独逸学問の根柢あるを見て、

益此等の人物の今日我国に必用なるを覚へ申候。此人日本に至り学校の創立、組織、教育の方法を実地に就て見込を立てしむるを主とし、現政の法度情況に就て政府の顧問たらしめば、只に目下の便益を得る而已ならず、百年の基礎又随て牢固ならん。

（九月二三日付井上馨宛書簡、同右、三一八頁）

伊藤のシュタイン招聘案が、大学改革案と連動していることが明瞭に見て取れよう。シュタインを招き、大学を支配せしめ、学問のあり方を正すべしと唱えられ、そうすれば国家百年の基礎も確固たるものとなろうと述べられている。「政府のアドバイセル」として「学問上のシステムをレホルム」してもらうこと、それが伊藤がシュタインに期待したことだった。その根底には、「人民の精神を直すは、学校本より改正するの外無之候」との伊藤の確信があった（十月二二日付井上馨宛書簡、同右、三二〇―三二二頁）。

残念ながら、高齢を理由にシュタインは招聘を辞退し、伊藤の思いは成就しなかった。だが、それでも、「夫れ智識の発達を謀るは、大学を興すに若くはなし。若し貴国にして大学校の教育を振作せば、則ち其洪益は自ら東洋諸国に波及するに至らん事必せり」とのシュタインの弁は伊藤を鼓舞したこと疑いない。シュタインは伊藤に対して、「余は自ら日本書生の欧州の学科を修むるもの、為に、一個の中点となりて他日貴国に大学を作興するの元資を生ずるの媒介者たらんとす」と逆提案し、実際に伊藤の帰国後、ウィーンのシュタインのもとへと日本の政府高官が陸続と教えを乞いに訪れるという「シュタイン詣で」が展開されるのである（［瀧井：一九九九］第四章参照）。

確認しておきたい。伊藤がシュタインから伝授されたことは、大きく分けて次の二点にまとめられる。第一に、近代国家の全体的な構造の把握である。この点はとりわけ、行政による憲法の相対化という効果をもたらすことになる。そして第二に、文教政策についての明確なビジョンの獲得である。伊藤はシュタインを通じて大学を国家機関として、国制の不可欠のファクターとして改革するとの構想に開眼したのである。

伊藤の帰国後、早速全般的な国制改革が着手される。宮内卿に就任した彼は、近代的な立憲君主制にふさわしいように宮中の改革と天皇の教育を行う。そして、明治十八年末には大規模な官制改革が行われ、これまでの太政官制度は廃止されて内閣制度に取って代わられ、初代内閣総理大臣に伊藤が就任した。

このように、まさにシュタインの教えを実践するかたちで、憲法制定に先駆けて行政制度の刷新が推し進められた。そしてその一環として、帝国大学も明治十九年に創設されるのである。

4　初代総長として

東京府知事からの転身

このような背景を負って、明治十九年（一八八六）三月、帝国大学は設立された。文部省内に工部大学校を移管し、従来の東京大学は法・文・理・医・工の分科大学として再編された。それらを束ねる上位機関として帝国大学は成立し、そのトップとして総長職が設けられた。そこに初代総長として迎えられたのが、渡邉だった。彼は同時に、法科大学の初代学長をも兼任した。なぜ渡邉に白羽の矢が立ったのか。

当時渡邉は、工部省を辞して、東京府知事の要職にあった。府知事に就任したのが、明治十八年六月であるから、帝大総長に転出するまでの在任期間は一年に満たない。短い歳月であるからこれといった事績は見出せないが、注目されるものとして大東亜博覧会開催の構想に彼が関わっていたことである。第四章で言及したように、渡邉は郷里武生に図書館ならびに博物館を設立することを呼びかけていた。彼の念頭にあったのは、そういった施設を整備することによって、知識を集積し（衆智）、殖産興業を促すことだった。博覧会もそのためのものに他ならない。広く物産や情報を収集し、それを公開して博覧することによって、知識を流通させ生み出すことが彼の企図していたことだった。帝都東京の首長に収まった渡邉は、今度は広く東アジアを睥睨した博覧会の構想に一枚かんでいたのである。ここでも彼は、相変わらずのアイデアマンぶりを発揮していたことが推察される。

東京都旗章

アイデアマンということでいえば、東京都の旗章を考案したのは渡邉だと伝えられている。これ

府知事時代の渡邉の肖像画
（東京都公文書館所蔵）

は正確には、東京府知事在任時のものではなく、明治二二年十二月に東京市参事会員に就任していた時に彼が建議したものとされている。その意匠は今日なお採用されており、今でも東京のマンホールにその絵柄を見出すことがある。

また、彼は就任翌月に発生した暴風雨の被害実態の視察のため、東京府管内を踏査して回り、詳しい報告書を編纂している（『巡回記』）。彼はここでも〝足で見る〟人だったのである。

突如として帝大総長の話が降ってきたのは、府知事として本格的に東京府政に取り組もうとしていた矢先だったであろう。東京府知事の職にあった者が帝国大学という国の最高教育機関のトップの座に納まったことは、「大学人から違和感をもって受けとめられた」と立花隆氏が記していることを「はじめに」で紹介したが、おそらく当の渡邉にとっても青天の霹靂であったろう。帝都を取り仕切る行政官から未来の最高学府とはいえまだ緒に就いたばかりの新設大学の長への転身は、果たして世間的には栄転と受け取られたであろうか。ひとつ筆者が確言できることは、外在的な評判とは別に、渡邉にはこの職を天職として受け止める内発的な動機があったことである。そのことは、これまでに論じてきた「三十六会長」や学習院や工部大学校との関わりからもからも感じ取ってもらえるだろうが、以下の行論でより明らかとなっていくことを期したい。

〝招かれざる〟総長

さて、確かに立花氏が述べるように、渡邉の総長就任を意外視する声は、当時からあがっていた。大学関係者の間では、帝国大学の前身である東京大学で総理の座にあった加藤弘之がそのまま帝国大学の長となることが当然視されていた。しかしそうはならなかった。加藤は自伝で、時の文相森有礼と大学問題について意見の齟齬があったことを記している（［加藤：一九九一］三二一―三二三頁）。それが森の不興を買ったのか、加藤の帝大総長へのスライド就任は実現しなかった。そのことが判明すると、大学内からは大きな不満が起こり、大々的な加藤総理との惜別の会が催された。そうしてみると、前身の東京大学との絡みでは、渡邉はいわば〝招かれざる〟総長だったのである。

このほかにも、加藤と同じく明六社で活躍した〝学者〟の西村茂樹へも総長の打診があったらしい。西村は、森の大学改革が不徹底であることを難詰し、申し出を辞退した。森は西村に他の適任者について意見を乞い、西村は森が挙げた候補者の一人に賛意を表したが、その人物ではなく渡邉が結局は選ばれた。西村の伝記は、「先生聞て頗る文教の為に之を遺憾とせり」と記している（［西村先生：一九三三］上巻、五六八頁）。渡邉は、消去法的に選ばれた候補者の一人に過ぎなかったともいえる。

行政官としての総長

そのような渡邉が最終的に総長に任命されたのは、森有礼の意向が大きかったとの説明で通常処理される。この点については、森の側近だった文部官僚・木場貞長の次のような証言がしばしば引かれる。

当時大学内ニハ外山菊池氏等森氏昵近の学者尠らさりしも、前途ニ大学の根本的改革を控へ居たるものなれハ、此等の諸先生に慊らす遂ニ英断を以て時の東京府知事渡邉洪基氏を迎へて之に任ぜらるゝ事となれり

（「帝国大学令制定に関する木場貞長氏の追憶談（明治十九年記事）」『新修森有礼全集』第四巻、三三五頁）

右の引用からは、加藤、西村のほか、外山正一と菊池大麓のような当代の大学者と目されていた人々も候補に上っていたことが分かる。しかし、それらの学者たちを尻目に、行政官たる渡邉が総長の座を射止めた。なぜか。木場は次のようにも述べている。

外部より入つてその統制の任に当るは甚だ困難とする所なりしも、渡邉総長は学者でこそなけれ、良く外国の事情に通して学者間の受けも悪らす、特ニ其性円満ニして常識ニ富ミ又親切ニして熱心であり、頗る調和的の手腕ありしにより、森文相の意を体して大学の改革を実行するニハ好個の総長であつたと思ふ。

（同右、三三六頁）

学者でない渡邉が抜擢されたのは、性格円満で調停の能力もあり、森の手足となって大学改革を実行するに適当な人材だったからだと語られている。ここでは、渡邉のリーダーとしての個性は一顧だにされていない。あくまで、森にとって使いやすかったが故の人事であったとの評価である。この木

場の評価をなぞるかのように、これまでの大学史の記述のなかで、渡邉の存在は「森有礼という大きな存在の影に隠され、初代帝大総長としてはほとんど無視されている」(［中野：二〇〇三］一三二頁)と概括されるものであった。

だが、そのような理解はどこまで妥当なものなのだろうか。早くには、寺崎昌男氏が、渡邉初代総長の業績を列挙し、彼の総長在任時は「それ自体として歴史的検討に値すると思われる」(［寺崎：二〇〇〇］二四六頁)と注意を促している。寺崎氏によれば、各分科大学に対する民間からの奨学金の導入、「帝国大学学生盟約」の制定、「教官月次集会」の開催といった諸点が渡邉の功績として挙げられている。そのうえで寺崎氏は、「一般に、行政官らしい能率主義的な観点から、官僚機構と帝国大学との結合という、伊藤、森の政策の実現を促進した」と渡邉総長時代を評している。また、中野実氏も森の帝大政策を相対化するために渡邉の総長としての事績の再検討を主張し、渡邉総長時代の帝国大学の事務機構の整備をトレースしている(［中野：二〇〇三］一三一頁以下。これを補うものとして、［谷本：二〇一二］)。なお、この時渡邉総長の側近として帝大と文部省とのやり取りを統括していた帝国大学書記官永井久一郎は、永井荷風の父。［谷本：二〇一二］三頁)。

しかし、このような渡邉再評価の試みも、能吏としての渡邉の姿を浮き上がらせるものではあるが、確固とした独自の思想にもとづく大学改革者としてのそれには至っていない。渡邉には、帝国大学開学に際して、さしたる経綸はなかったのであろうか。この点の本格的な検討に入る前に、総長就任後初年度の渡邉の働きを追ってみたい。

総長職の傍らで

政府の輿望を担って帝国大学へと送り込まれた渡邉であるが、彼は総長職に専心していたのではなかった。「三十六会長」として、彼は相変わらず各種の学会活動にも首を突っ込んでいた。東京統計協会会長は続投し、東京地学協会と萬年会でも引き続きその運営に力を注いでいる。この年の六月には、新たに興された造家学会（今日の建築学会）の名誉会員に選出されている。また、帝国大学法科大学のなかに国家学会を立ち上げ、その勃興に絶大なリーダーシップを発揮する。この点は、章を改めて詳述しよう。

この時期の「三十六会長」の片鱗をうかがわせるものとして、総長に就任してからひと月後の四月十日に東京化学会で行った演説を紹介したい。「理化両学ノ功益ヲ民間ニ播布センコトヲ務ムヘシ」と題するその演説は、同会の雑誌『東京化学会誌』第七号に掲載されたほか、『東洋学芸雑誌』第三巻第五五号、さらには『萬年会報告』第八年第五号にもその筆記録が掲げられ、関係者への周知が図られた。それは、さながら渡邉の総長としての所信表明の趣をもっている。そこで渡邉はまず次のように論じている。

本会設立以来既ニ八年ニシテ世間未タ化学会ノ有無ヲ知ルモノ少ナク、又化学会ノ何モノタルヲモ解セサル者多キハ何ソヤ。余モ亦タ多年学者ト実業家トノ間ヲ媒介シ相密接シテ物質ノ進歩ヲ謀ラシメンコトヲ務ムルモ、尚此ノ如キノ景況ヲ顕ハスハ実ニ嘆息ニ堪サル所ナリ。

（『東京化学会誌』第七号、二八頁）

〝社会のなかの学問〟とでも称すべき弁である。化学会の社会的認知の低さを指摘し、その是正を訴えている。そして、自分もまた多年、学者と実業家との間を媒介して、ものごとが進歩するよう取り計らってきたが、まだまだお寒い限りだと嘆息している。

渡邉は、「何ノ学科ヲ問ハス人間ノ幸福安全ヲ捗ラスノ要具ニ過キス。如何ナル高妙ノ理論ト雖モ、経済上ノ益ナキモノハ其功ナキ者ト云テ可ナルヘシ」と言い切っている。人々の幸福と安全を促進し、経済的な稔りをもたらすのが科学の目的であり、そのことを忘れて高邁な理論をただただ探究するようなあり方は本末転倒だと言わんかのごとくである。実際、彼は講話の残りを学問と実業のつながりを回復する術《すべ》の提唱にあてている。それによれば、ひとつには大人に対して化学の有用性を知らしめること、その一環として実業家のために仕事のうえでの改良策を考案して教授することが肝要であり、二つ目として幼児への科学教育の普及が説かれる。そのような努力を徹底した後に、「余力アラハ高妙ノ理ヲ攻究スル」べしとされる。

新任の帝大総長の学問観が率直に語られた演説といってよい。それは、何とも功利主義的な学問観である。世の中の役に立たない学問、経済的な利潤を生み出さない学問、高度な学理と戯れているだけのような学問、それらは「功ナキ者」と言い切られているのだから。

学者と実業家との媒介

このように戯画的な学問観を開陳する一方で、注意を促したいのが、「多年学者ト実業家トノ間ヲ媒介シ」てきたとの自己規定である。東京地学協会や統計協会、萬年会を舞台として、彼がまさに知を通じての学者とその他の社会との連携に尽力していたことはこれまで見てきた通りである。それはまさに彼の内なる信念の産物だったことが、ここで率直に表明されている。そうしてみると、帝国大学もまた高遠な学理を発展させていく〝象牙の塔〟ではなく、学界と一般社会をつなぐことが理想とされたのではないかと推察される。実際に、渡邉は就任早々、そのような働きかけを行っていた。

そもそも、帝大総長となる以前に渡邉が、工部少輔として工部大学校の処遇について一家言あったことを想起されたい。その時、渡邉は工部大学校の文部省移管＝帝国大学化に異議を唱えていた。それが実学性を失わせ、学理偏重の弊を招くとの危惧からであった。奇しくもかつて反対した帝国大学に君臨することとなった渡邉だが、学術の「蘊奥ヲ攷究スル」（帝国大学令第一条）ことに彼の大学運営の主眼があったのではない。「国家ノ須要ニ応スル」（同）学術技芸の教授にこそ比重があった。

だからこそ渡邉は、「国家ノ須要ニ応スル」ために学問を媒介として人々を結びつけることに余念がなかった。就任二ヶ月後の五月に帝国大学月次集会の設置を指示したのは、そのひとつのあらわれである。同集会の規則には、「帝国大学全体ノ利益ヲ謀ル為メ各分科大学教授助教授ハ毎月第三火曜日午後一時より五時ヲ限リ会議室ニ於テ月次集会ヲ開クヘシ」（第一条）と定められてある。各分科大学のなかに教授たちが閉じこもるのではなく、全学を通じて交わり合える場である。

大学と外をつなぐ

だが、この面における渡邉の活動でそれ以上に注目すべきは、大学の外との媒介である。そのひとつとしてまず指折られるべきは、学生の就職の斡旋である。

今でこそ日本の学歴社会の頂点に立つ東京大学の前身であるが、設立当初から帝国大学にその地位が約束されていたわけではない。帝大で学んだ卒業生を世に送り出すために、総長自ら各方面に学生の売り込みを行っていた。渋沢栄一のもとには、まさにそのように工科大学助手の採用を依頼する内容の手紙が残されているし（明治二三年四月十八日付渋沢宛渡邉書簡）、有望な学生を官界に送り込むこともしていた。井上毅は明治二三年五月二六日付の手紙において、帝国大学卒業後試補に採用するべき人材の推挙を渡邉総長から受けたことを伊藤博文に伝えている（『伊藤文書』一、四〇七頁）。「はじめに」で、『国民之友』が「従来帝国大学は、伊藤伯の子分製造所たるが如く、渡邊洪基氏は乃ち大学の四方に羅を張りて、頼母敷人物をば悉く官吏に登用し、悉く伊藤伯の味方と為すの責任、即ち羅番の職務を帯たる」（『国民之友』第六巻第八四号、四五頁）と揶揄して報じていたことを紹介したが、確かに彼は伊藤のためのスカウト活動をしていたのである。

また、今日でいうところの産官学連携のような事業に、渡邉は積極的に関与していた。例えば、学生教育や帝大卒業生の就職のために、官公庁や企業に依願していたことが知られている。特に、応用的学問の学修は「其途ニ就テ分担セラレンコト」が必須だとして、「官庁会社及富商豪農等各従事」している実務家にも教育の一端を担わせようとしたり、官庁や会社に就職した学生が、引き続き大学院で研鑽できるよう給料の半額を支給することを求める案文を起草している（『史料』六七、六八）。

この他にも、北関東の両毛地方に鉄道敷設の計画が起こった際に、渡邉は工科大学の学生を派遣して測量させ（『前橋市：一九七八』九九八頁）、栃木県足利市で墳墓が発見された際には、後に日本人類学の父として名をなす帝大院生の坪井正五郎に命じて調査をさせている（『史料』二三一）。今日の足利公園古墳群であり、それは日本最初の古墳の学術的発掘調査とされている。

以上のように、渡邉の帝大運営には、彼一流の経世観に基づく産官学連携という指導理念が貫かれていたことがうかがえる。*工部大学校の存続に与して、文部省による帝国大学一元化に反対していた姿勢は、帝大総長となっても維持されていたのである。

森有礼
（国立国会図書館所蔵）

*このような実用的学問観にもとづいた大学運営に対しては、彼が学者の出自でなかったこともあいまって、必ずしも大学人から満腔の賛意を得たわけでなかったことは見やすい。その葛藤は次章で詳述する。教授会自治という日本大学史を特徴づける制度観はいまだ確立していなかったが、渡邉総長の姿勢は学理の探求を重んじる文系学者から不興をかっていた。

他方で、大学の外では、大学を卒業した学士の技術者と伝来の職人との軋轢が生じていた。渡邉は明治二五年十一月に工学会で行った講演「技術者責任に就て」のなかで、大学出の工学士の社会的信用の無さを指摘し、反省を促している。渡邉によれば、世間では「学医匙廻はらず」、すなわち「学者といふものは迂遠な者として学校から出たものは総て役に立たない、無責任のことをさして置けば夫れて宜いが、実際責任がある時には学者といふ者は役にたたぬ者である」（「技術者責任に就て」五頁）との烙印が押されてしまっている。渡邉は、自分は「成べく土木会社とか三菱だとか総て新工業に従事する所は、成べく工業の進歩と倶に学者達を働かせる様にしたい精神」（同右、五頁）だが、あいにく工学士は実業を見下し、現場の職人との間に疎隔が生じている。渡邉は、「工学士たる人は技師として又学者としての責任を極く重じて金を取ッたならば金を取ッたに対して責任といふものを十分重く考へられ名誉を受けたならば名誉を受けた丈の責任を考へられ」よと訓戒し、そうすれば「余程心にも極く愉快であらうし、又工芸の発達も益々進むであらう」（同右、十二頁）と述べて演説を結んでいる。

無為徒食というほかない学士像であるが、正鵠を射たものであったらしく、渡邉の話が終わった後、工部大学校の出身で当時大倉組で土建業の現場指揮にあたっていた久米民之助は、特に発言を求め、自らの経験のなかから工学士の技師のレベルの低さやプライドの強さを滔々と弁じた後、「官民の中は隔絶すると面白くない。我々同し《ママ》人民に違ひないのに役人に大変軽蔑されて居る。〔中略〕斯よふな事ては工学士の信用に関係して来るからよして貰ひたい」（同右、十四―十五頁）と訴えている。帝大出身者がすでに官の権威を得て、民を支配しているとの構図が成立していたことが看取できて興味深い。

森との齟齬

この点で、渡邉と文相の森有礼との間には見解の相違もあった。そのあらわれとして、明治十九年における東京職工学校の帝国大学への移管問題が挙げられる。東京職工学校は、今日の東京工業大学の源流であるが、当初は職工徒弟の職業学校の趣があった。しかし、その経営は振るわず、森文政のもとで存続があやぶまれていた。森はこれまた独自の経済的合理主義にもとづき、採算の取れない同校の廃止やむ無しとの考えだったが、渡邉はこれを帝大に引き取り、帝国大学附属学校として再編しようとしたのである。『史料』のなかには、同校附属化に際して渡邉が草した規程案が残されており、そこでは「東京職工学校ハ帝国大学ニ付属シ須要ノ工芸技術ニ工学ヲ応用シ職工徒弟ヲシテ之ヲ習セシムノ所トス」（第一条）と定められている。

工学院大学に設置されている
渡邉の胸像（工学院大学提供）

『東京工業大学百年史』はこの経緯を、「工部大学校より一ランク下の工業教育機関を独立の機関として存続させることは、合理主義者、森文相としては無駄なものと考えた」と説明し、「東京職工学校は一向振はぬので殆ど経営出来なくなって、一時廃校説さへ起ったことがあるが、〔中略〕帝国大学の渡邊総長が大学の附属にでもしたら宜からうと云ふことになり、一時大学の附属と云ふ訳になった」との高松豊吉の言葉を引きながら、「東京職工学校の帝国大学への移管に際して好意ある取り計らいをしたのは、初代帝国大学総長渡辺洪基であった」としている（『東京工業大学：一九八五』八一―八二頁）。

このようにして、渡邉の計らいによって明治十九年四月に東京職工学校は帝国大学へと移管された。しかし、この措置は徒労に終わることになる。当の東京職工学校のほうに独立意識が強く、翌年度に同校は再び自立の道を歩むからである。渡邉としては、骨折り損なだけの結果に終わったわけであるが、この件は、文相森と総長渡邉の大学政策の落差を照射しているともいえる。

すでに示唆したように、森文政のひとつの基調は経済主義である。経済主義の語は同じくするが、渡邉のそれとの間には大きな径庭がある。森の場合、それは経営合理化を意味していた。その指針に基づき、東京職工学校の閉鎖が指示されたわけだが、顧みれば、帝国大学というものも各種高等教育機関の文部省への一元化という合理化の所産であった。森にとって帝大とは、教育体系のリストラのシンボルでもあったわけである。

渡邉も経済主義を掲げていたことは既述の通りである。しかし、その内実は大きく異なる。渡邉の経済主義は、合理主義ではなく、経済的功利主義である。経済的利益を生み出し、社会に還元することに大学の使命は求められた。そのために、各界の人脈をつなぎ合わせることが、彼の意図するところであった。東京職工学校の附属校化もその流れで理解できる。彼は何の定見もなく帝大の規模の拡大を目論んだのではなく、工業化の現場で手足となって働く職工の養成と大学で研究教育される理論との有機的な連携をもたらすために、同校の帝大への編入を画策したのであろう。実際、彼はこれと前後して工手学校（現・工学院大学）の設立と運営に乗り出す*が、そのことは、職工教育への関心が単なる場当たり的なものではなかったことを指し示している。

*工手学校と渡邉の関係について補足しておきたい。現在の工学院大学の前身である同校は、明治二十年（一八八七）十月五日の工学会常議員会における辰野金吾の提案に端を発する。辰野は、「予テ大学総長（工学会副会長）ノ勧告ナリトテ技師技手ノ補助タルヘキ工手ヲ養成スル一ノ学校ヲ設立セハ社会ヲ裨益スルコト尠カラサル」とその趣意を述べており、もともとは渡邉の慫慂《しょうよう》に基づく提議だった。渡邉は、高等な工業技術を研究教育するための帝国大学工科大学だけでは工学の社会的浸透のためには不十分であり、専門的工学を社会に転用していくための技術補助者の育成が必要と考えていた（[茅原：二〇〇七]参照）。

かくして、同月三一日に工手学校創立協議会が開催され、渡邉が創立委員長に推選されることになる。そして、翌月の創立委員会において彼が初代の校長たる特選管理長の座に就き、翌年二月六日の開校を迎える（「工手学校長中村貞吉君ノ演説」『工学会誌』第七四巻、一四〇頁）。

開校にあたって渡邉は、「今日欧米各国は日に近く我門前に逼り来り之と生存を競争せざるべからざるの艱難時機に遭遇し、未だ技芸教育の方法普ねからざる地に於て僅に十数月の研業は之を専用するに当りては些少の補益のみ」（『工学会誌』第七四巻、一三五頁）と述べている。

この弁明に現れているように、工手学校の設立は急ごしらえでなされたものだった。授業は夜間に限られ、わずか十五ヶ月で修了するという速成のカリキュラムが組まれた。「願くは入学中は昼間各種の実業に従事して学術相研磨するの道を求め卒業の後は或は職工学校の如き更に高等の職業教育を修め或は学識ある技師技手の下に属して益す其業を研究するの覚悟あらんことを」（同右、一三四―一三五頁）と渡邉が呼びかけているように、より専門的な職工教育のための予備教育を行うものとして位置づけられていた。

「智識交互の道」

開学から半年も経たない七月十日、一学期を終えた帝国大学で最初の卒業式が挙行された。来賓として出席した首相の伊藤博文は、次のように祝辞を述べた。

一個人ノ智識ハ拡充シテ一国ノ智識ト為リ一国ノ智識ハ輿国智識交互ノ道ヲ啓キ四海会同親交ノ基亦之ニ因ル。是輓近我カ国ノ泰西諸国ト交際ヲ開キタル事蹟ニ就キテ歴々徴スルニ足ルヘシ。〔中略〕漸次ノ更革ニ因リ国家ノ憲章制度愈々備ハラントスルニ於テ、諸君ヲシテ積年苦学ノ効果ヲ実地ニ試マシムルノ田圃更ニ広大ヲ致シタルヲ信ス。

（「帝国大学第一年報」三一頁）

知識を通じて諸個人がつながり、それが積み重なって一国の知識となり、さらには四海を結ぶ知識となることが謳われている。そして、国家の新体制が整い、諸君の働き口もいよいよ拡充していくだろうと鼓舞している。後半部は、当初の帝国大学で雇用不安が学生の間に漂っていたことを示している。その不安の解消が総長のひとつの大きな仕事だったのであり、渡邉はそのために、積極的に大学と実業の社会とを結びつけ、学生の就職の斡旋も行っていたのだった。

だがそれよりも注目したいのが、引用文前半部の言である。そこで唱えられている知を通じての連携は、まさに渡邉が行動原理としていたものである。伊藤の祝辞は、総長渡邉の大学経営を裏書きし、支持するものだったといってよい。

このことは、帝国大学を通じての、伊藤と渡邉の結託をうかがわせる。伊藤のなかで、帝国大学が国制改革の重要な一コマとして位置づけられていたことを先に論じたが、渡邉はまさにその意を汲んで創設後の帝国大学の運営を指導していったのである。

伊藤と渡邉の共同事業としての帝国大学の造形を浮き彫りとするために、章を改めてある学会の活動を考察したい。その学会は、帝国大学の創設にあわせて、やはり渡邉が学長を務める法科大学内に設けられた。そして、渡邉はその会長（評議員長）として、会のあり方や活動に絶大な影響力を行使した。その学会を国家学会という。

第七章　国家学会の創設

1　「国制知」としての国家学会

「国制知」としての帝国大学

明治十九年の帝国大学の創設は、伊藤博文による国制改造の一環だった。伊藤は、ウィーンでローレンツ・フォン・シュタインの教えを受けて、立憲体制成立の前提として近代的行政の整備が不可欠と認識し、行政の再生産装置として大学を改革するとの決意を胸に帰国した。

そのようにして成立した帝国大学を、かつて筆者は、「国制知」と呼んだことがある（[瀧井：一九九九]）。「国制知」については、「はじめに」でも言及した。再論しておけば、あらゆる国家の統治体制＝「国制（constitution）」には、その支配を正当化し効率化するための知的裏づけや知識集団の存在、さらにはそれらを再生産していく組織体系がインプットされていると考えられる。そのような国制の支柱となる知、それが「国制知」である。帝国大学とは、立憲体制が形づくられるに際して、まさにそれを支える学理や人材の供出と再生産を担うという「国家ノ須要ニ応スル」ため設置された「国制知」だったといえよう。*

＊大学史の分野では、帝国大学の成立を機にして、「帝国大学を根幹として帝大とそれをめぐる諸制度が国家体制と密接な関係を保ちながら調整され、大きく構造化されていった」として、その全体構造を指して「帝国大学体制」という表現がなされる（［中野：二〇〇三］一八一頁）。これは帝国大学を主体として事態を観察した場合の術語だが、同様のことを国家体制の側から表現したのが、「国制知」である。

この「国制知」という理念を伊藤と共有していたのが、総長渡邉だった。そのように本書では考える。渡邉は、消去法的に選ばれて官界から送り込まれた落下傘的総長だったのではなく、独自の経綸を有した大学改革者だったとの像である。

この点を明瞭なものとするために、本章で見ていきたいのは、総長渡邉の強力なリーダーシップで帝大の法科大学内に設立された国家学会というひとつの学会の活動である。国家学会は、現在に至るまで東京大学大学院法学政治学研究科と東京大学法学部のスタッフによって構成される学術団体としてその名をとどめている。帝大の発足とともに歩んできた学会といっても過言でない。

国家学会は、今日では専ら『国家学会雑誌』の編集刊行を行う組織として認知されている。明治二十年（一八八七）の創刊になる同誌は、一三〇年にも及ぶ歴史を誇り、総計一二〇巻以上もの巻号を積み重ねてきた。その誌面は、美濃部達吉、吉野作造、丸山真男、宮沢俊儀といった近代日本の公法学・政治学を築いた偉大な学者たちによる指導的な論稿によって彩られてきた。今なお東大の法学政治学の最前線の業績を掲載する学術誌として、日本の学界で揺るぎない地位を得ている。

そのような『国家学会雑誌』を創刊し、その母体である国家学会を開いたのが、渡邉であった。渡邉は国家学会の運営に精力を傾注した。その顛末を瞥見し、そこから浮き彫りとなる国家学会設立に寄せる渡邉の思想を考察したい。それによって、初代総長渡邉が類い稀な「国制知」のアーキテクトだったことが明らかとなるだろう。

国家学会の設立

国家学会の設立は、明治二十年二月六日の文学会での動議に起因するといわれる。文学会は、帝大の前身の東京大学時代に、その文学部の有志によって営まれてきた勉強会だった。しかし、帝国大学が開学し、それまで文学部のなかにあった政治経済の学が明治十八年十二月に設置された東京大学法政学部を経て、翌年三月に帝大内に設けられた法科大学に移されるや、「政治理財等国家学ノ講究ヲ以テ目的トスル集会」の必要が唱えられた（『国家学会雑誌』第一号、五五頁）。

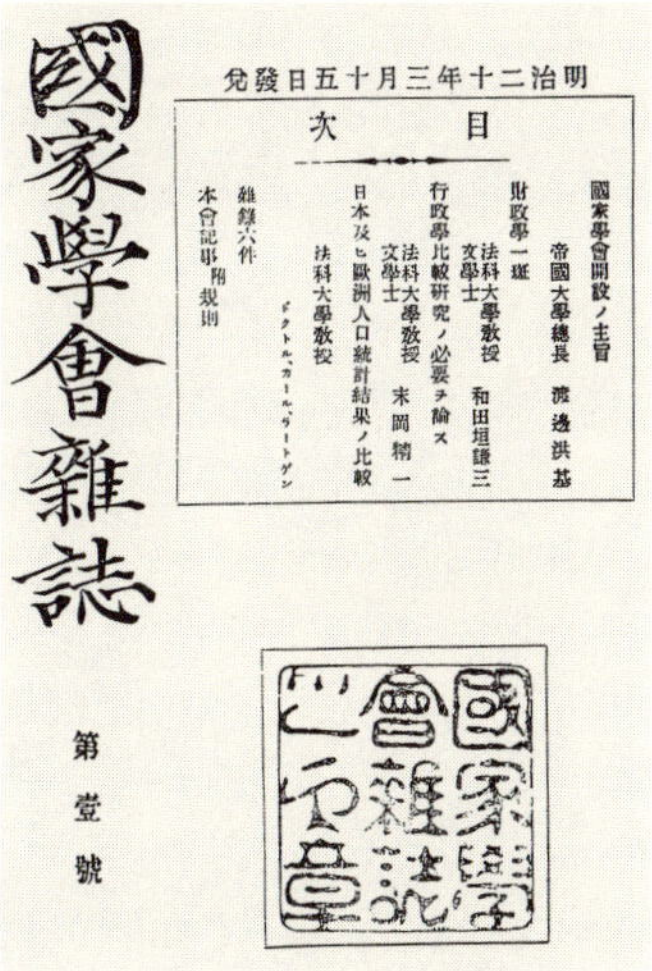
國家學會雜誌

明治二十年三月十五日發兌

目次

國家學會開設ノ主旨　帝國大學總長　渡邊洪基
財政學一斑　法科大學教授 文學士　和田垣謙三
行政學比較研究ノ必要ヲ論ス　法科大學教授 文學士　末岡精一
日本及ヒ歐洲人口統計結果ノ比較　法科大學教授　ドクトル、カール、ラートゲン
雜錄六件
本會記事 附 規則

第壹號

『国家学会雑誌』創刊号

文学会での発案の三日後の二月九日には規則の制定ならびに評議委員、雑誌委員、幹事とい

った役員の選定が行われ、翌三月五日には創立大会、同十五日には『国家学会雑誌』が創刊され、ここに国家学会はその歩みを開始するに至った。運営にあずかる評議員には、渡邉洪基、田尻稲次郎、穂積陳重、和田垣謙三、末岡精一の面々が就任し、同年十一月に会長にあたる初代の評議員長として、渡邉が選任されている。

この国家学会の設立にあたっては、いくつかの留意すべき点が指摘できる。まず第一に、それが帝国大学の創設と深く連動していると目せられることである。財務官僚で後に大蔵大臣も務める阪谷芳郎は、帝大の学生時代から国家学会の初期の運営に携わっていた人物であるが、次のような証言を残している。

明治十八年の暮に伊藤公の発議によりて彼の有名なる官制の大改革が断行せられ、太政官を廃して文明的行政組織の主義に則り、内閣が組織せられ、大学の組織も改造せられて帝国大学が置かれ、其中法科大学を設け政治学及理財学は法科大学の所属になつたのであります。そこで〔中略〕政府の憲法制定国会開設の準備は駸々として進行し、世上一般大に国家学の真理を研究発揮すべき時勢の必要に迫りたるとにより、茲に国家学会創立の議熟し其安産を見るに至つた訳であります。

（［阪谷：一九一〇］九三九頁）

帝国大学への大学組織の改組が、立憲体制デザインの一齣として、内閣制度の創出と同列に扱われていることが確認できる。そして、憲法制定以前に国家学の研究を振興し、そのための学会として国家学会が創設されたと述べられている。官制大改革→帝国大学の創設→国家学会という流れである。国家学会は、来るべき憲法の制定と国会の開設に先駆けて、近代的行政組織を確立するための学術的基盤として、帝大設置にあわせてそのなかに導入されたとの見取り図が描かれている。この点を突き詰めて論じれば、国家学会とは明治立憲体制を支える知的インフラとして、国家の統治構造のなかに不可欠のファクターとして組み込まれたものということもできる。まさに本章冒頭で論じた「国制知」の体現である。

伊藤博文の影

第二の点は、伊藤博文の影である。先に引用した阪谷の回想が暗示しているように、国家学会には伊藤博文の影がつきまとっている。その点を直截に語る阪谷の述懐も引用しておこう。

> 本会は故伊藤公の助言に由りて創立し発達したるものなれば、同公を此席上に招請することを得ざるは遺憾なり〔中略〕当時伊藤公は渡邉大学総長に諮らるゝには、今や我国憲法の制定発布の期は近きたりと雖も、国民にして国家の思想を了解するに非れば之が運用宜しきを得ざるべし、故に之れが研究機関として学会を設くるの必要あるべしと。渡邉総長は其旨を賛し、法科大学関係の諸学者等に謀りて本会を設立するに至れるなり。（〔河津ほか：一九一七〕一四七―一四八頁）

つまり伊藤は、憲法制定以前に国家思想の統一を図るための研究機関の創設を思い立ち、それが国家学会へと結実したというのである。明治十四年の政変以来の伊藤が、大学政策にも多大な関心を抱いていたことは、前章で詳述した。伊藤はこの頃、立憲制の導入に先立って、それを支え運用する新しい知識人の育成を必要視していた。彼にとって帝国大学とは、そのような知識人のリクルート機構に他ならなかったのである。

右のような伊藤の帝大構想の延長線上に国家学会も位置している。事実、在野の民権派は国家学会の創立をそのように捉えていた。

伊藤伯の如きは、嶄然頭角の地位に在はするの俊才なれは、必ずや欧米政治家以外別に絶妙の新機軸あつて勇敢にも永く政党以外に独立せんと公言せられたるものなることを予輩は確信して将来の運動如何を注視しつゝありしに、思ひきや頃日道路の伝ふる処に依れは、伊藤伯は国家学会を以て其機関となさんとすと。

（「伊藤伯と国家学会」『日本理財雑誌』第九号、四〇二頁）

伊藤という当代の大政治家により、立憲制とリンクさせて作り出された帝国大学。そしてそのなかに、国家思想の討究の場として設けられた国家学会。それはまさに、「国制知」を顕現したものといえよう。

第三に、国家学会の掲げる「国家学」の内実である。国家学とはそもそもどのような学問なのか。それは決して自明ではない。そもそものような名称の講義を開いている大学は、皆無だろう。国家学の理論書や体系書というものも今日見当たらない。*国家というものについての学問が存在し得ることは誰しも疑わないだろうが、「国家学」という学問が「一つの独立の学科としての市民権を獲得しているとはいえない」（［海老原：一九八七］三五七頁）のが現状である。日本の政治系諸学の学術組織として最高峰の誉れ高い国家学会がその名を冠し、一世紀以上も存続しているにもかかわらず、である。

*管見の限り、［坂本：二〇〇一］があるが、これは一般向けの教養的国家論に過ぎない。学術書の翻訳として戦後も［イェリネク：一九七四］、［ケルゼン：一九七一］、［ヘラー：一九七一］があるが、そこで言う国家学とは Staatslehre であり、国家学会の掲げる Staatswissenschaft とは厳密に言えば異なる。Staatslehre と Staatswissenschaft の違いについては、［瀧井：一九九九］を参照。

国家学とは

「国家学」とは何か。その答えを初期の『国家学会雑誌』のなかに求めてみよう。そこには国家学の定義が次のように下されている。

国家学トハ即チ独逸語ノ「シターツ、ウキツセンシヤフト」ト云フ語デアリマシヨウ。此語ハ西洋デモ独逸人ガ新ラシク拵ヘ出シタモノデ仏語ニモ英語ニモアリマセヌ。

（［末松：一八八七］三一〇頁）

国家学と云ふは独逸で云ふ言葉を翻訳して来た言葉でスターツ、ヴイツセン、シヤフト、即ちスターツとは国家と云ふ事にしてヴイツセン、シヤフトとは学問と云ふ事なり。

（［加藤：一八九〇］六六〇―六六一頁）

わが国が受容した国家学とは、ドイツの「シュターツヴィッセンシャフト（Staatswissenschaft）」の謂いに他ならないことが謳われている。注目すべきは、それが英語やフランス語には見当たらない旨記されている点である。すなわち明治の日本が移入せんとしていたのは、Staatswissenschaft という、他言語に翻訳不能な特殊ドイツ的学問形態だったのであり、それが国家学会という組織を主たる舞台として、盛んに喧伝されたのである。

そのようなものとしての国家学は、私学に対する官学の代名詞であり、国家学会はその牙城として専ら観念される。そういった認識を集約的に表明しているのが、丸山真男が戦後間もなく著した「科学としての政治学」のなかの次の一節である。

政治学はほとんどもっぱら国家学（Staatslehre）として展開し、それもとくに、国法学（Staatsrechtslehre）乃至は行政学の巨大な成長のなかにのみこまれてしまった。これもつまりプロシャ王国乃至ドイツ帝国における市民的自由のひ弱さと、これに対する官僚機構の磐石のような支配力を反映した結果にほかならない。

（［丸山：一九九五］一三七頁）

こう述べて丸山は、ドイツにおいて政治学が経験科学として自立できなかった阻害要因として、国家学があったことを指摘している。その論鋒は、そのまま戦前日本の政治学ないし政治認識に向けられていることは容易にうかがえる。丸山が描くような、市民社会の未成熟と国家による政治の占奪という特殊状況下で成立した御用学とのイメージ、それが国家学に関する認識の最もスタンダードなものといってよい。国家学とは、戦後の政治思想のなかで、克服されるべき日本政治学の宿痾だったのである。

だが、実際の国家学とは、そして国家学会とは、そのような論断によって簡単に片づけられる歴史的な存在だったのだろうか。そもそも、日本における国家学とは本当にドイツの Staatswissenschaft の後追いだったのだろうか。このように問いかけるのは、実は本国ドイツにおいて、Staatswissenschaft とは異端の学問だったのであり、その存立は風前のともし火だったとの事実があるからである。本国ドイツで、Staatswissenschaft とは、厳密な学問的方法論に則った学理として学界で認知されていたのではなく、むしろ乱雑に知識を寄せ集めたディレッタントな似非科学として揶揄の対象だったのである（この点について詳しくは、[海老原：一九八七] や [瀧井：一九九九] を参照）。そういったことを考え合わせれば、ドイツの学界状況や戦後からの過去への視線というものをいったん遮蔽して、明治期の国家学会の歴史に内在し、そこで何が討究され、何が目指されていたのかを明らかにしていく必要があるといえよう。

以上の三点を念頭に置きながら、初期の国家学会の活動とそこでの渡邉の果たした役割に論及していこう。

2 国家学講演会

国家学会の出立

明治二十年(一八八七)三月五日午後五時半、国家学会の第一回講演会(例会)が東京地学協会会館で挙行された。まず帝国大学総長兼法科大学学長渡邉洪基が「本会ノ主旨」について話し、それに続いて、法科大学教授のカール・ラートゲンと和田垣謙三がそれぞれ、「日本及欧州人口統計結果ノ比較」、「近世独逸国経済学一斑」の題で講演を行った。当日の出席者は百名弱で、大学の教官、学生のほか、神田孝平元老院議官、榎本武揚逓信大臣、辻新次文部次官も顔を揃えた。国家学会はその活動の緒に就いたのである。

繰り返しになるが、当初、国家学会の活動の中心は講演会を通じての国家学の振興と普及に置かれていた。穂積重遠も、「同会の事業としては、当初は毎月講演会が開かれ毎回相当盛会であつたらしいが、其後何時となしに講演会は年一回か二回といふ様な随時的な催となり、雑誌発行が主たる事業になつた」(〔穂積:一九四二〕十六頁)と記している。

確かに当時の記録を追っていけば、明治二十年三月五日の第一回会合以来、夏季ならびに春季の学休期間を除いて、ほぼ毎月のペースで講演会は開かれている。また注目されるのは、会場は学外に求められていたことである。阪谷芳郎によれば、当初、「国家学会を世人に大学のものと誤認せしむるは不可なり、大学以外の場所に於て開かざるべからず」（［阪谷：一九二八］四頁）との方針があったらしい。それに沿って、講演会は主として渡邉ゆかりの地学協会会館で、そしてやがて富士見軒で会がもたれるのを常としている。第十七回の例会などは鹿鳴館で開かれている。来会者の数も、当初は百名ほどがコンスタントに集まっていたらしい。帝国議会開設記念と銘打って開かれた、明治二三年十一月二二日の第三二回例会などは殊の外盛況だったようで、「当日は帝国議会議員初め傍聴者千有余名を超へ」たと報じられている（『国家学会雑誌』第四巻第四六号、七一八頁）。

法学協会とのコントラスト

ここで留意したいのが、法科大学のもう一つの学会組織である法学協会とのコントラストである。今日でも東大法学部には国家学会と法学協会という二つの団体が存立している。国家学会と同様、法学協会も現在では『法学協会雑誌』という東大法学部の発行する学術雑誌のタイトルにその名を冠するのみであるが、この二つの組織はその出自をたどると非常に興味深い対比をなしている。

国家学会が帝国大学の成立を機に設けられたのに対し、法学協会は国家学会の設立以前にすでに帝大の前身の東京大学法学部固有の学術組織として活動していた。一見、両者の関係は、国家学会が政治学・経済学を対象とし、法学協会の対象が私法学を中心とする法律学であるという分野の棲み分けで尽きるかとも考えられる。だが、成立当初の両会の活動を観察すれば、それにとどまらない注目すべき対照が浮かび上がる。それは、国家学会が既述のように講演会というかたちで国家学の普及を目指したのに対し、法学協会が当初掲げていたのは法律討論会を通じての学生や教官の間での法律学の相互的研磨であったことである。

第一章で、幕末知識界の読書会的伝統、それに対する講義を通じての体系的学知の伝授という革新について言及した。法学協会はいわば幕末以来の討議共同体としての私塾の伝統を引き継いでいたと見なすことができる。これに対して、国家学会は渡邉が師事した松本良順の幕府医学所の衣鉢を継ぐかのように、静謐なる空間で講壇から発せられる国家学上の知見を行き渡らせることが目標とされたのである。

この二つの組織の間の性格の相違は、以上にとどまらない。東大教授として戦後の日本法制史学を牽引した石井良助による次のような言明がある。

法学協会ははじめから法学部の機関誌を発行するための組織として発足したのであるのに対し、国家学会は法科大学の学会としての性格は持っていたが、そのほかに、広く国家学に関する知識を普及するという目的もあり、当初から法科大学外の人も参加できる建前だったのである。それがあとで、のちに述べるような事情で、法学部内の『国家学会雑誌』発行の学会に変わったのである。

（［石井：一九六七］十二頁）

法学協会が純粋に法学部（法科大学）の機関であったのに対し、国家学会はむしろ大学外に対しても開かれた組織だったというのである。この点については穂積重遠も、「〔国家学会が〕法学協会と多少趣を異にすることは、学外とも或程度の関係があることであつて、例へば主宰者たる評議員長の如きも、必ずしも学内の現職者といふことにはなつて居ない」（［穂積：一九四二］十六頁）と述べている。

このこととの関連で象徴的なのは、国家学会主催の講演会の会場である。前記の石井良助の回顧にもあるように、国家学会は今日でこそ『国家学会雑誌』を刊行するための学会組織と目されているが、初期においてその活動の力点は毎月講演会を開くことで、国家学の普及を図ることに置かれていた。そしてその会場については、既述のように大学の外に場所が求められるという興味深い方針がとられていた。国家学会は大学だけのものではないという趣旨からである。つまり国家学会とは、法科大学のスタッフを有力なメンバーとしていたとはいえ、その組織原理はアカデミズムの確立という以前に、国家学の振興に重心があったのであり、その目的のために学会は外に対して開かれていなければならないことが要請されていたのである。

実際、後で見るように、国家学会の例会である国家学講演会には、単に法科大学の関係者や他分野の学者のみならず、政治家、官僚、軍人、実業家といった実に多彩な人物が登壇している。そこでは学理的な講話ばかりが旨とされていたわけでは必ずしもなかったのである。それはわれわれが通常イメージする学会像からは程遠いものがある。別の側面からいえば、大学と社会の間に介在し、これら相互の交渉の場として機能すること、初期の国家学会に期待されていた役割とはそのようなものとも考えられるのである。

このように講演会活動を主たる柱として出立した国家学会だが、その勢いは漸次衰えていった。明治二六年（一八九三）十一月二六日の大会は「貴衆両議院ノ議員ヲ招待」し、「サシモノ広キ場内モ立錐ノ地ナク無双ノ盛会ヲ極メ」ると記されているものの（『国家学会雑誌』第六巻第八二号、一八七五頁）、この時壇上に登った渡邉洪基は、「今日モ講談会ヲ開キ、貴衆両院ノ議員ヲ始メトシテ其外朝野ノ名士ヲ招待シタル訳ナリシガ、其割合ニ出席者ノ少ナキハ遺憾ナリ」と述べている（「外交ノ通義」一八二〇―一八二一頁）。渡邉の慨嘆を裏書きするかのように、明治二七年九月十二日の委員会では、「例会ハ従来毎月開会シタルガ之ヲ隔月ニ開クコト」が決議され（『国家学会雑誌』第八巻第九二号、八五九頁）、会の創設以来続いてきた月一回の講演会という方針に修正が生じている。

その後、旧時のペースで会の開催が見られた時期もあり、また通貨改革や日清・日露戦争といった一大政治問題を扱ったときなどで盛会を記録したりもしているが、結局、明治三三年（一九〇〇）に入る頃には、「近時ニ至リテハ随時開会スルヲ以テ例ト為セリ」という状況に至り（「国家学会沿革ノ概要」『国家学会雑誌』第十七巻第二百号、四頁）、総会と大会を併せて年四回開催されるだけとなる。そして明治三九年（一九〇六）十月二七日の総会をもって、国家学の講演会は取りあえず終息するのである。

以上のように見てくると、国家学を掲げた講演会活動は、国家学会の長い歴史のなかでは徒花に過ぎなかったとも考えられる。だがその一方で、少なくとも国家学会の活動の中心が当初は国家学講演会にあり、それを通じてわれわれが普通観念する「学会」とは異なった、特異な社会的影響力をその頃の国家学会が担っていたことも疑えない。そこで以下では、明治二十年（一八八七）三月の第一回から議会制が導入された明治二三年までの間の国家学講演会を主たる対象にして、草創期国家学会の思想と活動を検討していきたい。

初期の講演会　明治二十年から二三年までの三年間に、国家学会の名において、三三回の例会を中心に計三六回の会合がもたれた。その詳細は以下の如くである（講師のうち傍線を引いた者は当時の法科大学のスタッフ）。

第一回　明治二十年三月五日　於東京地学協会会館
・本会ノ主旨（渡邉洪基）・日本及欧州人口統計結果ノ比較（カール・ラートゲン）
・近世独逸国経済学一班（和田垣謙三）
第二回　明治二十年四月十四日　於同右
・日本行政法ヲ研究スルノ方法ヲ論ス（金子堅太郎）
第三回　明治二十年五月五日　於同右
・物価変動ノ理ヲ論シテ方今商業衰退ノ原因ニ及ホス（浜田健次郎）
・国家学上ノ観察（末松謙澄）
第四回　明治二十年六月四日　於本郷帝国大学寄宿舎中央室

・北米合衆国憲法ノ沿革ヲ論ジ併セテ其精神ニ及ブ（坪井九馬三）
・インヅィヴィヂュアリズム（鳩山和夫）
第五回　明治二十年十月五日　於東京地学協会会館
・大宝令政府組織（辰巳小次郎）　・英国ノ財政（添田寿一）
第六回　明治二十年十一月五日　於同右
・獄制論（穂積陳重）
第七回　明治二十年十二月五日　於同右
・国家学ノ一新（加藤弘之）　・行政裁判論（アッペール）
第八回　明治二一年一月十三日　於同右
・普国官衙ノ実況（木場貞長）　・行政区トシテ州ヲ置クノ利害（久米金弥）
第九回　明治二一年二月六日　於同右
・スタイン及ハルデンベルヒノ改革（ルートヴィヒ・リース）　・日本戸籍法（黒田綱彦）
発会一周年記念会　明治二一年三月五日　於富士見町富士見軒
・渡邉洪基、鳩山和夫、ラートゲン、松崎蔵之助、和田垣謙三が記念の講演
第十回　明治二一年四月十八日　於東京地学協会会館
・憲法論（合川正道）
第十一回　明治二一年五月五日　於同右

・長子権論（ギュスタープ・ボアソナード）　・社会之前途（富井政章）
第十二回　明治二一年七月五日　於同右
・町村制度（アルバート・モッセ）
第十三回　明治二一年十月十日　於成立学舎講堂
・町村制度　国家ノ監督権及ヒ町村ノ経済（アルバート・モッセ）
・日本古代森林制度ノ概略（金子堅太郎）
臨時会　明治二一年十月二七日　於帝国大学寄宿舎中堂
　渡邉洪基の動議で国家学会規則を改正。国家学会会員の資格につき、「国家学ニ属スル学科ヲ修メ若クハ之ニ関スル実歴アルモノ」（第三条第三項）と定められる。伊藤博文入会。
第十四回　明治二一年十一月六日　於東京地学協会会館
・藩札処分ヲ論ス（阪谷芳郎）　・帰化移住ノ話（三崎亀之助）
第十五回　明治二一年十二月五日　於富士見軒
・農業資本供給法（エッゲルト）
第十六回　明治二二年一月二五日　於富士見軒
・歴史攻究之仕組（リース）
第十七回　明治二二年二月十三日　於鹿鳴館
・参政之権利及国民之義務（ラートゲン）　・本邦古来之地方制度（金子堅太郎）

第二周年記念宴会　明治二二年三月六日　於小石川植物園
第十八回　明治二二年四月二九日　於富士見軒
・日本小農家ニ資本ヲ供スル方策（エッゲルト）
第十九回　明治二二年五月二十日　於同右
・会計法沿革（阪谷芳郎）・普仏戦争ニ際シ我邦ノ局外中立（渡邉洪基）
第二十回　明治二二年六月二四日　於同右
・法治国論（穂積八束）
第二一回　明治二二年九月三十日　於同右
・兵力論（曽我祐準）
第二二回　明治二二年十月二一日　於同右
・学理ト実務トノ関係（木場貞長）
第二三回　明治二二年十一月十八日　於同右
・国家医学ノ性質ヲ論ス（片山国嘉）・金札発行ヲ主張セシ原因（由利公正）
第二四回　明治二二年十二月十三日　於同右
・海軍拡張論（佐野常民）
第二五回　明治二三年一月二七日　於同右
・公法学ニ就テ（斯波純六郎）・維新前後政況観察ノ話（渡邉洪基）

第二六回　明治二三年二月二一日　於東京地学協会
・朝鮮開港ノ始末（花房義質）
第二七回　明治二三年四月二三日　於富士見軒
・欧米議員選挙法之弊を論す（本野一郎）・帝国議会と会計検査院との関係（渡辺昇）
第二八回　明治二三年五月十三日　於同右
・欧米議員選挙法之弊を論す（前回ノ続）（本野一郎）・会計法ノ精神（渡辺国武）
第二九回　明治二三年六月二五日　於東京地学協会
・欧米見聞意見（金子堅太郎）・本邦駅伝制ノ沿革（前島密）
第三十回　明治二三年九月三十日　於富士見軒
・二十三年ノ総選挙（末松謙澄）・国家と宗教との関係（加藤弘之）
第三一回　明治二三年十月二二日　於同右
・帝国議会議事規則草案一班（有賀長文）・政体の説（三浦安）
第三二回　明治二三年十一月二二日　於帝国大学講義室
・二十三年間財政要論（阪谷芳郎）・旧時ノ大坂金融制度（田尻稲次郎）
・今日の国家学（加藤弘之）
第三三回　明治二三年十二月十五日　於富士見軒
・予算の法理（穗積八束）・現今の社会的問題（金井延）

以上の列挙を眺めてみると、いくつかの特徴が指摘できる。まず講話の内容である。今日でこそ国家学会は法学（公法学ならびに基礎法学）、政治学を対象としているが、右の一覧を見ると、当時はそれにとどまらない多彩な演題が並んでいることが分かる。財政などの経済関係の話が多いことは、当時の法科大学が経済学をも包摂していたことを考え合わせれば、さほど不思議なことではない。しかし、国家学の名においてなされた講演のなかには、第十六回の文科大学教授リースによる「歴史攻究之仕組」や第二三回の医科大学教授片山国嘉による「国家医学ノ性質ヲ論ス」といった、明らかに他分野に属するものをはじめ、立法論や時事問題、軍制、外交といったアクチュアルな政治問題一般が含まれていた。

当時の規則を見ると、第二条で「本会ノ目的ハ憲法行政財政外交経済政理統計等国家学ニ属スル諸学科ヲ講究スル」ことにあると謳われている。個別的な領域を列挙した後で、これら「国家学ニ属スル諸学科」を対象とするという説明は、国家学の定義としてはトートロジーであり、その内容ならびに境界設定にはなっていない。同時期のドイツでは、このような対象領域の不分明さが厳密な学としての国家学の地位を揺るがしていたことを既に指摘したが、この頃のわが国ではこの点についてはまだ無頓着だったといえよう。つまり、およそ国家と関連づけられた話ならば許容されるという雰囲気が、この時期の国家学会を支配していたと推察されるのである。

内容面での雑多性は登壇した人物の顔触れについてもいえる。この点はすでに触れた点でもあるが、一覧を見れば、そのことが良く分かるだろう。この間の弁士延べ六一名のうち、法科大学の狭義のスタッフといえるのは、計二六名で半分にも満たない。既述のように官僚、軍人、政府顧問といった体制の中枢に位置する人々がさかんに講師として招かれていたのである。右の一覧には現れていないが、後になると渋沢栄一のような実業家のほか、伊藤博文、大隈重信の如き大物政治家も登場するようになる。

以上のようにこの頃の国家学会の特徴としてまず指摘できるのは、それが講演の内容の面からも、また人的な面からも、総花的で雑多なものだったということである。それでは、この時期の国家学会とは、当時の日本の指導的立場にあった人々を幅広く募ってなされた放談会の類にしか過ぎなかったというべきなのだろうか。会を催すに当たって、何らかの主義主張や指導理念は全く見当たらないのであろうか。

実は、当初、国家学会のこのような傾向をめぐって異論が提起され、会のあり方をめぐって、激しいつばぜり合いが内部で繰り広げられていた。そのような路線対立を勝ち抜くかたちで、渡邉は国家学会に君臨するのである。その経緯を次に見ていきたい。

3　実際派対純理派

初期の路線対立

初期の国家学会は、決して一枚岩だったのではない。それは、深刻な派閥間の対立を内包していた。ここでも阪谷芳郎の次のような回顧をひもとくことから始めよう。

国家学会雑誌と云ひ、講演会と云ひ、本会々員の資格と云ひ、当初より二箇の潮流ありたることを忘るべからず。其一はなるべく本会の方針を実際の方向に導かんとするもの、其二はなるべく之を純学理の方向に導かんとするもの是である。当時憶測を逞ふするものは、政府当局者が自由思想を抑圧し、独逸系の国家学説を我邦に注入せんことを試みんとするものなりとし、多年大学総理たりし我邦学者として有名なる加藤弘之氏を排し、政治家の渡邉洪基氏を帝国大学総長に挙げたるも其魂胆なりとまで邪推したのである。之に反対するものは、日本帝国が神武天皇建国以来の大変革を行ひ憲法政治に移らんとするの今日に当り、本会の如きは率先して真誠なる国家観念の養成実行の任に当り、憲法其他諸般国家学知識の普及に力めざるべからず、学理一遍の研究にのみ没頭するは迂遠なりとなした。（［阪谷：一九二八］三―四頁）

つまり当初学会には二つの派閥――以下、純理派と実際派――が存在し、鎬を削っていたというのである。この両者は会員の資格、雑誌の性格、講演会の開催場所をめぐって意見を対立させていた。阪谷は、次のように続けている。

此二潮流の争ひの結果は、一方は本会員の資格を学歴あるものに限らんと云ひ、一方は実歴も学歴同様に尊重すべしと云ひ、又雑誌に付て一方はなるべく通俗にして販売部数の多きを図るべしと唱へ、一方は若し通俗にして世に媚びんとするならば、学会の雑誌としては価値なからんと反対し、又講演会に付て一方が大学講義室に於て開会せんと云へば、一方の実際派は国家学会を世人に大学のものと誤認せしむるは不可なり、大学以外の場所に於て開かざるべからずと主張した。
（同右、四頁）

さらに阪谷は、「余は常に此二潮流をして衝突せしめざることに注意し、或る時は一方の説に賛し、或る時は又他の一方の説を用ひ、中庸の方針を失はざることを力めた。而して世上一般の進歩と大学内に於る制度の変遷に伴ひて、国家学会の状態は其帰着すべき所に帰着し」（同右、四頁）たと意味深長に語っている。派閥の抗争を通じて、一体、国家学会はいかなる地点に「帰着」したというのか。『国家学会雑誌』から垣間見える、学会初期の路線論争を以下に再構成してみよう。

純理派といい、実際派といい、その中心に位置していた学派のイデオローグとは誰だったのだろうか。それは、先の阪谷の引用にも示唆されている通り、前者につき加藤弘之、後者については渡邉洪基だと考えて間違いない。そこでまず、それぞれの学問観・学会観を確認しておきたい。

実際派・渡邉

まず渡邉である。彼が新しい政治エリートのリクルートのために、伊藤博文のいわば懐刀として帝国大学総長兼法科大学学長の地位に収まっていると目されていたことは前言した。そのような位置にあった彼が、法科大学設置と同時にそこに設けられた国家学会においても、指導的立場に就いたことは見易い道理であろう。否、それどころか国家学会こそ、渡邉が政治的知性の変革を遂行していくための中心的な道具であった。彼の基本的な見解はすでに国家学会第一回例会での演説に明示されている。渡邉は国家を定義して言う。

国家ハ猶人身ノ如シ。必スヤ其性質変化ヲ究メ宗教道徳法律ヲ適用シ、而シテ後、処理ノ方始メテ肯綮ヲ得タリト謂フヘシ。（「本会開設ノ主旨」四頁）

国家を人体に比定する渡邉の国家観は、「国家学ハ譬ヘハ、猶生理病理治療ノ学説ノ如シ」（同右、五頁）として、国家の医学としての国家学という構想を導く。そのようなものとしての国家学にとって肝要なのは、現前の国家に対して、具体的事実に即した歴史的かつ比較的な手法でアプローチすることとされる。それというのも、「夫ノ衛生家若クハ医師ニシテ人身ノ生理病理ヲ知ラス、五行消長ノ説ノ如キ空漠タル原理ト自己ノ感触想像トヲ以テ、刀圭ニ従事スルカ若キハ、三尺ノ童子モ尚其危キヲ知ル」（同右、四頁）ものだからである。

かくして、渡邉は国家学の領域を次のように広範に設定し、諸学の国家学への統合を企図している。

抑々物理化学金石草木禽獣及人類学ノ如キ有形界諸学並ニ宗教道徳法律経済及哲学等諸科ハ、皆国家学ノ依テ以テ立ツノ基礎タリ。又之ヲ組織スルノ材料タリ。願クハ、特リ政治経済ノ学ニ従事スル人士ノミニ止ラス、前ニ述ヘタル諸学専門ノ士各其所長ヲ以テ之ヲ幇助シ、以テ新生ノ国家学ヲシテ磐石ノ安キニ居ラシメラレンコトヲ。（同右、四頁）

この世の森羅万象に関わる学は、すべて国家学に含まれるとの立場である。初期国家学会の活動の背後には、渡邉のこのような学問観が介在していた。講演会のテーマと講師の多彩さはその反映と見なすことができる。そして組織の方向性をかく定めた彼は、国家学会の初代評議員長に選出されるのである。

もっとも、当初の会の運営に当たって、渡邉の考えが隅々まで浸透していたわけでは必ずしもなかった。同じ講演のなかで彼は、「学医必スシモ名医ニ非ス」と述べ、国家学上の成果を実地に適用するのは「聡明睿智ニシテ経歴実践ニ富メル人」であるとして、政界官界から広く人を募ろうとしていた（同右、五頁）。

ところが、この点において渡邉の思惑は、当初さえぎられてしまう。明治二十年二月九日に制定された最初の国家学会規則によれば、会員の資格は「旧東京大学卒業ノ学士、帝国大学ノ教授卒業生学生々徒及国家学専門ノ名士ニシテ、本会ノ目的ヲ協賛スルモノ」（第三条）となっており、「実歴の士」の入会に含みを持たせている。けれども、同年五月五日の改正によってそれは、「第一、法科大学教授卒業生及学生。第二、外国ノ大学ニ於テ国家学ニ属スル学科ヲ研修シ、卒業証書ヲ得タルモノ。第三、国家学ニ属スル学科ヲ修メタルモノ」（第三条）と改められ、会員は学識者に限られることとされるのである。少なくとも会員の資格について、渡邉の意向は貫徹されていなかったといえる。

純理派・加藤

加藤弘之が渡邉の国家学構想に反旗を翻したのは、渡邉の評議員長就任が決まった直後であった。明治二十年十二月五日の第七回例会において、「国家学ノ一新」と題して演説した加藤は、大要以下のように論じている。

加藤弘之
（国立国会図書館所蔵）

冒頭加藤は、「本会ノ雑誌ヲ見マスルニ、従来ノ演説ハ理財学ニ係ルモノカ十ノ七八ヲ占メテ居ル様テアリテ、国家学ト云フハ、殆ト理財学ノ別名歟ト疑ハシムル有様デアリマス」と切り出し、「小生ノ今日演説スルコトハ、是迄ノ演説ト違ヒ全ク理論ニ属シタコトデ、実際上ニハ甚タ面白カラヌコトデア」ると挑発的言辞を開陳する（［加藤：一八八八］五五五頁）。彼の批判の奥にあるものを忖度するに、それは学会が、国家学の理論的構成を没却し、経済上の実用的な談話によって席巻されていることに対する苛立ちと察せられる。

そのような現状を一新するために彼は、「国家学モ亦必ス理学ノ助ケヲ得テ、従来ノ面目ヲ改メネハナラヌ」と唱える（同右、五五六頁）。純理派加藤は、「理学」によって国家学の革新を期するのである。では、理学的国家学とはどのようなものだというのか。この点を加藤は、「吾人社会モ全ク一個ノ生物テアルト云フコトハ、近今ノ社会学ニ於テ明瞭ニナリタコトテアリマスカラ、社会ヤ国家ノ理ヲ研究スルニ付テモ、必ス生物学ノ理ニ依拠セネハナラヌ」と記している（同右、五六四頁）。

加藤によれば、西洋の思想界に台頭している進化主義によって、「従来ノ空想妄談ニ属スル国家学理論及ヒ法理学ハ永ク存在スルコトハ出来」なくなった。それらは「大謬見カ土台トナリテ成リ立テ居ルモノデア」ることが今や明らかとなったと説かれる（同右、五五八頁）。その大謬見とは何なのか。それは、「吾人々類ヲ以テ本来万物ノ霊長トシテ生レタルモノ」（同右、五五九頁）と憶測してきたことである。いわゆる天賦人権説もこの誤謬に立脚して生じた見解に過ぎない。つまり、加藤の主意とするところは、西欧で流行している進化論を日本にも導入し、国家や社会の考察に適用すべきということに尽きている。

後にも加藤は「今日の国家学」の題で講演し（明治二三年十一月二二日、第三二回例会）、そこで急進的な哲学派と保守的な歴史派の二極対立を紹介したうえで、自らの立場を社会学的なものと規定している。それは、「重に社会の有様を研究するので、唯空論に拠りて人間は貴い権利を持ツて居ると云ふやうなことを主張せず、或は又歴史に偏すると云ふやうなこともなく、左ればと云ふて全く理論を棄てることもなく、又歴史を捨てることもなく、此二つに由りて、今日の社会の関係を明にしてゆかねばならぬ」（［加藤：一八九〇］六六九頁）ものとされている。

ここで特徴的なことは、進化主義に傾斜した理論偏重的姿勢は少なくとも前面には現れず、代わって、社会の具体性に即した研究が称揚されている点である。そのようにして現実の社会の在り様が前提とされることは、超越的な一元的法則に立脚した図式的解釈を揺るがせるものであろう。それは結果として、渡邉の方法的立場への接近をもたらすものと思われる。少なくとも、ここでかつての純理主義的主張は後景に退いていることが指摘できよう。

こう見てくると、加藤に代表される国家学の純理派は、単に少数派であったのみならず、理論的にも守勢的であったことが浮き彫りとなる。だが、加藤ほどの人物によってかくも直截的な批判がなされたことの意味は当然大きかった。演説の行われた三ヶ月後の明治二一年三月五日、国家学会発会一周年記念会の席上で、評議員長の渡邉は、改めて実際的国家学の立場を明確にしている。

渡邉の勝利宣言

抑々国家学ナルモノハ、範囲広漠ニシテ、遽ニ限界ヲ下スヘカラサレトモ、国家普通及特別ノ性質ヲ明ニシ、而シテ此性質ニ適応スル経綸ノ方法ヲ講究スルコト尤其要務ト謂フヘク、性質ヲ知ルハ、内外ノ歴史統計ニ拠リ、経綸ノ方ハ其自然ノ沿革ヲナシ来レル各国公私ノ法制ト思弁ト経験トヲ重ネテ研究ヲ積ミタル理財ノ学術トヲ以テ其大綱トナスヘキモノナレハ、決シテ空想妄論ノ横行ヲ許ス余地ヲ存スルモノニアラス。

(「国家学会第一紀年会祝辞」一二一頁)

「理財ノ学術」の価値付けと「空想妄論」の排斥というところに、加藤演説に対する意識を読み取ることができよう。このようにして、会の方針を確固なものとして再定立した渡邉は、以後、組織の運営にも辣腕を振るう。この年の十月二七日に開かれた臨時会において、渡邉の動議で国家学会規則が再改正された。これによって会員資格が、「国家学ニ属スル学科ヲ修メ若クハ之ニ関スル実歴アルモノ」（第三条第三項）と改められる。それに伴って、同月、伊藤博文、伊東巳代治、大隈重信、松方正義が入会し、翌十一月には井上馨、渋沢栄一、森有礼らも会員に加わっている。渡邉が念願としていた、「実歴の士」の入会がここに実現したのである。

これを受けるかたちで、渡邉は『国家学会雑誌』第二巻第二一号に「国家学講究ノ方針」と題する論文を寄稿した。そこでも彼は、「能ク国ヲ治ムルモノハ、其国体ヲ堅固ニシ、其国風ヲ強盛ニシ、其長所ヲシテ益々発達セシメ、時ニ他ノ事物ヲ採ルモ我特性ニ適応スルモノヲ撰ヒテ、以テ我国体国風ニ化合セシメ、以テ国基ヲ培養スル者ナリ」（「国家学講究ノ方針」六一九頁）と、歴史主義的かつ比較的立場を改めて鮮明にしたうえで、徒に欧米思想におもねったり、頑迷な保守主義に閉塞したりすることのない、実際的見地に基づいた政治経済思想の涵養を提唱している。

これに続く彼の次の言葉は、加藤に対する勝利宣言として聞いて差し支えあるまい。それはまた、国家学会が明治国家の体制を支える「国制知」としての姿を名実ともに確立したことを告げるものでもある。

国家学会ハ其規則ヲ変更シテ、学理ト共ニ応用ヲ講スルコトト為シ、又学者ノ外ニ実歴アル人ヲ其会員ト為スコトニ決シタリ。今ヨリ益々会員ハ、学術ト実歴トニ依リ、輓近欧米ニ於テ最モ進歩セル国家学攻究ノ方法ニ依リ、本邦ノ地学史学及ヒ統計ヲ根拠トシ、広ク各国ノ経歴ニ参シ、法律、行政、財政、外交、兵事、民業、公工、教育等ニ就キ、我国家ニ須要ナル事項ヲ講究シ、以テ会員交互ノ知識ヲ拡充シ、併セテ其研究セル事項ヲ本会ノ雑誌ニ輯録シテ、公衆ノ国家学講究ノ資ニ供シ、務メテ学術ニ基キ安全堅固ナル与論ノ依拠ヲ得シメンコト、敢テ企望スル所ナリ。

（「国家学講究ノ方針」六二―五頁）

かくして、国家学会は、国家活動全般についての実践的知識を対象とし、政治エリートを幅広く糾合するシンクタンク的組織としての装いを整えた。以後、初期国家学会は、大学と国家、学問と政治を理論的にも人的にも媒介するメディアとして運営されるのである。

ところが、そのようにして心機一転、学会運営の仕切り直しがなされたと思ったのも束の間、学会のなかからもうひとつ反旗の狼煙が上がった。

4 政理対法理

プリンス・穂積八束

穂積八束といえば、帝国大学の初代憲法学教授として、日本憲法学の礎を築いた一人である。いわゆる天皇主権説に則った精緻な憲法学体系を築き上げ、それはしばしば明治憲法の正統学派と呼ばれる。彼の弟子の上杉慎吉が、同僚の東京帝国大学教授で天皇主権説を批判する立憲学派の代表者・美濃部達吉と天皇機関説論争を繰り広げたのは、近代日本憲法史を彩る一大事件として知られている。

その穂積が、四年以上にわたるドイツ留学から帰国したのは憲法発布日を直前に控えた明治二二年一月二九日であった。「日本憲法学界に君臨すべき、即位直前の帝王として」(〔長尾：二〇〇一〕二九八頁)の凱旋、のはずであった。だが、そうはならなかった。

帰国直後から、穂積は『国家学会雑誌』に七回にわたって新憲法の逐条講義「帝国憲法ノ法理」の連載を始めるのだが、それが大きな物議をかもしたのである(『国家学会雑誌』第三巻第二十五号～同巻第三一号)。それというのも、穂積の議論が、同会においてそれまで積み重ねられてきた理論傾向ととても相容れるものではなかったからである。

実際、穂積の説くところは、国家学会の既定路線に対する全否定と言ってよかった。この点は、「帝国憲法ノ法理」に先立って『国家学会雑誌』に掲載された、「新憲法ノ法理及ヒ憲法解釈ノ心得」(第三巻第二四号)に既にうかがえる。そこにおいて穂積は法理と政理の分離を主張している。

> 政理ハ利害得失ノ弁ナリ。須ラク国情ニ照シテ之ヲ議定スヘシ。法理ハ性質作用ノ弁ナリ。須ラク公法ノ元則ニ依リテ之ヲ解釈スベシ。故ニ政理法理ニヨリテ一ノ新法ヲ解釈スルハ実ニ至難危険ノ業ナリ。(〔穂積：一八八九a〕九七頁)

ここで穂積が念頭に置いているのは、ドイツ留学時に感化を受けたシュトラースブルク大学の憲法

穂積八束
（国立国会図書館所蔵）

学教授パウル・ラーバント（Paul Laband）の公法実証主義であろう。そのことは、続けて彼が、「普国ニ憲法ノ法理ヲ明晰ニセルノ技術ニ至リテハ、我輩亦タ之レニ倣ハザル可カラザルモノアリ」（同右、九八頁）と記していることからも分かる。ラーバントは、憲法の解釈学を実定法規に限定し、政治経済学的観点を憲法学から排斥したことで知られる。いわば、憲法学から国家学的方法を最終的に駆逐したその人である。穂積はラーバントに倣って、憲法の解釈に何らかの政治的関心——特に必要以上の立憲主義——が混入されるべきでないと訴えているのである。政理と法理を方法的に峻別しないで新憲法を解釈することは、「実ニ至難危険ノ業」だと穂積は言う。

「帝国憲法ノ法理」は、まさにそのような立場からの大日本帝国憲法のコメンタールであった。ここでも、穂積は繰り返して言う。「兎ニ角政治談ト法理論ト混淆ス可ラザルコトハ余ノ反対論者ニ忠告シタキ一点ナリ」（〔穂積：一八八九b〕第三十号、四五一頁）、と。したがって、法理にあらざる政理を持ち出して、天皇大権の憲法による制約を強調してはならないことが力説される。「天皇ハ即チ国家」（〔穂積：一八八九b〕第二六号、一九四頁）なのであって、「天皇ノ大権ハ決シテ此憲法ニ依テ制限サレタル者ニアラズ。何ントナレバ此憲法ハ天皇ノ命令ニシテ命令トハ主権者ガ主権者自身ニ向テナス者ニアラザレバナリ」（〔穂積：一八八九b〕第三十号、四五〇頁）というのである。極端なまでの天皇主権、天皇絶対主義の弁明である。穂積にとって、憲法とは天皇の主権を制約するものであってはならず、欽定憲法として、あくまで主権者天皇が臣民に下賜した「命令」に他ならないのである。

国家学に対するアンチテーゼ

このようにして口火を切った穂積の「法理」論は、明らかにある勢力に対する挑発を意図していた。その勢力とは、穂積の言葉に従えば、「政理」を弄している一派であるが、言葉を換えれば、国家学を掲げる勢力である。

> 国家ハ有機体ナリトカ云フ説アレトモ其ハ国家学上ノ解釈ニシテ決シテ法理上ノ解釈ニアラズ。
>
> （［穂積：一八八九b］第二五号、一七三頁）

国家を有機体と考える見方は、先に見た渡邉の国家観にも表れていたように、この頃の国家学会において主流をなす考えだった。この他にも、穂積は「立法ト云フ語モ其義解非常ニ混雑シ居レトモ、其ハ皆議論ガ国家学若クハ歴史上ヨリ来ルカラノ事ナリ」（同右、一七四頁）などと述べ、国家学の学としての未熟さを指弾している。要するに、穂積によれば、国家学なる代物は、前世代の遺物であった。「国家全能主義」と題する論稿において彼は、「我国朝野ノ政理論ハ多クハ欧州大陸ニ於イテ四五十年前（中央欧州立憲制実施ノ際）ニ行ハレタルノ立憲説ト暗合シ、主権ノ作用ヲ検束スルヲ以シ憲法ノ美果ト為シ、社会ノ自治ヲ以テ政策ノ上乗ヲ得タリトスルニ似タリ」（［穂積：一八九〇］一八〇頁）と切って捨てている。国家学会の従前の議論は、せいぜい十九世紀前半のヨーロッパで流行した立憲主義理解に立脚して主権者の働きに制約を加えようとするものというのである。

だが、それはすでに時代遅れとなっている。これに対し、新参の洋行帰りとして穂積は、「今精明ナル旗幟ヲ欧州ノ芸苑ニ樹立シ、夙ニ公法学ヲ以テ名声ヲ博スル先輩諸氏ノ説ヲ参酌シ、以テ我帝国憲法ニ照シ法理ノ確然動カス可ザル」学説を展開すると宣言する〔穂積：一八八九b〕第三十号、四四八頁）。その「精明ナル旗幟ヲ」ヨーロッパの学界にたなびかせている憲法学説が、前述の公法実証主義である。穂積は、それを援用して、憲法の学知をいわば条文に封じ込め、憲法典に書いていないことについては、主権者の意思を忖度して解釈を行うことを掲げる。繰り返すが、それが無用な政論に拘泥しない科学的な法理究明の唯一の方法とされるのである。

以上のように、穂積の掲げる「法理」とは、国家学に対するアンチテーゼに他ならなかった。このような穂積の挑発的言辞に対し、たちどころに数々の反駁が沸き上がった。その勢いは、穂積の予想を越えるものであった。「帝国憲法ノ法理」連載中、彼はいったん「弁解」と題する一節を挿入している。「余ノ帝国憲法法理ノ講義一タビ世ニ出テ、、反対論四方ニ起リ嗷々トシテ余ノ弁解ヲ促ス者ノ如シ」（同右、四四八頁）、と。攻勢を受け、一瞬たじろいでいるかのような穂積の姿が行間から垣間見える。実際この時穂積が被った論難は、彼のなかにトラウマを残していたようで、この翌年にも国家学会の席上、穂積は次のように遺憾の意を表明している。

予嘗テ憲法上ノ解釈ヲ試ミタルコトアリシニ、世間一二三ノ人ハ予ニ反対ヲ表セラレタリ。然レドモ其反対スルヤ、精密ニ学問上ヨリ研究シテ論ゼラル、ニアラズシテ、単ニ嘲弄的罵詈的ノ言語ヲ以テ軽々ニ論ジ去ルトハ豈不信切不尤モ千万ノ次第ニアラズヤ。

（「講演後会員問答筆記」『国家学会雑誌』第四巻第四五号、六五三頁）

穂積の憮然とした顔が目に浮かぶようである。そこで次に、穂積の批判を受けて惹起された、「国家学」者たちのリアクションを瞥見してみたい。

国家学者からのリアクション

穂積の「帝国憲法ノ法理」を受けて著された批判としては、『憲法雑誌』に三回にわたって連載された、有賀長雄の「穂積八束君帝国憲法の法理を誤る」（［有賀：一八八九］）が有名である。それは、穂積の天皇主権説に対する天皇機関説からの論駁となっており、美濃部達吉と上杉慎吉の間に戦わされた天皇機関説論争の先駆けとされる。

この有賀のものにとどまらず、「帝国憲法ノ法理」が掲載された当の『国家学会雑誌』上でも、穂積は集中砲火にさらされていた。その最たるものが、法科大学の同僚であり、憲法及び行政法の講義を分担し合う仲だった末岡精一によるものである。末岡は「帝国憲法ノ法理」連載中の明治二二年八月、『国家学会雑誌』に「憲法ノ通俗解釈法」を寄稿した。名指しでこそないものの、穂積の憲法学が強く意識されていることは疑いが無い。末岡の言う「通俗解釈法」とは何か。それは、憲法の法理の解明を専らとするものではなく、「慣習例規ニシテ法律的ノ条規ト称スベカラサル者ヲモ通釈シテ汎ク憲法ノ法理及其政治上ノ効用ヲ論述スルコト」（［末岡：一八八九］四六一―四六二頁）とされる。つまり、憲法の法理のみならず、その政治上の効用という憲法政策論をも勘案したものなのである。そしてそのためには、単に憲法典の条文のみならず、慣習まで含めた実質的意味の憲法を幅広く考慮に入れ、「政治上実際ノ運用」を論究すべし、とされる（同右、四六二頁）。それ故、穂積が法理と政理の峻別を説くのに対し、末岡はむしろ両者の融合を唱えやまない。かくして穂積の主張と真っ向から対立する方法を掲げた末岡は、穂積の依拠するドイツ公法学についても、それに一辺倒に倣うことを難じて言う。

唯夕一箇人ノ学説ヲ信守シ、或ハ一ヶ国ノ憲法ヲ根基トシ、或ハ自己ノ法理論ヲ準拠トシ、各条の意義ヲ簡単ニ説去リ、而カモ解明シ難キ者ハ之ヲ無用ノ規定ト為シテ度外ニ置クカ如キハ、憲法通俗解釈ニ於テ最モ人ヲ誤ランコトヲ恐ル、所ナリ。（同右、四六五頁）

末岡によれば、「我国憲法ハ欧州各国中唯一ヶ国ノ憲法ヲ模範トシテ制定シタル者ニアラス。汎ク英仏独各国憲法及ヒ憲法ニ関スル学説トヲ参照折衷シテ設ケタルコト疑フベキニアラス」（同右、四六四―四六五頁）とされる。すなわち、大日本帝国憲法とはどこか外国のある一国の憲法を引き写したものなのではなく、優れて比較憲法学的な産物なのである。ドイツの最新学説をふりかざす姿勢への暗黙の批判といえよう。

このほかにも、穂積説を念頭に置いたであろう論稿が『国家学会雑誌』に散見される。そのなかで、次に取り上げたいのは、渡邉洪基の発言である。穂積が「新憲法ノ法理及ヒ憲法解釈ノ心得」を『国家学会雑誌』に寄せたその同じ月、国家学会の月例会の壇上、渡邉は次のように国家学を定義付けていた。

渡邉の反攻

抑国家学即政治経済ノ学ハ純正ノ理学ヲ攻究スルヨリハ、寧ロ当時ノ実況ニ応シテ国民ノ安寧幸福ヲ増進スル方法ヲ講明スル者ナリ。（「来会者諸君ニ告グ」一六一頁）

ここでもまた渡邉は、国家学は純理を扱うのではなく、優れて実用的なものであるべきと説いている。渡邉によれば、国家学とは「天然ノ勢力ヲ以テ組成セル物質精気ヲ合シタル一活動体」（同右、一六二頁）たる国家有機体のための経綸を論じるものであった。そうでない時、それは「架空ノ妄説ニ止マリ、実用ヲ為サス」（同右、一六二頁）と言い切っている。ここでも渡邉は、国家学の実学性を高唱しているのである。

このような渡邉の実学的国家学と真っ向から対立する穂積の「帝国憲法ノ法理」が、『国家学会雑誌』の同じ号に掲載された。読者は一驚を喫したに相違ない。あまつさえ、穂積の論稿のもととなっている講義は、渡邉の計らいで執り行われたものであった。また、渡邉は帝大総長として、帝国憲法の官製コメンタールである『憲法義解』の編纂委員の推薦を伊藤博文から求められた際に、穂積の名前を挙げている（明治二二年二月七日付井上毅宛伊藤書簡、［稲田：一九六二］八八二頁）。帝大の憲法学を担うべき存在として、渡邉は穂積に目をかけていたわけである。穂積の〝造反〟は、渡邉としてはいい面の皮であったろう。

穂積の論文は、このように国家学会のなかに大きな波紋を投げかけるものだったといえるが、しかしその行い自体はやや蛮勇であった。穂積の筆鋒にもかかわらず、渡邉によって敷かれた国家学会の路線が揺らぐことはなかった。以後、穂積は学会のなかで孤立していった。その主権者命令説も、後年、渡邉自身によって次のように、朕が国家なりというような主権者全能説で国家を自由に差配することなど許されないとして批判され、学会のなかでの命脈を絶たれるのである。

国家ガ権利ノ源ナリト云フモ、決シテ之ヲ誤リテ我即チ国ナリ君即国ナリト云フガ如ク此主権ナルモノヲ主権者ガ勝手ニ定メ、即チ主権者ノ随意ニ動カシ得ベキモノナリト云フニハアラズ。

〔中略〕

国家ノ権力ハ綜合セサルモノトナスモ、之ヲ君主ノ一身又ハ宰相ノ権力ニ移シテ国家ハ即チ我ナリト云フガ如キコトハ、是亦民約説竝天賦人権説ト同ジク決シテ為シ得ベカラザルモノナリ。

（「権利ニ就テ」一一五九頁）

5　国家学会の伝道

以上のようにして、実際派を率いる渡邉は、純理派の加藤や穂積を駆逐していった。加藤は、国家学会の規則が再改正されて実歴者の入会が可能となった翌年の明治二二年十二月にいったん国家学会を退会する。翌二三年六月に彼は再入会し、オーストリア公使となって日本を離れた渡邉の後を襲って二代目の評議員長に就任するが、明治二六年に渡邉が帰国すると、再び渡邉がその座に就いている。

穂積のほうも、活動の主たる場は、帝国大学の外に求められ、東京法学院（旧・英吉利法律学校、現・中央大学）の機関誌である『法学新報』で健筆をふるうことになる。そこを舞台として、かの有名な「民法出テ、忠孝亡フ」が著され（『法学新報』第五号）、ボアソナード（Gustave Emil Boissonade）が起草した民法典が日本のイエ秩序を紊乱するとしてその施行延期を求める民法典論争の火付け役となった。

伊藤博文入会す

さて、純理派を追い落とすかたちで国家学会に入会した「実歴の士」たちのうち、最大の呼び物は何といっても伊藤博文であった。その伊藤は、明治三二年（一八九九）十二月九日、国家学会の壇上に登り、学会の目的に関して次のように語っている。

憲法政治ニ於テ最モ大切ナルコトハ行政事務ナルガ、之ガ機軸ヲ定メ標準ヲ立ルハ多クハ立法部ノ事務ニ属スルヲ以テ立法行政二ツナガラ其進歩ヲ図ラサルベカラズ。立法部モ行政事項ニ通ゼザレハ、到底国家ニ適スルノ良法律ヲ作ルコト能ハザルベシ。而シテ之ガ改良ヲ為スハ、学識ヲ備へ世務ニ実験アル立法者ノ出ルニアラザレバ到底望ムベキニアラズ。此等ノ改良亦其任ヲ挙テ学者タル諸君ニ望マザルヲ得ズ。又其任ニ当ラル、コトハ、諸君ノ責任ナルベキヲ信ズ。

（［伊藤：一八九九］六頁）

立憲体制が学識によって支えられるべきものであり、そのための知の産出が国家学会の任務であることが率直に表明されている。同時に学者の使命についても、「学者ハ学問上ノ智識ト実験ニ得タル智識トヲ以テ此多数ナル国民ヲ誘導シ、社会ノ全面ヲ啓導シ、善ク我国ノ後図ヲ誤ラシメザルコト」（同右、五頁）が期待されるのである。

このような学問による政治の基礎づけ、あるいは政治による学問の方向づけを理念として、初期の国家学会は成立し運営されていったのであった。初期国家学会は、紛れもなく、伊藤の立憲制構想の重要な一環としてあったのである。そして伊藤の意向を見事に体現していたのが、学会の実際派に属し、その領袖でもあった帝大初代総長にして国家学会の初代会長（評議員長）渡邉洪基だった。国家学会は伊藤と渡邉による知の嚮導《きょうどう》の場としてあったということも許されるであろう。

特に、学会のオーガナイザーであり、イデオローグであった渡邉の働きには目覚ましいものがある。そこでの彼の存在は、さながら〝国家学の伝道師〟と形容すべきものだったといえよう。この章を閉じるにあたって、国家学と国家学会を嚮導した渡邉の指導理念についてまとめておきたい。

国家学の伝道師

渡邉にとって、国家学とは有機体たる国家を対象とする経綸の学、実学であるべきものだった。それが故に、彼は「純正ノ理学」を忌避した。これに対して、国家学の本分とは、「学理ト実験ヲ相和」すことに求められた（「来会者諸君ニ告グ」一六四頁）。この点は、次のように敷衍される。

唯其物体ノ表面ニ顕出スル形象、即チ歴史的統計的ニ得ル所ノ材料ニ依リ、更ニ此国家ノ成立ニ裨補スル理学的ノ事物ノ学識ヲ参シ、此森羅万象ノ最モ錯雑セル者ヲ集メテ之ヲ解析分類シ、鋭敏ナル判断力ヲ以テ国家ノ福利ヲ進捗スルノ方法ヲ考ヘ、之ヲ実行スルノ責ニ当ラサルヘカラス。是国家学ノ学理及其実地応用ヲ研究スルノ道ナリトス。（同右、一六二―一六三頁）

右で唱えられていることを換言すれば、実験――現実の政治経済の経験的認識――に基づいて国家生活の諸相を明らかとし、その知見を理学的に省察・体系化したうえで、具体的な政策へのフィードバックを図るということになろう。つまり、彼が訴えていたのは、現実のデータを集積して国家の具体的な姿形をかたどり、それを前提にその国家の改良を論究する実践的な理論作業であったと見なすことができる。そのために彼は、「歴史的統計的ニ得ル所ノ材料」の動員を図るのであるが、そこに地学協会や統計協会を導いてきた彼の前歴を重ねて見ることができよう。

同様のことは、歴史研究のあり方を説く渡邉の論法にも見出せる。渡邉は歴史学についても一家言もっていた。この当時帝国大学文科大学大学院に進んでいた後の帝大教授の歴史家三上参次は、「渡邉総長などは、ああいう政治家に似合わず、江戸時代の研究はこういう風にしなければならぬなどと、柄にもないことを話されたことを覚えている」（[三上：一九九一]四二頁）と回想しているが、これを単なる好事家の物言いとして片づけるのはやや早計である。帝大総長時代、渡邉は歴史研究の振興にも意を注いでいた。

明治二一年（一八八八）十月、渡邉の建議に基づき、内閣臨時修史局において行われていた国史編纂の事業が帝国大学に移され、臨時編年史編纂掛が設けられた。その年度の卒業式において、渡邉はこの措置を大書して次のように述べている。

本学年中特ニ本学ノ国家ニ対シ更ニ重任ヲ負ヒタルモノハ、先キニ内閣臨時修史局ヲ廃セラレ文科大学ニ国史科ヲ新設スルト共ニ、本学ニ修史ノ事業ヲ専属セシメ臨時編年史編纂掛ヲ置テ、同局従来着手ノ事業ヲ継続シタルコト是ナリ。蓋シ此事タル直接ニハ史学ノ為メニ間接ニハ政治法律経済等百般学事ノ為メニ其攻究ノ方法ニ於テ新面目ヲ付与スルモノニシテ、大学ノ為メニ最モ賀スヘキノ事タリ。

（明治二二年七月十日の第四回帝国大学卒業証書授与式での演説『松方文書』第十一巻、二四二頁）

歴史編纂が、「政治法律経済等百般学事ノ為メニ」必要であることが説かれている。渡邉にとって、歴史学もまた、統計学や地学とならんで、国家学の前提となるべきものだったのである。そのことは、この年の十一月に創刊された『史学会雑誌』に寄せられた彼の創刊の辞からもうかがえる。同誌は文科大学の教官を中心にして設立された史学会の発行になるものだが、今日でも『史学雑誌』の名称で刊行され、東大を中心とするアカデミズム史学を代表する学術誌として学界に重きをなしている。

渡邉は、創刊号の巻頭に次のような言を寄せた（原文漢文。以下は筆者による訳）。

史學會雜誌序

格物致知之學。得之於經驗與實驗之二者。經驗者。依自然之顯象。實驗者。因人爲以作自然之顯象。二者共以驗事物之天眞爲主。而實驗。則可能施之一個事物。至經驗。則亘萬事萬物而後得之。故如人物天象社會。非據經驗。不能明其理也。抑國家若社會。亦自然之一事物而已。至講究其理勢之方法。與地學者之講金石。生物學者之講動植無異。但在彼。則可實驗經驗並用。在此。則單用經驗。而要之千百年之久且遠耳。史者。記錄事物之顯象。即所以資經驗。非據之。則不能究其理也。泰西攻究事物。常變之理。必據歷史。明過去以推將來。是眞格致之法也。故讀史編史之法不精。則致不測之過誤失錯也明矣。當其事者可不愼哉。頃者有志者相議。創史學會。將刊行其雜誌。請予序言。聊書史之要以辯卷首。

明治二十二年十一月　　渡邊洪基

『史学会雑誌』創刊の辞

そもそも国家もしくは社会もまた自然の一事物にすぎない。その趨勢を講究するの方法に至っては、地学者が金石を講じること、生物学者が動植物を講じることと異なるところはない。（中略）史とは、事物の現象を記録することである。すなわち、経験に資する所以である。これに拠らねば、その理を究めることはできない。西洋における事物常変の理の探求は必ず歴史に基づき、過去を明らかとすることで将来を予測する。これこそ真の格致の法である。ゆえに史を読み史を編じるの法に精通していなければ、不測の過誤失錯をなすこと明らかである。

地学者が金石を研究するように、また生物学者が動植物を研究するように、国家や社会を自然界の一現象として研究すべきと希望を述べている。そのようにして、過去の事理を究めることによって、国家の行く末について指針を立てることが謳われている。事実に関する正確な知識をベースにして、現実に対処していくための方策を編み出していくという実学の心得がここでも表明されている。帝国大学という国制知の体系のなかに、歴史学も組み込まれたものとして構想されたのである。

国家の構造としての「憲法」

このようにして現実生活の経験的把握を重視する姿勢は、憲法の研究に際しても呼びかけられている。後年の講演で渡邉は、法律の明文よりもその現実の効力やそれを妥当せしめている精神こそが肝要だとして、次のように憲法概念の転換を訴えている。

> 果シテ此憲法及将来制定セラル、所ノ法律ガ、直ニ社会ノこんすちちゅー志ょん〔コンスチチューション constitution〕、即ハチ国家ノ構造トナルヤ否ヤト云フコトハ、頗ル困難ナル問題ナリト考フ。而シテ法律ハ単ニ外形上ニ止ラズ、必ズ其精神即チ本体ガ行ハレザルベカラズ。
>
> （「権利ニ就テ」一一六三頁）

constitutionとは、「憲法」を意味する英語である。だが、原語には、構造や組織の成り立ちといった意味もある。渡邉はまさにconstitutionを「国家ノ構造」と解し、それを憲法や法律とは一応別物だと見なしている。現実の国家の構造を規定しているのは、憲法の条文以前にその精神だからだ、と。その精神が備わっていれば、法律なきところでも、慣習によってconstitutionが構成される場合も多々ある。したがって、「憲法ヲ制定セバ憲法ヲ以テ社会ヲ創造シ、法律ヲ以テ社会ヲ創造シ得ラル、カノ如キ考ヲ有スルモノ総テ今日誤謬ヲ来タスノ根原ナリ」（同右、一一六七頁）と喝破される。

かく述べられた今、国家学会の対象とすべきconstitutionも、憲法の条文それ自体ではなく、国家を現実に構成している法であることが説かれる。そのうえで、その研究の目的は次のように定められる。

国家学会ニ於テハ、此ノ如キ憲法ナリ総テノ法律ナリ之ヲ以テ固形ノ一物体トシテ考究セズ、其裏面ヨリシテ此ノ如キモノハ行ハルベシ、此ノ如キモノハ行ハルベカラズト云フノ理由ヲ研究シ、此法律ガ其目的ニ反シ世間ニ害ヲナサヽル様ナスベキハ学者竝ニ実際家ノ務メナリト考フ。
（同右、一一六七頁）

右の言明の背景にあるのは、現実の国家の構造が、憲法をはじめとした制定法によって固定されているのではなく、常に流動していくものであるとの認識であろう。* そして国家学会の課題は、そのような憲法秩序の絶えざる変遷を見据えて、あるべき constitution をその都度構成していく国家活動への寄与に求められ、そのためには学者と実務家の協働が不可欠とされるのである。

＊『国家学会雑誌』第三六号に掲載された「維新前後政況の観察」では、「日本ノ自然ノ国体」を指して、「コンスチチユーシヨント云フベシ」と述べられている（六九頁）。この前の箇所で、日本の国体とは「万世一系ノ皇室」（六八頁）と言明されており、それもまた日本のゆるぎない constitution と認識されていたのである。いずれにせよ、渡邉において constitution とは、単なる制定法ではなく、国家を現実に規定している歴史的社会的構造と観念されていたと言える。

「術」としての国家学

以上を要約するに、渡邉にとって国家学とは「学」というよりも、「術」と称すべきものであった。

国家学ヲ講究スヘキニハ所謂普通ノ理ト称スル部ニアラスシテ、各異ナル国ト時ト其勢ニ応シテ一種民族ノ幸福安寧ヲ進捗スルノ方法ニアリ。故ニ国家学ナル者ハ学ト称スルヨリハ寧ロ術ト称スヘシ。

（「国家学即チ政治経済学ノ位置及国家学ニ普通ノ実事 truism ト特別ノ実事トノ区別アルコト」『史料』二―一―二―二七）

そのような「術」としての国家学の実現のために、渡邉は現実の地勢や統計、歴史上の知識を動員し混合させる場としての国家学会を構想したのである。さらに付け加えれば、すでに何度も示唆してきたように、渡邉にとって学会とは、学者と実務家が協働する場でなければならなかった。それこそ、「三十六会長」の有していた結社の哲学だったといえる。『地学雑誌』は、渡邉の死に際して、次のようにそのことを明記している。

氏ハ実ニ学者、実業家、政治家ノ間ニ介在シ、相互ノ意志ヲ疎通シ、統一シ、以テ地学研究ヲ一定ノ方向ニ進捗セシムルニ於テ、最モ適当ノ人タリシナリ。

（「東京地学協会副会長渡邉洪基氏逝く」『地学雑誌』第十三輯第一五一号、四頁）

このようなものとしての渡邉の存在意義は、国家学会でも同様である。彼の尽力によって、国家学会も「学者、実業家、政治家」の三者協働のフォーラムとして成り立っていたのだった。

いや、というよりも、前述のように彼にとって国家学がそれまで自分が関与してきた地学、統計学、歴史学といった諸学を総合するものだったとするならば、国家学会はまさに渡邉の学会活動の集大成の意味合いがあったと言うことができよう。実際、渡邉はかくの如き学の実現を目指して組織の構想に余念がなかった。国家学会の設立に先立って、渡邉は幾多の組織を創設・経営して試行錯誤を繰り返していたのである。その顕著な例として、前章で扱った学習院、そしてそれに引き続いて彼が構想した政治学校の設立が挙げられる。

渡邉による学習院改革の眼目は、国家の指導的立場に立つべき者に、「国家ノ富強ヲ資ケ、人民ノ安全幸福ヲ増殖」する術について知識を蓄えさせることにあった。しかし、渡邉の意気込みも、当の華族の子弟たちには不評であり、彼による改革は志半ばで終わった。

だがそのことは、政治教育にかける渡邉のプランの放擲を意味するものではなかった。むしろ彼はこれ以後、政治エリート創出の場としての華族教育を見限り、より広い層へと訴えかけていくように視野を転位させた。その構想を書き記したのが、明治十五年八月、岩倉具視に宛てて出された建議書「政治学校設立之議」だった。そこにおいて彼は、御一新後、「社会ノ公利ヲ謀リ其幸福安寧ヲ保持スル政治経済ノ学」がおろそかにされているとして、政府の主導による政治教育の再構築と政治エリートの育成を説いていた。新しい体制にふさわしい「治国平天下ノ学」が模索されていたのだった。

政治エリート養成の系譜

そのような試みの先駆けとして挙げられるのが、国政学会の構想である（「国政学会設立趣意書」『史料』六一―十八）。明治十四年十月の国会開設の勅諭を受け、憲法施行後の新しい政治体制の創成を念頭に置いて練られたこの構想は、「政治学校設立之議」と併せて企画されたものと推察される。その設立趣意書において渡邉は、「我国家ノ利益ノ為メニ其国是ヲ定ムルノ責任ニ当ルへキモノハ、和漢ノ諸学者政治経済及理学工芸技術ノ学者及政治経済ニ経歴アル諸人士ニ非スシテ誰ソヤ」として、学識者や政治家・実業家に対してノブレスオブリージュを説き、欧化にも国粋にもなびくことなく、西洋の学術から採長補短を図り、もって「国風」に立脚した経綸の学を討究すべきことを唱えている。そのような会設立の目的を、彼自身の筆で語ってもらおう。

某等国政学会ト称スル一学会ヲ設立シ、輓今欧米ニ於テ最モ進歩セル経済学攻究ノ方法ニ依リ、本邦ノ歴史地学及統計ヲ根拠トシ、広ク欧米各国ノ経歴ニ参シ、政治経済教育等制度文物ノ本邦国家ニ須要ナル事項ヲ講究シ、以テ会員タル者ノ知識ヲ拡充シ、並セテ専ラ之ヲ登録スル公報ニ掲載シ、以テ公衆国政学講究ノ資ニ供シ、兼テ安全堅固ナル輿論ノ依所ヲ得セシメント欲ス。

ここで謳われている方針は、そのまま国家学会のものである。先述のように、国政学会と政治学校とは同時期に構想されたと目されるが、だとすれば、政治学校は帝国大学法科大学へと、国政学会は国家学会へとそれぞれ渡邉のなかで発展していったとの推論が可能だろう。学習院改革を起点とする政治学教育制度化の構想は、ここで理念的な発展を遂げ、明治二十年の国家学会へと結実していくことになるのである。

渡邉が初代の帝国大学総長兼法科大学学長に就任するに至った経緯について、はっきりしたことは分かっていないと書いた。学者でない彼が、数多の候補者を尻目に総長の座に就いたことは当時から奇異の目で見られていたことも前章で触れた通りである。今日でも、初代総長であるにもかかわらず、渡邉在任時の彼の事績を積極的に評価する見方は皆無といってよい。

だが、そのような考えは今や修正されなければならないだろう。政治エリートの養成とその手段である政治経済学（国家学）のあり方について、彼ほどに確とした哲学と知見、そして経験を有していた人物は、ほかに見出し得なかったであろうからである。学習院改革以来の「治国平天下の学」の実践。東京地学協会と東京統計協会に端を発し、国家学会へと流れ込む「実学」の構想。そして、知を通じて学者と実歴の士が結び合う結社の精神を体現した「三十六会長」の横顔。これらの側面がひとつに合わさり、帝国大学は伊藤博文が構想していた「国制知」として、すなわち国家の支配機構のなかに制度化されつつ、それを支え動かし、合理的なものとする知のファクターとして自らを確立するに至ったのである。

「国制知」としての帝国大学の成立、そしてそのための内的エンジンとしての初期国家学会。それは伊藤博文と渡邉洪基の二人による協働の産物だった。ウィーンのシュタインのもとで大学改革に開眼した伊藤は、僥倖にも日本で同じ問題意識を有し既にその実践に着手していた渡邉を得ることができたのである。「国家ノ須要ニ応スル」帝国大学とは、この二人によってデザインされ、造形されたのである。

第八章　晩年——媒介者の最期

1　集会条例その後——政策研究の試み

大学におけるフォーラム作り

渡邉は明治二三年（一八九〇）五月に退任するまでの間、およそ三年半、帝国大学初代総長の職を務めた。既述のように、これまで渡邉の総長在任時の事績については看過されるか、言及されても能吏として森文政下での各種規則を制定して大学行政の整備に努めたとされるのがせいぜいだった。あるいは、帝国大学の創設にあわせて制定された私立法律学校特別監督条規によって東京府下の私立法律学校の教育監督権限を認められ、官学アカデミズムの頂点に君臨して「帝国大学体制」を牽引する権力者としての姿が喧伝されることもあった。

これに対して前章では、国家学会の活動の考察を通じて、帝国大学を拠点として渡邉が造形しようとした知のあり方を論じてきた。そこから浮き彫りとなったのは、知を産出する機関としての大学を一般社会と連携させる媒介者としての姿だった。そのような姿は、彼の総長在任時のここかしこに認めることができる。例えば、渡邉は大学と社会の間をとりもつフォーラムをいくつも組織した。国家学会はそのひとつだったが、そのほかにも東京大学時代に理医学講談会として開催されていた、今でいう大学による市民講座を拡充して、全学あげての大学通俗講談会が設けられ、渡邉はここでも会長の座に就いた（『東洋学芸雑誌』第四巻第六五号、一二三二―一二三三頁）。

同じ趣旨で、同年五月には法学協会を母体とする法学協会講談会が開催されている。開会の挨拶に立った渡邉は、「是は即ち法学協会の講談会で、法律を通俗に人に分り易い様に開き度いと云ふことで有りました」と会の性格を述べ、登壇する法科大学の教授陣に「何卒諸君の是からの演説も、本会に於て学問の講究で無くて法律の学問を人民一般に知らしむると云ふ積りで講談になり度い」と要望している（『法学協会雑誌』第四〇号、一―二頁）。また、明治二一年に私立五大法律学校連合大討論会が帝国大学内で開かれた際にも、一場の演説を行っている。

倫理教育へのスタンス

このように知を通じてのフォーラム作りということで、渡邉の活動の焦点は一貫している。そのような活動を成り立たしめるために、彼にとって知はあくまで「通俗」的なものでなければならなかった。言葉を換えれば、プラクチカルなものでなければならなかったのである。渡邉が、大学の研究は純理に拘泥して高邁なばかりになってはならないと批判していたことは既に論じてきたが、そのさらなる例示として、彼の倫理教科書編纂に対する姿勢を紹介しておこう。

帝国大学の創設は、西洋学術に範を取った実学志向の確立を意味していた。これに対しては、伝統的な漢学や国学の側からの反発もあった。特に注目されるのが、そのような事態の展開に当初天皇も憂慮を示していたことである。明治二十年（一八八七）五月と十月の二度にわたって明治天皇は侍従長徳大寺実則を帝国大学に派遣し、諸学科を巡視せしめ、その教育の実情について渡邉総長に説明させた（『明治天皇紀』第六巻、七四七頁、八二三頁）。徳大寺は帝大における伝統的な徳育の不在を天皇に上奏し、天皇はその改善を求めた。これに先駆けて、前年の明治十九年十二月に西村茂樹が帝大で日本道徳論の講義を行っている。

この一連の動きの背景には、森有礼文相の意向があったことが推察される。西村はこの時の講義をもとに『日本道徳論』を刊行したが、森はこの著を中学校以上の教科書にしようとしている。森はこの時期、かつての急進的洋風啓蒙主義者から保守主義への転身を遂げており、侍従長の視察も森の差し金だったことが推測される。

しかし、西村の『日本道徳論』を徳育の教科書にせんとの措置は、伊藤博文首相の逆鱗に触れて取り下げられた。これは、伊藤が進める欧化政策に対する反動のひとこまである。鹿鳴館とならんで、帝大もまた欧化のシンボルとして一部の目には苦々しく映じていたのである。

渡邉は総長として、総理伊藤と文相森（および明治天皇）の板挟みにあったわけであるが、彼の立場は確然としていた。この時の渡邉の考え方を示す史料が残っている。そこで彼は、中学校・師範学校用の倫理教科書編纂に関し、次のように否定的意見を述べている。「現今倫理ノ見解一般紛雑ナルノ時ニ当リ又世人ノ向背共ニ其目的政府ニ在ルノ時ニ当リ、倫理教育ノ基本ヲ与フル読本トシテ諸家ノ評決ヲ取リ文部省ヨリ之ヲ発行スルハ、未夕完全ナラサルノ感アルノミナラス我国家ノ教化上ニ於テ大ニ危ム所ノモノアリ」（『史料』六一―六二）、と。つまり、彼は国家が先導して道徳倫理の大道を指し示すことは、一般庶民の心情と齟齬を来す恐れがあると指摘しているのである。つまり、この件について、渡邉ははっきりと伊藤の側についた。それはまた、通俗的知の拠点として帝国大学を構築しようとした彼の根本理念から必然的にもたらされるものでもあったのである。

「研究」の導入

総長渡邉による知の造形にはもうひとつの含意がある。それは「研究」というものである。渡邉は、大学を研究の場として位置づけた。当たり前のことと思われるかもしれない。しかし、先に紹介した東京専門学校の講義風景をもう一度思い出してみたい。さながら政談に陶酔する青年活動家の集まりが現出していた。帝国大学が「研究」を掲げた時、そこで念頭に置かれていたのは、私学の法律学校を中心に展開されていた学問の政治化だったのである（国家学会で金子堅太郎が明治二十年四月十四日の第二回例会に登壇して「日本行政法ヲ研究スルノ方法ヲ論ス」と題して演説した際、民権派との間に論争が生じた。その背景と意義について、〔瀧井：一九九九〕二六一頁以下を参照）。

学問の政治化を矯正し、政談にあらざる研究へと向かわせること。それが渡邉の念願であった。この関連で、渡邉と集会条例の制定について再論しておこう。第五章で論じたように、渡邉は自由民権運動の弾圧立法として名高い集会条例の起草者として悪評を受けていた。しかし、渡邉は政談と講学を区別し、純粋な講学を目的とした集会を保証する意図もあって同条例を作成したのだった。それが徒《あだ》となって、当初規制の網の目を逃れる〝研究会〟が横行したことも既述の通りである。その欠を補うべく、明治十五年に同条例は改正を余儀なくされた。

だが、渡邉自身は、後になっても政談と講学＝研究の区別に拘泥していた。総長時代の明治二二年九月、いわゆる大隈条約改正交渉が世に喧しかったころ、彼は学生たちに対して、政府批判の政治的運動ではなく、学理に則った条約問題の研究集会を呼びかけている（「(大隈条約問題に関する総長演説)」『史料』一五五。「条約改正の成行」『中外商業新報』明治二二年九月二七日号、二頁。「大学総長の演説」『東京新報』明治二二年十月一日号、二頁）。

その際に、次のように述べられているのが注目される。集会条例によって、学校の教師や生徒が政治に関する事項を講談論議する集会に参加したり、そのような結社に加入することが禁じられ、その結果、大学の法学・政治学の教員が時事的な問題について新聞紙に自説を発表することさえはばかれるようになった。これは学問の流布という観点から大いに問題であり、漸次にこのような事態を緩和し、時事に関する学術的な研究を行う道を開かなければならない。そのように弁じたうえで、当今の条約改正問題への帝国大学としての取り組みについて、次のように述べている。

今外交条約ヲ論スルニ当リテモ、本大学ニ於テハ之ヲ時事ノ問題トセス。法理及理財上ノ学事問題トシテ各自之ヲ討究スヘク、之ヲ以テ当時ノ政治上ニ実行スルヲ目的トセス。平心虚気偏ニ事物ノ真理ヲ討究スルニ務ムヘシ。

（『史料』一五五）

つまり、大学としてなすべきは、時事の問題に深入りして政治的運動を行うことではない。そうではなく、それを各自の専門的見地から学問的に討究する真理探究こそが務めだというのである。ここにも、集会条例起草時の政談と講学の二分法が投映されていると見なすことができる。講学の領域を政談から解き放ち、純然たる研究の空間とその成果の流通を期していたという点において、集会条例起草者としての渡邉と帝大総長の渡邉は一貫していたといえる。

2 再渡欧と政界への進出

再びウィーンへ

渡邉は明治二三年(一八九〇)五月に総長の座を退いた。外交官に復帰し、特命全権公使としてオーストリアに赴任するためである。志半ばでの辞職だったかもしれない。三宅雪嶺『同時代史』は、時の文相芳川顕正が「大学に於ける渡邉の不評を聞き、山県の姻戚なる加藤〔弘之〕を総長とする方、山県も満足し、加藤も満足し、大学も満足すべしと考ふる所あり」として総長の交代に至ったと記す。加えて、渡邉は「世俗に過ぎ、学会に適せずとも言はれ、兎角の批評の出で、自らも永く大学に没頭するを屑しとせず」(〔三宅:一九四九~一九五四〕第二巻、三九九頁)との事情があったことも伝えている。渡邉の通俗的学問観に立脚した大学運営は、研究を旨とするアカデミズムが生成するにつれて徐々に学者の本分への不当な干渉と目されたということか。だとすれば、何とも皮肉な結果である。

こうして渡邉は十五年ぶりにウィーンに舞い戻ってきた。だが、それも長くは続かなかった。明治二五年二月に行われた第二回の衆議院議員選挙に海外にありながら立候補した彼は見事当選し、官を辞して代議士の道を歩むべくその年の四月に帰国するのである。二年足らずの在任だった。

短かかった駐在期間中、任期で注目すべきこととして、彼の示した次のような国際関係論に言及しておきたい。渡邉が欧州の地を再訪して強く心に刻んだこと、それは西洋列強間の熾烈な経済競争であり、それによって世界の他地域は蚕食の危機に陥っているとの意識である。ウィーンに着任して一年が経とうとしていた明治二四年九月二四日付の外相榎本武揚への書簡が、残されている（『史料』二―十二）。そこでは、西洋列強による清国蚕食の動きに対して、わが国は清国との懇親に尽くし、軍備を増強して東アジアに派遣される欧米諸国の軍事力に対抗するべきと説かれる。「亜細亜東方に欧米人の干渉を遠け候様致候儀は今日の急務」とされる。かねてより渡邉は、西洋勢力の伸張に対抗して東アジア世界を防衛することを説いており、そのために興亜会なる団体の立ち上げに加わってもいた。そのような彼のアジア主義にまた火が点けられた格好である。

＊興亜会について敷衍しておこう。これは明治十三年（一八八〇）二月に結成された。長岡護美を会長とし、渡邉は副会長になっている。翌三月九日に第一回の会合をもった際、彼は設立の趣旨につき演説を行った。そこでは、欧米諸国が国は異にしながらも「同族同文同教ノ一団結ヲ維持シ共ニ其益利ヲ受ク」（「（渡邉洪基演説）」三頁）関係にあることが指摘され、「此会ニシテ果シテ隆興セハ、特リ亜細亜諸邦ノ幸福ノミナラス遂ニ欧米諸州ノ一団結ニ拮抗スルノ勢ヒヲ為シ、彼ノ欧米今日ノ開化ヲ以テ其勢ヲ来シ将来全地球上人世社会ノ一大幸福トナルモ亦期ス可カラサルニ非ス」（同右、三頁）と高唱されている。

外交官として欧州駐在の経験もある渡邉は、西洋の経済的競争原理と膨張主義、またその一方での文明的一体性について強く認識するところがあった。それがために、西洋世界の東アジアへの勢力拡大に警戒して東アジア地域も結びつきを強める必要を説いたのである。そのために、日本は東アジア覚醒の旗手とならなければならなかった。第五章で言及した壬午事変前の渡邉の対韓策にその片鱗が表れていたように、中国や朝鮮との善隣関係を強調しつつ、そのなかでの日本の盟主化を画策するというのが彼の興亜主義であった。付言すれば、以上のように彼の関心は西洋に対抗する経済圏の樹立にあったのであって、反欧米の東アジア的価値共同体が目指すものだったのではない。その意味で、他のアジア主義者とは思想的に区別されるものがあった。

なお、興亜会の活動それ自体は当初から低調で、翌年には財政難から渡邉は事務所の売却などの再建策に頭を悩ましている（「興亜会維持之法案」『史料』四九—十三）。その後、同会は亜細亜協会と名を改め（明治十六年一月）、明治三三年三月には東亜同文会に吸収合併された。渡邉は、断絶はあるものの、興亜会および亜細亜協会の副会長を長らく務め、東亜同文会でも評議員となった。渡邉と興亜会の関係や彼のアジア主義について、［黒木：一九九三］、［黒木：二〇〇五］を参照。

西洋に対抗するために

明治二五年一月三一日の日付をもつ原敬宛の書簡では、より直截に次のように論じられる。西洋諸国は、「陰ニ自由貿易ヲ欧米相互間ニ設ケ、其余贏ハ亜細亜亜非利加土耳其等ニ及ヒ候訳ニテ、生存競争ノ機益以テ劇烈ヲ加候次第ニ有之候。而シテ各国内外水陸運輸ノ便ヲ保護拡張シ、教育ニ勧業ニ、或ハ法律ヲ以テシ、或ハ財ヲ以テシ、愈之ヲ保護致候事ハ各地方ニ至ルマテ然ラサルハ無ク」と（『原敬文書』第三巻、五二二頁）。

自由貿易を唱道することによって、西洋世界が経済競争のかたちを借りた弱肉強食の社会進化戦略を展開しているとの図であり、そのために各国は運輸、教育、法制度などの物質的精神的インフラの整備に余念がないと説かれる。そして、日本もうかうかしてはいられないとの警鐘が導かれる。

「エネルギー」の概念

ところで、渡邉はこの時、国際関係の生存競争を支配している新たな原理に想到した。それは、「エネルギー」という概念である。帰朝して間もなくの明治二五年四月二三日、渡邉は国家学会の例会に登壇し、「小話（国力ニ就テ）」と題して講演した（『国家学会雑誌』第六巻第六三号に「所感」のタイトルで掲載）。そこで彼は、国力について次のような定義を下している。「国力トハ一国ノ天然力ヲ藉リテ人力ノ発達シタルモノヲ今迄蓄積シタルモノ」であり、また「今日生活スル所ノ人ガ是ヨリ発達シ得ベキ」ものの総称だというのである。つまり、国民が総体として有している生活上の活力の謂であり、それを渡邉は「エナルジイ」とも言い換えている（「所感」二六六頁）。

二度目の海外生活は、このような「エネルギー」への開眼をもたらした。渡邉の眼には、国際社会は各国が自らの「エネルギー」を蓄え発展させ、互いにその力を競い合っている場と映じた。権利や法もこのような「エネルギー」に支えられて初めて実効的なものとなる。同じころ行われた別の講演において彼は、「権利ハ実力ニ在リ。実力ヲ養成スルニ非レハ権利ヲ保全スルコト能ハス。実力トハ則チ国民ノ徳力体力及ヒ智力ヲ合シタル者ナリ」と述べている（「福井県人士に告ぐ」『史料』二―一）。国民の徳力・体力・知力をあわせた「実力」としての「エネルギー」に裏打ちされていなければ、権利の伸長など「空想ノミ夢幻ノミ」と喝破される。

国家学会の任務も、そのような「エネルギー」の培養と効率化に置かれるが、注目したいのは、ここで同時に政党の意義が説かれていることである。渡邉は国家の「エネルギー」の促進を妨げるものとして、国民相互の結合に対する障害物を考慮している。彼の任地であったオーストリアについていうならば、宗教、民族、人情の違いが国民間の分裂を生んでいると指摘され、幸いそのような障害物は日本にはないと言う。

政党の定義

そのように述べる一方で、彼が憂慮するのが政治の場における党派性である。渡邉は、政党を定義して言う。

所謂政党ハ極メテ自由ナルモノニシテ、単ニ政治上ニ於テ主義若クハ或事ヲ行フ上ニ於テ若クハ其行フ所ノ方法ニ就テ意見ヲ同ウスルモノノ合シタルモノナリ。（「所感」二七〇頁）

政党というものは、本来、政見の異同によって成り立ってくる自由な結社であるとの見立てである。政策的な意見を自由に表明して討議するためのものという考えが介在していると目される。ところが、現実の政党はそのようになってはいない。「我日本ニハ、今日ニ至ルマデ歴史的ニ成立シタル純然タル政党ハ未タ成立セズ。僅ニ朋党ニ類スルノ政党アルノミ」（同右、二七〇頁）。つまり、日本にあるのは、政党ではなく、朋党や徒党の類に過ぎないとされる。言うならば、無頼の集まりでしかないとされるのである。

これは、並々ならぬ意気込みの吐露であった。前述のように、渡邉が帰国したのは衆議院議員に当選したからであった。官を辞し、政治の世界に身を投じるための日本への帰還である。そして、彼は実際に自ら政党の立ち上げに関わっていくのである。その詳細については、節を改めて論じたい。

帰国する

前述のように、明治二五年四月に欧州から帰朝した渡邉は、帰国後ただちに国家学会で帰国報告を行い、国家学会評議員長に復した。また、翌月五月十五日には小石川植物園にて大学関係者による歓迎会が催された（［穂積：一九八九］二四〇頁）。

もとより、渡邉は政界に進出するために戻ってきたのであって、大学に復帰するためではなかった。また、帰国後、彼は本格的に鉄道事業や銀行経営といった実業家としての活動も開始する。特に鉄道会社との関わりは目ざましく、関西鉄道、東武鉄道、京都鉄道、両毛鉄道、参宮鉄道の設立や経営にタッチしていた。この年の十二月に鉄道政策に関する諮問機関である鉄道会議が設置された際には、その議員に就任している。彼の鉄道への関心は、明治十四年の原敬との日本周遊に遡るもので、渡邉は各地の産業振興のためには産品の運輸流通網の整備が不可欠と確信していたのである。そのような確信から彼は、やはり委員であった谷干城が、同会議発足早々に軍事的観点から鉄道路線の広軌化を求める建議を行った際、それを却下する報告書を取りまとめている。渡邉によれば、そのような軍事上の理由よりも経済的な観点がまず考慮されるべきで、迅速かつ広範囲な流通網を築くという面からは、車両が軽量で線路の建築コストも低い狭軌のほうが利があると考えられた。加えて、山間や峡谷の多い日本の地理上は、狭軌のほうが技術的にも難が少ないと説かれている（『第一回鉄道会議議事速記録』第三号、三頁以下）。渡邉の経済的実利主義が如実に表れた意見である。

貨幣制度調査会

このように、帝大総長という過去とは縁を絶ったかのように思われる渡邉だが、彼の関心は一貫している。学理の世界と現実社会とを接合するとの思いである。帝国大学で学者たちに向けてそのことを力説していた彼は、今度は政界や実業界においてそのことを実践しようとするのである。そのひとつとして、例えば貨幣制度調査会が挙げられる。明治二六年十月に発足したこの会は、貨幣制度改革のための大蔵大臣の諮問に応じるために組織された。当時の日本はまだ銀本位制をとっていたが、西洋の基準に合わせて金本位制へと移行することが政府内外で懸案となっていた。そのために大蔵省に設けられた今でいう審議会である。会長に谷干城を据え、副会長には田尻稲次郎が就任したこの調査会は、官僚、政治家、実業家、学者によって構成されるまさに学理の現実的適用の場となるはずであった。

渡邉は、かねてよりこのような会の設立を建策していた。彼はウィーンに駐在していた明治二四年三月七日に松方正義宛に書簡を執筆し、そのなかで金本位制がいよいよもって主流となっていっている欧米の通貨事情を記し、国家学会を母胎として貨幣制度に関する調査会を組織することを提言している（『史料』二―十）。渡邉は、国家学会を通じて国家学者を作り出そうとした。それは、国制を成り立たせる知＝国制知を体現する存在である。国家の重要政策についての知見を提供する存在と言い換えてもよい。それを基盤として彼は、貨幣制度の調査会の設置を構想したのである。実際、貨幣制度調査会のメンバー二三名中十二名は国家学会の会員が占めた（『国家学会雑誌』第八二号、一七九〇頁）。だが、蓋を開けてみると、貨幣制度調査会の経験は、学理的討議と政治的決断との一筋縄ではいかない関係を示すものとなった。金本位制をとるべきか銀本位制をとるべきかで調査会の意見は真っ二つに割れた。いずれにせよ、現時点での変更は行うべきではないというのが大方の意見だった。渡邉も、「本邦現今経済上ノ実況セハ遺憾ナカラ銀貨ヲ以テ適当ナリトセザルヲ得」ず、「現今ノ貨幣制度ヲ目下改正スルノ必要ヲ見」ないと答申した（『史料』二―十三）。

しかし、それでは金本位制導入に執念をもつ蔵相松方は承知しなかった。松方は、現時点では時期尚早との答申部分は脇に追いやり、金本位制と銀本位制はどちらが優れているかと問題をすり替えて、強引に金本位制賛成の結論を導いたのである（［室山：二〇〇五］二四九―二五〇頁）。専門家を集めた審議など政治的思惑によっていかようにでも差配できることを見せしめる結果だったといえよう。これにとどまらず、渡邉は政治という独特の論理の世界で、いかに学理というものが無力であるかをこの後も再三知らされることになる。

福澤との関係

ここで渡邉と福澤諭吉との関係についても触れておこう。両者の複雑な関係については、これまでも何度か示唆してきた。渡邉は幕末に福澤の慶應義塾に学んでおり、それ以来その知遇を得ていたが、師とは異なる道を歩むことになる。民間にあってあえて官とは距離を取る「痩せ我慢の説」を唱える福澤に対して、渡邉は維新の世になるとたちどころに翻身して政府にわが身を売り込み、官途に就く。民権派弾圧の集会条例を起草して、慶應閥からは裏切り者の名をほしいままにした。ついには官学の牙城としての帝国大学の初代総長となり、慶應をはじめとした私立学校ににらみを利かせるまでになる。こう書くと、福澤にとって渡邉は許しがたい忘恩の弟子と映りそうだが、実際にはどうだったのだろうか。

まず、渡邉の関わった団体に福澤の姿が見えることは少ない。明治十二年四月に東京地学協会が設立された際には、創設時に会員として連なっているが、同会への藩閥政治家の入会が相次いだためであろうか、一年後には退会している（『東京地学協会第一年会記事』）。二人の間にはやはり早くから微妙なものがあったのかもしれない。

そのような関心から、『福澤諭吉書簡集』に収録されている福澤の渡邉宛書簡を見てみよう。そこに残されている書簡は、明治十一年（一八七八）十月十九日付と同年十二月十二日付の二通であるが、その内容はともに当時学習院次長だった渡邉に塾生の就職の斡旋を依頼するものである。すなわち、福澤は渡邉に対して、期を同じくして二人の慶應義塾関係者の学習院教師としての雇い入れを懇望した。その二人とは、一人がかの馬場辰猪、そして二人目は当時慶應に学んでいた旧高崎藩主大河内輝声の実弟輝剛である。福澤はかつてのよしみがある渡邉が学習院にいることを知るや、自分の弟子の就職活動を行ったのである。このとりなしは実を結ばなかったが、この数ヶ月後の東京地学協会への福澤の入会と照らし合わせてみれば、次のような憶測も可能であろう。すなわち、この時両者の間には、渡邉が学習院への就職をとりもつ代わりに、福澤が地学協会に入会するという取り引きがあったのではないか、とのことである。福澤が一年も経たずに地学協会を脱会したのも、渡邉が結局は約束を違えたからではないかと考えられる。だとすると、何ともドライな関係である。

その後の二人の直接的な交流を裏づける資料は乏しい。かといって、両者が関係を断ったわけでもない。福澤を囲む塾生たちの写真で渡邉が座中にいる一葉がある（口絵参照）。彼は旧師の隣に坐している。これは、第二回衆議院議員総選挙の結果を受けて、新たに当選した代議士を中心に貴衆両院の慶應関係者が福澤のもとを訪れた際の記念写真と伝えられ、明治中期になっても二人の関係は維持されていたことをうかがわせる。

伝染病研究所をめぐって

史料上、両者の間に――間接的ながら――交渉が認められるのは、明治二六年が最後である。この年の四月、福澤はかねて支援していた北里柴三郎の伝染病研究所の東京芝愛宕下への移転をめぐって、住民による反対運動に逢着していた。福澤は、配下の『時事新報』紙上でこれを駁する論説を数次にわたって掲載したが、このほかにも人を介して渡邉とコンタクトを取り、運動の展開について探りを入れた。同地の住人であった渡邉は、反対運動とも通じていたとされるが、福澤の求めに応じて、「凡俗之感情如何ともすへからす」（明治二六年四月一日付北里宛福澤書簡『福澤諭吉書簡集』第七巻、二三二頁）と内情を伝えた。

北里の研究所については、渡邉は複雑な立場にあった。この騒動に先立つ二月二三日に、彼は衆議院で伝染病研究所を官立化するよう演説していた（帝国議会『衆議院議事速記録』第四二号、九八一頁）。北里は文部省や帝国大学医科大学との間に行き違いがあり、それがためにせっかくの有意義な研究所も福澤の個人的な助成で運営されるという境遇にある。しかし、本来ならば、「当然国家ハ直ニ当人ヲ優待シ又当人ノ学術ヲ国家全体ニ利用致シテ、サウシテ国家ノ慶福ヲ計ルト云フコトハ明々昭々タルコトデアリマシテ、即チ国利民福ヲ計ルノ一挙デ一大挙デアリマス」と渡邉は論じている。それというのも、ことは北里のケースにとどまらない、このような事例はこれから続々と起こってくるからだ、というのが彼の論拠である。すなわち、高度な研究を実施するための研究所というものは、学術が開けるにしたがって益々必要となってくる、そのような国家にとって有為な学問的営みに対して、官吏の専横な拘束を与えるのはけしからんと渡邉は弁じたてている。そのように議会で唱えていた渡邉は、二ヶ月足らず後の研究所の移転をめぐるごたごたをどのような思いで眺めていたのだろうか。前引の福澤の北里宛書簡からは、住民運動とも、また福澤とも距離を取ろうとしているかのような彼の姿がほの見えるかのようである。

以上のように、渡邉は福澤との間に微妙なスタンスを取りつつ、関係を維持し続けたようである。事情は福澤のほうも同様であった。官の側へと明確に立ち位置を変えたかつての弟子に対して、福澤はこれを放任して使える時に使おうとした。明治二七年八月に「報国会」なる組織を構想した際に福澤は、園田孝吉、三井八郎右衛門、岩崎弥之助、渋沢栄一、東久世通禧らと並んで渡邉にも手紙を出し、参加を要請している（[小川原：二〇一二]一一六頁）。

3　政党を創る――国民協会から立憲政友会へ

国民協会の結成

前述のように、衆議院議員に当選して帰国した渡邉は、ある政党の結成に関与することになる。彼が関与した政党とは、国民協会と呼ばれるものである。それは国粋主義を前面に打ち出し、いわゆる対外硬運動の一翼を担った政党として日本政治史上知られている。渡邉の語法から言えば、典型的な朋党、徒党のようにも思われるが、なぜ彼はそのような政党の結成に関わったのだろうか。以下、その点を詳しく見ていきたい。

国民協会は明治二五年（一八九二）六月に結成された。会の中心として通常挙げられるのは、時の内相品川弥二郎のほか、佐々友房、大岡育造、元田肇といった人々である。それは、第二回衆議院議員選挙の際の品川内相による悪名高い大がかりな選挙干渉のおかげで当選した議員が主体となって作られた、典型的な「吏党」として説明される。会頭には西郷従道海軍大臣が就いた。藩閥政府の与党として期待されたが、衆議院内での勢力は弱く、野党の民権派諸党と比べて見劣りがした。対議会対策の期待は当初から空回りし、やがては政府からも見限られ、第二次伊藤内閣になると条約改正問題でいわゆる対外硬運動の一翼を担って政府に対抗する札つきの右派政党と化していく。

そのような政党になぜ渡邉は加入したのか。これまで、国民協会と渡邉の関係が取り上げられることはなかった。しかし、渡邉は同会の結成にあたって押しも押されもしない中心的人物だったと目される。そもそも、明治二五年六月二四日の国民協会創立の集会において、開会の辞を述べているのは誰あろう渡邉なのである。国民協会創設のフィクサーとして、渡邉の存在は無視できない。政党結成に込められた彼の意図は何なのか。それは、欧州再訪で再燃したアジア主義にもとづくものなのか。この点を念頭に置きながら、国民協会設立の流れをたどってみたい。

品川弥二郎
（国立国会図書館所蔵）

社交クラブとしての国民協会

国民協会は、時の政権の与党的立場にあった中央交渉部を母体にして作られた。明治二五年六月十九日の『東京日日新聞』に、中央交渉部のメンバーが新たな政党の創立に向けて協議しているとの記事が見られる。興味深いのは、そこでの議論の主題が、まずは社交倶楽部として立ち上げて漸次政党組織に移行していくか、それとも直ちに政社組織に改組するかというものだったと記されていることである。国民協会は、政党ではなく、社交クラブという緩い組織として結成されるべしとの声があった。そして、実際にそれは非政社的なクラブとして発足することになる。この時に作成された国民協会仮規則では、前文に「一ノ倶楽部ヲ設立シ」、「以テ会員智識ヲ交換」することと掲げられている（『佐佐友房文書』八二一―三）。政治色を薄めた社交団体。それが国民協会の当初の姿だったのである。

なぜそのような非政社をことさらうたった組織ができたのか。そこには、明確な「政治的」意図があった。国民協会創立委員によって採択された協会の趣意書が残されている（『史料』一〇五、『佐佐友房文書』八二―二）。そこから、国民協会発足の趣旨を読み取っていこう。

まず注目したいのは、次の文章である。

> 今日我社会ノ実況ヲ観察スルニ、学者実業家互ニ相疎シテ共ニ交ラス。政治家ノ学者ニ於ル実業家ノ政治家ニ於ケル亦然ラサルハナシ。之ニ加フルニ或ハ従来ノ地方的感情ヲ以テ相疑ヒ、互ニ孤立シテ殆ント相助クルノ道ナシ。

政治家、実業家、学者という社会を牽引すべき立場にある専門家が、共に交流することなく、互いに孤立していると指摘されている。本書で再三再四にわたって引用してきた渡邉の常套句である。各界の専門知・実践知を結び合わせるための結社が、ここでも希求されている。

そのような知識の交換と交流にこそ、国民協会創設の含意があった。次の一文はそのことを物語って余りある。

> 其道ヲ開クハ談笑ノ間或ハ其所見ヲ吐露シ、或ハ其経歴スル所ヲ談シ、以テ互ニ智識ヲ交換シ或ハ質問応答シテ其未タ聞カサル所ヲ聴キ、未タ知ラサル所ヲ知リ、以テ各其従フ所ノ職業ニ資益セハ疎隔ノ弊習自ラ除キ、協同一致ノ端之ヨリ開ケ、各自互ニ相益スル所アルハ固ヨリ論スルヲ

待タス。

ここにはいわゆる「政治」はでてこない。謳われているのは、談笑のうちに知識を交換し、各専門の間の疎隔を埋めていこうという訴えである。これもまた渡邉の年来の哲学であったこと贅言を要しない。このように、国民協会とは、まさに渡邉が多々作り上げてきた学会組織の一ヴァリエーションとして成立したということができる。より正確にいうならば、それは社交クラブとしての「国民協会」と「国民政社」を名乗る政治団体との二層構造をもつものとして出立したのだった。

政社化の道

だが、蓋を開けてみると、案の定というべきか、協会を規定したのは政治団体のほうだった。品川弥二郎と西郷従道を担いだ時点で、人々は色物視した。民党議員の選出を阻むために選挙干渉をした品川をいただく強硬な吏党とのイメージである。原敬は日記のなかで、国民協会発会の場での西郷・品川両人の演説を「趣旨不穏にて世間の物議を生ぜり」と記している(明治二十五年六月二十五日の条、『原敬日記』第一巻、一九四頁)。その原も、渡邉から国民協会への入会を勧誘されていた。『原敬日記』には、「渡邊洪基国民協会の運動に加はり余に相談ありたるも余は之を断り、且つ此くの如きもの丶遂に成功せざるものなることを説きたり」との記述が見られる。これに続けて原は、「渡邊性質善良毫も悪意なく、屢々野心家の利用する所なるは惜むべし」と嘆息している(同右、一九四頁)。政治の天分に富んだ原には、国民協会の行く末が見えていたのであろう。

国民協会の末路、それは政社化への道だった。右で記したように、国民協会には渡邉が構想するクラブ的政策研究団体の要素とこれまでの吏党の流れを汲む政社の要素が並存していた。同床異夢といってもよい。政見としても、実業振興という経済的積極主義と国権拡張という対外硬主義の共棲が見られた。だが、やがて後者の立場が突出し、政府の条約改正方針に反対して対外硬運動を組織するようになり、国権派右翼というイメージが拭いがたくなっていくのである。ついには、条約改正問題で時の伊藤内閣と対決色を深めた国民協会は野党化し、明治二六（一八九三）年十二月にはおよそ同会の組織活動全体に集会及び政社法の適用がなされ、それは完全な政社と化する（［米谷：一九七七］、［佐々木：一九七九］）。

立憲政友会へ

政社化にあわせて、渡邉は国民協会から身を引いていく。渡邉は政治的野心家たちに請われるがままその気になって新組織の綱領づくりや人集めに奔走したが、組織が立ち上がるとそれは政治という闘争の磁場にからめとられ、研究ではなく政争の具と化していく。ここでも彼の結社活動は先細りとなってしまった。だが、政党の刷新という渡邉の目論見は、この後もしばし継続する。この点において、思わぬところに彼は〝盟友〟と新たな活動の場を見出す。伊藤博文と彼の手になる立憲政友会がそれである。明治三三年（一九〇〇）に創立された伊藤新党たる政友会に、渡邉は創立委員として参画する。国民協会で挫折した渡邉の政党活動だったが、それは伊藤に拾われるかたちでまたしばし継続することになるのである。

国民協会を介して伊藤と渡邉が結びつき、渡邉の政友会入りが実現したと書くと、何とも奇異に聞こえるだろう。国民協会は藩閥政府を側面から援護する吏党として結成された。しかし、既述のよう

立憲政友会創設当時の写真（『立憲政友会史』より）

に第二次伊藤内閣において政府と条約改正問題で対決色を深め、野党化していく。敵党からの流れ者ともいえる渡邉を伊藤はなぜ迎えたのだろうか。

そもそも伊藤はこの時、なぜ政党を創ろうとしたのだろうか。薩長藩閥政府の領袖たる伊藤が政府を出て野に下り、政党を結成するということは、当然政界に多大な衝撃を与えるものだった。藩閥政府のなかでの盤石な地位を捨てて、何を得ようとしていたのか。

従来、立憲政友会創設の背景として、伊藤の権力欲が挙げられる。政府のなかでの自己の威光のかげりを意識した伊藤が、政党勢力の進展に乗じて再び権力を掌握するために、かつて敵対していた自由党と手を組んで政党政治家となったというものである。自分の権力的関心のためならばこれまでの主義主張を曲げることなど何ら厭わないというカメレオン精神のなせる技というわけである。しかし、伊藤自身にしてみれば、それは憲法を制定した時からの一貫した計画だったと解釈できる側面がある。この点について、筆者は旧著ですでに詳しく論じている（[瀧井：二〇一〇] 第四章）。以下ではそこからの要約を行っておこう。

伊藤の立憲思想

明治憲法といえば、天皇に強大な権力を担保した似非立憲主義の憲法というイメージがつきまとっている。帝国議会を開設して国民の政治参加に道を開いたが、その参政権は極めて限定されており、また藩閥政府の政治家たちのなかには、議会の意思に左右されることなく〝超然〟として政治を行うという超然主義を公言する者もいた。

伊藤もそのような立場に分類されてきた。確かに、憲法発布直後に彼が「仮令《たとい》、議会を開き公議輿論の府と為すも、主権は唯だ君主の一身に存在することを遺忘すべからず」（［瀧井：二〇一一］二六頁）と超然主義的言辞を唱えていたことは確かである。だが、その一方で、伊藤は、「遽《にわか》に議会政府即ち政党を以て内閣を組織せんと望むが如き、最も至険の事たるを免れず」（同右、二九頁）とも述べていた。深読みすれば、今すぐに政党内閣を作ることは論外だが、政党にその力と資格が備わればそのように移行してもよいと見なしているようにもとることができる。そして実際にそれが伊藤の真意だったと考えてよい。同じ時期に皇族や華族を集めて行われた演説で、伊藤は憲法を定め議会を開いたとなると、これからの政治は道理に基づいたものになっていかなくてはならないこと、すなわち国民の文化力を高め、国民の声を政治に反映させていくことが不可避となっていくと論じている（同右、四一頁以下）。政治の民主化、それを急進的にではなく漸進的に実現させていくことが憲法成立当初に伊藤が見据えていたことだった。

その方向へと伊藤が大きく舵を切るのが、それから十年後の明治三二年（一八九九）である。この年伊藤は、政党の設立を念頭に置いて日本各地を演説して回った。自分の作り出す政党への支持を獲得するための遊説と思われるかもしれないが、その内容を子細に眺めれば、むしろ政党政治の弊害を指弾していることが目につく。伊藤は、帝国議会で展開されているのはあたかも「源平の争」や「敵討の政治」だとして、その是正を訴えている。伊藤によれば、「政党なるものはもー少し軽く見なければならぬ」(［瀧井：二〇一二］二一九頁)とされる。ここで展開されているのは、自己の掲げる政見を絶対化して政敵を打倒するための権力闘争のツールとしての政党ではない。そうではなく、理想視されたのは立憲政治の理念たる妥協と譲歩を可能とする政党である。政党とは、他の政治的勢力との対話を促すための装置として考えられた。

シンクタンクとしての政党

伊藤が政党に込めた意義はもうひとつある。それは、シンクタンク的機能である。伊藤は政党を政策研究と立案の場として構想していた。既存の政党が政談に現を抜かす壮士の巣窟と化していると見なした彼は、「政論に傾く者の考をして事実の問題に近からしむるように致したい」と述べ、「専門的の事に明るい者が政治上に関係を持つ」ことを要請している(同右、三二三―三二四頁)。伊藤にとって立憲政友会とは、従来の政党を支配していた壮士的運動家を刷新し、事実の問題に専門的に取り組んでいる〝実業〟の人々を糾合し、その知識を政策へと昇華させていく試みだったのである。

このように述べると、伊藤の立憲政友会と渡邉の国民協会の構想が興味深いかたちで共鳴しあっていることが指摘できるだろう。両者が追求したのは、われわれが政党と聞いたときに思い浮かべるような政治団体ではない。むしろそれは、シンクタンクとしての姿である。社会の様々な〝実業〟に従事している人々が集い、知識を交換することによってそこから政策を練り上げ、中央政界にそれを伝達していくメディアとなる。渡邉としては萬年会以来の彼の結社理念の延長上に国民協会は位置していた。そして、そのような知の結社として政党を構成しようとする思考において、伊藤と渡邉の間には共闘関係が成立する余地があった。渡邉が政友会の創立委員に就任した経緯はこれまた不明だが、伊藤との間における右のような結社理念の共有が働いていたことは十分に推察できる。

伊藤と渡邉の関係は、政友会の系譜についてひとつの示唆を与える。これまで政友会は伊藤系官僚と憲政党（旧自由党）との野合の所産であり、地方への利益誘導のためのマシーンと見なす見解が根強かった。それが現実の政友会を規定するものだったことは否定できないが、その成立にあたっては、もうひとつの系譜を無視することはできない。それが、以上で論じてきた渡邉の国民協会からの系譜であり、知の結社という理念的系譜である。

4　最期の日々——統計講習会

政友会・大倉商業学校・国家学会

明治三三年（一九〇〇）九月十五日、立憲政友会の発会式が執り行われた。同月一日、大倉喜八郎の肝煎りで設立された大倉商業学校が開学している。渡邉は、政友会創立委員として奔走する傍ら、同校の初代校長（督長）として開校式に臨んだ。この学校は、希代の実業家・大倉が、私財を投じて建立したものであり、その機縁は明治三一年に条約改正が実現して外国人居留地が撤廃され、いわゆる内地雑居が始まることにあったとされている。今後、国の内外における外国人商人との競争の激化が予想されることを受けて、それに太刀打ちできる知識を備えた一流の商業人を育成する学校の設立を大倉は呼びかけた。それに応えて、この年の五月二四日、「大倉氏商業学校創立の主意」が渋沢栄一、石黒忠悳そして渡邉の三人の連名で作成され、それから二年後のこの日、ようやく開学にこぎ着けたのである（[東京経済大学：一九八一]三頁以下）。

政党と学校とはこれまた奇異な取り合わせに映るかもしれない。しかし、第六章で触れた大隈による立憲改進党とそのリクルート装置としての東京専門学校の設立を想起すれば分かるように、高等教育機関とは何らかの政治的意義を期待されて作られるものとも言える。筆者はかつて、伊藤博文が立憲政友会を創設したことの背景には、まさに明治三一年の条約改正後の内外の経済環境の変化に合わせて、日本を通商国家へと導こうとの彼の国家構想があったことを論じた（[瀧井：二〇一〇]第四章、第六章）。そのことを勘案すれば、政友会と大倉商業学校との間には、共通の設立理念を認めることができる。両者が相前後して同じ時期に立ち上げられたことには、意味深長な符号があるとも推察できるが、この点は後考に俟ちたい。

渡邉を介して、政友会と関連づけられた組織がもうひとつある。国家学会の評議員長でもあった彼は、政友会の設立と相前後して、国家学会の席上で「伊藤侯を初め我々進取主義を取るものは茲に団体を結び、従来政党の弊を一掃し学理を重んじ国益を挙ることを之れ勤めんと欲す」と政友会支持の論陣を張った。学会が特定の政党の支持を打ち出すなど今日では考えられないが、渡邉としては知の結社という点でふたつの組織の間に径庭はなかったのであろう。そのことは、以下のような彼の論弁に明らかである。

政友会か本会に於て研究したる所により成るべく之を実際に運用するを勉むると共に本会も亦政友会の行動にして学理に適ひ公益を進むるものなるを認むる時は相当の幇助を与へられ、以て学理と実際との相伴ふことを勤むるは余の最も希望する所〔以下略〕

（『国家学会雑誌』第十四巻第一六四号、一〇六頁）

渡邉の頭のなかでは、国家学会で実際の政治に役立てるための学理を論議し、その成果を実地に移すための機関として政友会があるとの構図ができあがっていたのである。二つの団体は、表裏一体のものとして捉えられていたのだった。

政友会成立後も、彼は総務委員に就任して党運営に関わっていく。十月に政友会を基盤とする第四次伊藤内閣が組閣される際には、外相として入閣の噂もあった（『小田急電鉄』一九九七」四二六頁）。政友会のなかでの彼の存在の重さを証するものであろう。また、同じく総務委員の渡辺国武が蔵相として入閣しようとして新聞などに政友会の内幕を暴露する挙に出た後はこれを重く見、渡辺国武の総務委員辞任、さらには蔵相更迭を画策し、政友会の綱紀粛正に努めている（明治三三年十月十五日付伊藤博文宛渡辺国武書簡『伊藤文書』八、三三〇—三三一頁、明治三四年三月五日付伊藤博文宛渡辺国武書簡、同右、三三八頁）。

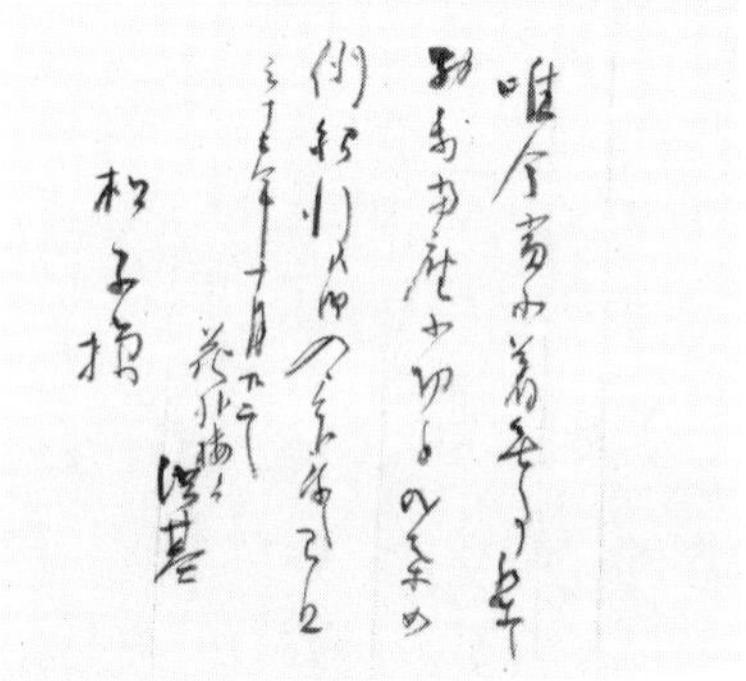
松子夫人への書簡（齊藤隆氏提供）

突然の死

だが、彼と政友会の関係も唐突にその幕が降ろされた。渡辺国武の更迭運動のさなかの明治三四年（一九〇一）四月十一日、洪基は狭心症の発作に倒れ、ひと月余りの入院生活の後、五月二四日、帰らぬ人となった。頑健を誇った彼にしてみれば、あまりにも突然の死去であった。最初の妻貞子と三年前に死別していた彼は、明くる年の明治三二年十一月に子爵堤功長の娘松子と再婚し、後妻との間に初めての子が授かり、私生活では新たな第一歩を踏み出そうとしていた。我が子の誕生を目前に控えた矢先に、病が彼を襲ったのだった。四月二四日に生まれた娘は、前妻と同じく貞子と名づけられたが、すでに彼は生死の境をさまよう状態にあり、それから一ヶ月後にこの世を去ったのである。享年五四歳。渡邉と何かとつながりが深く、政友会でも創立委員として席を共にした原は、危篤の報を受けた後、彼の授爵のために奔走したものの奏功しなかった。日記に原は、「渡邊洪基授爵の事に尽力したるも成功六ケし、但叙勲叙位は取計済となれり」と書き留めている（『原敬日記』第一巻、明治三四年四月十六日の条、三二四頁）。

渡邉の人生は、このように不慮にして終止符が打たれた。彼の多彩な活動をたどってきた本書もここで筆を擱かなければならないが、最後に晩年の渡邉が精力を傾けたもうひとつの活動について言及しておきたい。統計講習会がそれである。

統計講習会

渡邉が明治十二年（一八七九）に成立した東京統計協会の発起人の一人として活躍し、翌年には初代会長に選出されていることはすでに記した。以後、彼はその地位にあり続けていたが、明治二三年（一八九〇）にオーストリア公使に任命されてその座をいったん退く。しかし、明治二五年（一八九二）に帰国するや再び協会との結びつきを深め、翌年二月には創設以来の功績への謝意として特別に表彰されている。そして明治三十年（一八九七）十月には、再び会長に復帰している。

このように統計協会も渡邉が牛耳ってきた団体であった。なかにはそれを快く思わない者もいたことは、すでに第四章で詳述した。それは、杉亨二や呉文聰といった学理を貴ぶ統計学者たちである。呉は渡邉に対する不快感を抑えきれず、渡邉の後任会長花房義質を指して、「甚だ恭敬にして士を重んずるの風格あり、前任者と相反す」と日記に書いている（明治二八年一月二一日の条、［呉：一九七三］一二九頁）。学問の「通俗」化を唱えてやまない渡邉は、国家学会でも加藤弘之や穂積八束など学理を掲げる学者たちと衝突していた。同じことは、統計協会でも演じられていたのである。

杉や呉は統計協会の通俗性に抗い、袂を分かって統計学社を結成した。この二つの組織の反目を打開するべく開催されたのが、統計講習会である。その経緯についても、第四章ですでに言及済みである。以下では、渡邉の視点から統計講習会の挙行について再論しておこう。

統計協会のひとつの活動目標として、日本における本格的な人口調査の実現があった。それへ向けて、同会はかねてより政府への提言を行っていたが、渡邉が会長に返り咲く前年の明治二九年三月にも、統計協会人口調査委員会の決議した「明治三十三年民勢調査施行ノ請願」が、渡邉が代表となって貴衆両院に提出されている（『統計集誌』第一七六号、一二〇―一二二頁）。欧米なみの国勢調査の実施は、渡邉ならびに協会の悲願であり、渡邉会長のもとで同会はそれへ向けて大々的な施策を展開する。

そのひとつが、明治三二年（一八九九）一月二八日に東京地学協会の会堂に場所を取って開かれたセンサスに関する懇話会である。この会の趣旨は、渡邉の開会の挨拶中の次の一節に明らかである。

今日の会は客年十一月内閣の訓令に依りまする人口調査の事に就きまして、本会が発起となりて此材料調製の衝に当らるゝ諸君と本会々員殊に会員たる内閣統計局員と一場に会して懇話会を開き、互に調査の方法を研究し、併せて其手続等をも協議したならば大に便宜を得べきことであろうと云ふ考で東京府知事始め府庁の方々とも御相談いたしました所、御賛成且つ御尽力下されまして終に今日諸君を私より御招待いたした次第で御座ります。（「懇話会開会の要旨」五九頁）

つまり、統計協会の呼びかけのもと、同会会員たる政府の統計局員と東京府下の市郡区町村の事務関係者を一同に会し、来るべき人口調査のために共同で開かれた勉強会がこの催しだったのである。この日参集した人々は一六二名を数え、松方正義蔵相をも招き、気勢を上げた。

ここで渡邉は、かつて自分が組織した萬年会糖蔗集談会を思い出していたかもしれない。人口調査か製糖かの違いはあっても、この二つの集まりはともに、自らが呼びかけてその業に携わる人たちを広く糾合し、知の流通を促していくことにおいて軌を一にしている。統計協会を舞台とする人口調査問題の取り組みは、渡邉にとって萬年会の延長線上にあるものだったといってよい。

国勢調査に向けて

人口調査の運動は更なる進展をみせる。同年五月、統計協会は統計講習会の設置を決めた。これは地方における統計実務家養成のための試みであった。先の懇話会では東京の関係者のみを対象としていたが、この講習会では広く地方から参加者を募り、「学理ノ大意ト実際ノ心得ヲ授ケ以テ大ニ有用ノ器ヲ養成セントス」ることを掲げ、毎年夏季に開催することとなった（「統計講習会設立趣意書」『統計集誌』第二一九号、三一七頁）。そしてその第一回はこの年の七月十一日に開会されたのである。会長には阪谷芳郎が就き、内閣、内務省をはじめとする中央省庁や諸県の官吏のほか民間会社からも若干の受講生を集め、その総数は一〇六名を数えた。式には来賓として大隈重信も登壇し、西郷従道、松方正義、山県有朋、渋沢栄一、杉亨二といったお歴々から祝辞が寄せられた（『統計集誌』第二二〇号、三五〇頁以下）。

以後、同会は日曜日を除く毎日午後三時から四時半までと四時半から六時までの二限の講習を行い、九月二十日修了式を迎え、九六名が証書を受け取った（『統計集誌』第二二三号、五〇一頁以下）。講習会はその後も数年間にわたって継続して開催された。佐藤正広氏によれば、明治三九年に第六回が行われたところで、同会は資金難により中止された。しかし、「この講習会をきっかけとして、明治三十年代には、各地の道府県で地方レベルの統計講習会が盛んに開催されるようにな」った（［佐藤：二〇〇〇］二四四頁）と指摘されている。日本最初の国勢調査の実施に向けて、恩讐を越えて結束した統計協会と統計学社の協力は無駄ではなかったということか。

講習会開会式の弁

話を開会式に戻そう。この日、統計協会会長渡邉も登壇して祝辞を述べた。彼の思いがこもった文章と思われるので、長文であるが引用しておきたい。

ドウも日本人は概して理論に傾き易い。其理論と云ふものは抽象的議論に傾き易いのである。それらは大変に深く多くの日月を費して深く攻究すれば、それはそれで宜しい。併ながら深く攻究せずして、唯一端の議論を取ツて之を信用すると遂には大いなる誤りを生じて銘々の議論を雑えてドレも標準にならぬ様なものになる憂ひがありまする。此講習会は始めからさう云ふことの無いやうに切に希望するのであります。そうしませぬと折角これをやツてもドウも銘々個々になツて、譬へて見れば兵隊にして一人は英吉利の調練をやり、一人は仏蘭西の調練をやり、一人は独逸の調練をやると云ふやうなことになツて遂には何にもならぬことになる。〔中略〕ドウぞ今度の講習会では、さう云ふ弊に陥らぬやうに、全く一つことをなしたならば同じ式同じ方法同じ考を以て、一ツの事が出来てさうしてこの国家の標準とするに誤りの無いやうにしたいと思ひます。

（「渡邉洪基君の演説」三六四頁）

年来の彼の主張が、再現されている。帝国大学総長時代、彼は抽象的な理論に没入する学理一辺倒の学問を戒めていた。渡邉にとって学問とは、すべからく実学であるべきだった。そしてその実学とは、人々を結びつけ、社会に実利をもたらすものだった。そのような理念にのっとって、彼は幾多の学会を組織したのである。萬年会しかり、国家学会しかり、統計協会しかりである。しかし、萬年会はすでに形骸化し、国家学会もこの時もはや当初の勢いを失っていた。だが、今新たに、統計的知を求めて全国から集まった受講生を前にして彼は、知の媒介者としての自負の念を甦らせていたことであろう。

統計講習会の成果が実を結ぶには時間を要した。日本で最初の国勢調査が実施されるのは、大正九年（一九二〇）まで待たなければならなかった。生きてその日を目にすることができなかったのは、渡邉にとって痛恨事だったであろうか。彼の多方面にわたる活動を追ってきたいま、筆者には別の感想も浮かぶ。彼はその都度その都度で自分の考える「実学」の実現に没頭した。会を改めながらも、学者や実業家、政治家、官僚などなどを結び合わせることが生きがいとなっていた。そのために彼は目まぐるしく活動の場を変えていったのである。国勢調査の実施に立ち会えずとも、統計講習会を通じて学理と実務が混じり合う場が現出したことで彼は我が意を得た思いであったろうし、また新たな媒介の場を求めていったのではないかとも推測される。それが、「三十六会長」の所以であろう。

そんな渡邉だったが、政友会がやはり政治の磁場に抗えず、国民協会と同様に政争の餌食となっていったことは、格別な苦汁を嘗めるものだったのではないか。総務委員として政治のただなかに置かれたことが、彼の生命を削ったのかもしれない。明治三四年（一九〇一）五月二日、政友会総裁伊藤博文に率いられた第四次伊藤内閣は、政友会内部の大臣ポストを求める内紛に端を発する権力闘争に足をすくわれるかたちで瓦解した。それは、学理と実務を架橋し、政党の弊害を一掃しようとした渡邉と伊藤の理念の無残な末路でもあった。それから三週間後、その理念に殉ずるかのように彼はこの世を後にしたのである。

参考文献

渡邉の著述

＊表題のうち（　）内は、原文無題につき便宜上、筆者が付した仮題

＊『興亜公報』・『興亜会報告』は、黒木彬文・鱒澤彰夫編『興亜会報告・亜細亜協会報告　復刻版』第一巻（不二出版、一九九三年）により復刻。東京地学協会刊行物ならびに『東洋絵画叢誌』・『明治美術会報告』は、ゆまに書房による復刻版がある。

「各地ニ本会支派ノ協会ヲ興スヲ勧ムルノ文」『萬年会報告第一報（『農業雑誌』第七三号附録）』（一八七九年）

「各地ニ物品陳列場ヲ設クルヲ勧ムル文」『萬年会報告第一報（『農業雑誌』第七三号附録）』（一八七九年）

「智識ヲ交換スル利益ノ事」『萬年会報告第一報（『農業雑誌』第七三号附録）』（一八七九年）

「利益ノ弁」『萬年会報告第一報（『農業雑誌』第七三号附録）』（一八七九年）

「種紙ノ事」『萬年会報告第一報（『農業雑誌』第七三号附録）』（一八七九年）

「茶ノ事」『萬年会報告第一報（『農業雑誌』第七三号附録）』（一八七九年）

「農業実際表」『萬年会報告第一報（『農業雑誌』第七三号附録）』（一八七九年）

「ウエガ号北氷洋周航記事」『東京地学協会報告』第一巻第四号（一八七九年）

「（本会の景況報告）」『萬年会第一会記事』（一八八〇年）

「（渡邊洪基演説）」『興亜公報』第一集（一八八〇年、『興亜会報告・亜細亜協会報告』（不二出版復刻版、一九九三年）第一巻））
（翻訳）露国ウニエフロイド「満洲海岸魯西亜各港記」『東京地学協会報告』第一巻第八号（一八八〇年）、『東京地学協会報告』第一巻第九号（一八八〇年）
「東帰録」『東京地学協会報告』第一巻第十号（一八八〇年）
「本会事業ノ大要」『東京地学協会第一年会記事』（一八八〇年）
「開会の趣旨」『萬年会糖蔗集談会報告』（一八八一年、『明治前期産業発達史資料』別冊一〇四―一（明治文献資料刊行会、一九七一年）として復刻）
「（昨年度事務の実況）」『萬年会第三八会記事』（一八八一年）
「本会事業之大要」『東京地学協会第二年会記事』（一八八一年）
「（序）」河井庫太郎編『日本地学辞書』（鈴木敬作・河井鏻藏、一八八一年）
「内国周遊中の所見一斑」『萬年会第五十三会記事』（一八八二年）
「興亜選挙会席上演説」『興亜会報告』第三四集（一八八二年）
「秩父地方の情態並に内地運輸の事」『萬年会報告』第五集第九巻（一八八三年）
「本会事業ノ大要」『東京地学協会第四年報』（一八八三年）
外務省記録局纂修『外交志稿』（外務省記録局、一八八四年）
（翻訳）ケインル「日本第三期地層植物考」『東京地学協会報告』第六号第一号（一八八四年）
「本会事業ノ大要」『東京地学協会第五年報』（一八八四年）
「明治十七年萬年会事業報告」『萬年会報告』第七集第一巻（一八八五年）
「家国経済棚卸勘定」『萬年会報告』第七集第一巻（一八八五年）、『統計集誌』第四二号（一八八五年）

「台湾蕃語一斑（台湾語解）」『東京地学協会報告』第六巻第九号（一八八五年）
「序」『東洋絵画叢誌』第五集（一八八五年）
「本会事業ノ大要」『東京地学協会第六年報』（一八八五年）
「明治十八年萬年会事業報告」『萬年会報告』第八年第一号（一八八六年）
「理化両学ノ功益ヲ民間ニ播布センコトヲ務ムヘシ」『東京化学会誌』第七号（一八八六年）、『東洋学芸雑誌』第三巻第五五号（一八八六年）、『萬年会報告』第八年第五号（一八八六年）
「明治十九年萬年会事業報告」『萬年会報告』第九年第一号（一八八七年）
「（本年期間本会事業ノ大要）」『東京地学協会報告』第八年第一号（一八八七年）
「渡邊洪基君の演説」『法学協会雑誌』第三七号（一八八七年）
「法律思想普及の必要」『法学協会雑誌』第四十号（一八八七年）
「本会開設ノ主旨」『国家学会雑誌』第一号（一八八七年）
「商業不景気回復論」『統計集誌』第六八〜七二号（一八八七年）
「本会事業ノ大要」『東京地学協会報告』第九年第一号（一八八七年）
「明治二十年萬年会事業報告」『萬年会報告』第十年第一号（一八八八年）
「演説」『五大法律學校聯合討論筆記』第一回（一八八八年）
「演説」『大日本私立衛生会雑誌』第六一号（一八八八年）
「国家学会第一紀年会祝辞」『国家学会雑誌』第一三号（一八八八年）
「小学教育ニ関スル意見」『国家学会雑誌』第二十号（一八八八年）
「国家学講究ノ方針」『国家学会雑誌』第二一号（一八八八年）
「本会事業ノ大要」『東京地学協会報告』第十年　年会報告（一八八八年）

「序」ピー・テー・バルナム（福岡弘賢訳補）『金儲之秘訣——経済設話』（丸善商社ほか、一八八八年）
「史学雑誌序」『史学会雑誌』第一号（一八八九年）
「小公議会員ニ告グ」『国家学会雑誌』第二三号（一八八九年）
「来会者諸君ニ告グ」『国家学会雑誌』第二五号（一八八九年）
「明治二十二年七月六日明治美術会に於て会頭渡辺洪基君の演説」『明治美術会第一回報告』（一八八九年）
「国家ノ観念」『静岡県国家学会論纂』第二号（一八八九年）
「利国ノ主義」『利国新誌』第一号（一八八九年）
「祝詞」『統計集誌』第百号（一八八九年）
「維新前後政況ノ観察」『国家学会雑誌』第三六〜三七号（一八九〇年）
「ゆにてりあんの発刊に就て」『ゆにてりあん』第二号（一八九〇年）
「帝国大学授与式に於て」東雲堂『大家演説』（一八九〇年、荒井秀夫編『近代演説討論集』第十七巻（ゆまに書房、一九八七年）に翻刻）
「本会事業ノ大要」『東京地学協会報告』第十一年　年会報告（第十二年第二号にも掲載）（一八九〇年）
「贈正四位伊能忠敬先生測地遺功表建設ノ顛末付会計報告」『東京地学協会報告』第十一年第九号（一八九〇年）
「所感」『国家学会雑誌』第六三号（一八九二年）
「貧富強弱ヲ測定スルノ法如何」『国家学会雑誌』第七六号（一八九二年）
「外交ノ通義」『国家学会雑誌』第八二号（一八九二年）
「技術者責任に就て」『工学会誌』第一三三巻（一八九三年）
「権利ニ就テ」『国家学会雑誌』第七五号（一八九三年）
「貧富強弱ヲ測定スルノ法如何」『国家学会雑誌』第七六号（一八九三年）

「外交ノ通義」『国家学会雑誌』第八二号（一八九三年）
「本会事業ノ大要」『東京地学協会報告』第十六年第一号（一八九四年）
「故末岡博士ノ弔辞」『国家学会雑誌』第八六号（一八九四年）
「本会事業ノ大要」『東京地学協会報告』第十七年第一号（一八九五年）
「日本信用組織ノ現状」『国家学会雑誌』第九七号（一八九五年）
「鉄道現時の状態に就て」『萬年会報告　自明治二十七年一月至同二十八年四月（十六年分）』（一八九五年）
「渡邊洪基氏の経済談」『日清戦争実記』第三六編（博文館、一八九五年）
「本会事業ノ大要」『東京地学協会報告』第十八年第一号（一八九六年）
「本邦興業景況一班」『国家学会雑誌』第一一〇号（一八九六年）
「渡辺洪基君幼時ノ話」『武生郷友会誌』第十六号（一八九八年）
「懇話会開会の要旨」『統計集誌』第二一四号（一八九九年）
「（松方伯の演説に対する答辞）」『統計集誌』第二一九号（一八九九年）
「渡邊洪基君の演説」『統計集誌』第二二〇号（一八九九年）
「渡邊洪基氏の演説」『武生郷友会誌』第二一号（一九〇〇年）

一次史料

『浅野家旧蔵』「学習院学制改正に関する書類」学習院アーカイブズ所蔵『浅野家旧蔵』九
『伊藤文書』　伊藤博文関係文書研究会編『伊藤博文関係文書』全九巻（塙書房、一九七三～一九八一年）
『伊藤博文伝』　春畝公追頌会『伊藤博文伝』上・中・下巻（春畝公追頌会、一九四〇年）
『井上毅伝』　井上毅伝記編纂委員会編『井上毅伝』全八巻（國學院大學図書館、一九六六年～）

『岩倉公実記』　多田好問編『岩倉公実記』上・中・下巻（原書房、一九六八年）
『岩倉具視関係文書』　日本史籍協會編『岩倉具視関係文書』第七巻（全八巻）（東京大学出版会、一九六八〜一九六九年）
『岩倉文書［対岳文庫］』　『岩倉具視関係文書――岩倉公旧蹟保存会対岳文庫所蔵（マイクロ）』（北泉社、一九九〇〜一九九四年）
『大久保文書』　日本史籍協会編『大久保利通文書』全十巻（東京大学出版会、一九六七〜一九六九年）
『大久保利通史料』　鹿児島県歴史史料センター黎明館編『大久保利通史料』（鹿児島県、一九八八年）
『木戸日記』　日本史籍協会編『木戸孝允日記』全三巻（東京大学出版会、一九六七年）
『木戸文書』　日本史籍協会編『木戸孝允文書』全八巻（東京大学出版会、一九七一年）
『慶應義塾入社帳』　福澤研究センター編『慶應義塾入社帳』全五巻（慶應義塾、一九八六年）
『工部省沿革報告』　大蔵省編『工部省沿革報告　明治前期財政経済史料集成』第十七巻ノ一（明治文献資料刊行会、一九六四年）
「故渡邊洪基先生伝記編輯資料」『武生郷友会誌』第二六号（一九〇五年）
『佐倉順天塾社中姓名録』　順天堂大学医史学研究室所蔵『慶応元年閏五月　佐倉順天塾社中姓名録』（佐倉市教育委員会文化課、一九九二年）
『佐佐友房文書』　国立国会図書館蔵『佐佐友房関係文書』
『三条家文書』　日本史籍協会編『三条家文書』（東京大学出版会、一九七二年）
『三条実美文書』　国立国会図書館憲政資料室所蔵／国立国会図書館憲政資料室編『三条実美関係文書』（北泉社、一九九七〜一九九八年）
『巡回記』　東京府庶務課編『渡辺知事管内巡回記』（東京都、一九六五年）

『史料』　東京大学文書館所蔵　『渡邊洪基史料』

『新修森有礼全集』　上沼八郎・犬塚孝明共編　『新修森有禮全集』全九巻（文泉堂書店、一九九七年〜）

『続伊藤博文秘録』　平塚篤編　『続伊藤博文秘録』（原書房、一九八二年）

『大日本外交文書』　日本学術振興会編　『日本外交文書　条約改正関係』全十二巻（日本外交文書頒布会、一九四一〜一九五三年）

「武生地方有志諸君に告ぐ」　越前市武生公会堂記念館所蔵

「帝国大学第一年報」　東京大学史史料研究会編　『東京大学年報』第三巻（東京大学出版会、一九九三年）

『寺島宗則関係資料集』　寺島宗則研究会編　『寺島宗則関係資料集』上・下巻（示人社、一九八七年）

『白神記』　笠原白翁　『白神記――白神用往来留』（福井県医師会編・発行、一九九七年）

『花房文書』　首都大学東京図書情報センター蔵　『花房義質関係文書』　安岡昭男監修（北泉社、一九九六年）

『原敬文書』　原敬文書研究会編　『原敬關係文書』全十一巻（日本放送出版協会、一九八四〜一九八九年）

『原敬全集』　『原敬全集』上・下巻（原敬実集刊行会、一九二九年、原書房、一九六九年）

『原敬日記』　原奎一郎編　『原敬日記』全六巻（福村出版、一九六五〜一九六七年）

『福沢諭吉書簡集』　慶應義塾編　『福沢諭吉書簡集』全九巻（岩波書店、二〇〇一〜二〇〇三年）

『保古飛呂比』　佐佐木高行著・東京大学史料編纂所編　『保古飛呂比――佐佐木高行日記』全十二巻（東京大学出版会、一九七〇〜一九七九年）

『戊辰戦役関係史料』　『米沢市史編集資料第5号　戊辰戦役関係史料』（米沢市史編さん委員会編・発行、一九八一年）

『松方文書』　松方峰雄ほか編　『松方正義関係文書』全十三巻（大東文化大学東洋研究所、一九七九〜一九九二

年）
『萬年会糖蔗集談会報告』『萬年会糖蔗集談会報告』（製紙分社、一八八一年）『明治前期産業発達史資料』別冊一〇四（一）（明治文献資料刊行会、一九七一年）所収
『皆川家文書』 東京大学総合図書館所蔵『皆川家文書』
『明治建白書集成』 内田修道編『明治建白書集成』全九巻（筑摩書房、一九八六〜二〇〇〇年）
『明治天皇紀』 宮内庁編『明治天皇紀』全十三巻（吉川弘文館、一九六八〜一九七七年）
「元帝国大学総長渡邉洪基先生巻軸」 越前市武生公会堂記念館所蔵「元帝国大学総長渡邉洪基先生巻軸」
「元陪臣」 「元陪臣」（福井県立図書館寄託『松平家文書』所収）
〔JACAR（アジア歴史資料センター）公文書類〕
「以太利軍港スペシヤ之記」『各国海軍根拠地雑件 第二巻（5-1-7-0-38_002）』（外務省外交史料館）、Ref. B07090358800
「欧州諸国ノ火器ニツイテ在墺渡邉洪基報告ノ件」『兵器関係雑件（5-1-5-0-4）』（外務省外交史料館）、Ref. B07090252700
『公文別録』 A03022937500
「渡邉洪基松島ノ議」『鬱陵島ニ於ケル伐木関係雑件（B-3-5-3-2）』（外務省外交史料館）、Ref. B11091460400
『外交志稿編纂一件／外交志略 第一巻（B-7-2-1-1_1_001）』（外務省外交史料館）、Ref. B13080807600

その他の文献

［浅見：二〇一五］ 浅見雅男『学習院』（文藝春秋、二〇一五年）

［天野：二〇〇九］　天野郁夫『大学の誕生（上）――帝国大学の時代』（中公新書、二〇〇九年）
［有賀：一八八九］　有賀長雄「穂積八束君帝国憲法の法理を誤る」『憲法雑誌』六～八号（一八八九年）
［イェリネク：一九七四］　G・イェリネク著（芦部信喜ほか共訳）『一般国家学』（学陽書房、一九七四年）
［池内：二〇一六］　池内敏『竹島――もうひとつの日韓関係史』（中央公論新社、二〇一六年）
［石井：一九六七］　石井良助「国家学会の創立」『国家学会雑誌』第八〇巻九・十号（一九六七年）
［石黒：一九八三］　石黒忠悳『懐旧九十年』（博文館、一九三六年、岩波文庫、一九八三年）
［石田：一九八四］　石田龍次郎著・竹内啓一編『日本における近代地理学の成立』（大明堂、一九八四年）
［伊藤：一八九九］　伊藤博文「明治三十二年十二月九日講演」『国家学会雑誌』第十三巻一五四号（一八九九年）
［伊藤：二〇一四］　伊藤之雄『原敬　外交と政治の理想』上・下（講談社、二〇一四年）
［稲田：一九六二］　稲田正次『明治憲法成立史』下巻（有斐閣、一九六二年）
［稲田：二〇〇〇］　稲田雅洋『自由民権の文化史――新しい政治文化の誕生』（筑摩書房、二〇〇〇年）
［稲生：一九七六］　稲生典太郎『條約改正論の歴史的展開』（小峯書店、一九七六年）
［上山：一九七八］　上山安敏『ウェーバーとその社会』（ミネルヴァ書房、一九七八年）
［宇川：一八八〇］　宇川盛三郎「統計協会来歴」『統計集誌』第一号（一八八〇年）
［海原：二〇〇七］　海原亮『近世医療の社会史　知識・技術・情報』（吉川弘文館、二〇〇七年）
［海原：二〇一〇］　海原亮「医療環境の近代化過程――維新期の越前国府中を事例として」『歴史評論』七二六号（二〇一〇年）
［越前市：二〇一〇］『越前市史』資料編十四「武生騒動」（越前市、二〇一〇年）
［越前市：二〇一二］『越前市史』資料編二四「明治維新と関義臣」（越前市、二〇一二年）
［榎本：二〇〇八］　榎本武揚『シベリア日記』（講談社、二〇〇八年）

［海老原：一九八七］　海老原明夫「ドイツ国法学の『国家学的方法』について」国家学会編『国家学会百年記念国家と市民』第一巻（有斐閣、一九八七年）
［大久保：一九七六］　大久保利謙編『岩倉使節の研究』（宗高書房、一九七六年）
［小川原：二〇一二］　小川原正道『福澤諭吉の政治思想』（慶應義塾大学出版会、二〇一二年）
［刑部：二〇一〇］　刑部芳則『洋服・散髪・脱刀――服制の明治維新』（講談社、二〇一〇年）
［尾崎：一九四八］　尾崎行雄『咢堂自傳』（大阪時事新報社出版局、一九四八年）
［小田急電鉄：一九九七］　『利光鶴松翁手記――伝記・利光鶴松』（小田急電鉄株式会社編・発行、一九五七年）『伝記叢書』二八〇（大空社、一九九七年）所収
［海江田：一八八九］　海江田信義編『須多因氏講義』（宮内省、一八八九年）
［学習院：一九八〇］　学習院百年史編纂委員会編『学習院百年史』第一編（学習院、一九八〇年）
［加藤：一八八八］　加藤弘之「国家学ノ一新」『国家学会雑誌』第十号（一八八八年）
［加藤：一八九〇］　加藤弘之「今日の国家学」『国家学会雑誌』四六号（一八九〇年）
［加藤：一九九一］　加藤弘之『加藤弘之自叙伝――伝記・加藤弘之』（加藤弘之先生八十歳祝賀会編・発行、一九一五年）『伝記叢書』八八（大空社、一九九一年）所収
［茅原：二〇〇七］　茅原健『工手学校――旧幕臣たちの技術者教育』（中央公論新社、二〇〇七年）
［河津ほか：一九一七］　河津暹・渡辺鐵蔵・神川彦松「国家学会創立満三十年記念講演祝賀会記事」『国家学会雑誌』第三一巻四号（一九一七年）
［北村：一九〇九］　北村竹四郎編『簡易ナル「サイロ」築造ニ関スル調査』（萬年会、一九〇九年）
［木村：一九六四］　木村毅『早稲田外史』（講談社、一九六四年）
［呉：一九七三］　『呉文聡著作集』第三巻・伝記（日本経営史研究所、一九七三年）

[呉：一九二〇]　呉建編『呉文聰』（私家版、一九二〇年）
[黒木：一九八七]　黒木彬文「自由民権運動と万年会の成立——非藩閥政府高官・渡辺洪基の殖産興業活動」『政治研究』第三四号（一九八七年）
[黒木：一九九三]　黒木彬文「興亜会・亜細亜協会の活動と思想」鱒澤彰夫ほか編『興亜会報告・亜細亜協会報告』第一巻（不二出版、一九九三年）
[黒木：二〇〇五]　黒木彬文「興亜会のアジア主義」『法政研究』第七一巻第四号（二〇〇五年）
[黒瀬：二〇〇二]　黒瀬義門編『子爵花房義質君事略』（小林武之助、一九一三年）『日本外交史人物叢書』第一巻（ゆまに書房、二〇〇二年）所収
[ケルゼン：一九七一年]　H・ケルゼン（清宮四郎訳）『一般国家学』（岩波書店、一九七一年）
[斎藤：一九〇八]　斎藤修一郎『懐旧談』（青木大成堂、一九〇八年）
[阪谷：一九一〇]　阪谷芳郎「伊藤公と国家学会」『国家学会雑誌』第二四巻第七号（一九一〇年）
[阪谷：一九二八]　阪谷芳郎「国家学会雑誌第五百号発刊に付所感を述ぶ」『国家学会雑誌』第四二巻第十号（一九二八年）
[坂本：一九九一]　坂本一登『伊藤博文と明治国家形成——「宮中」の制度化と立憲制の導入』（吉川弘文館、一九九一年）
[坂本：二〇〇一]　坂本多加雄『国家学のすすめ』（筑摩書房、二〇〇一年）
[佐々木：一九七九]　佐々木隆「第三回総選挙と国民協会」『日本歴史』第三七一号（一九七九年）
[佐藤：二〇〇〇]　佐藤正広「明治期地方レベルの統計講習会——統計データの生産者たち」『経済研究』第五一巻第三号（二〇〇〇年）
[澤崎：二〇一二]　澤崎久和「関義臣撰『秋声窓詩抄別集』と武生騒動」『越前市史編さんだより』第五号（二

〇一二年）
［潮木：一九九三］　潮木守一『ドイツ近代科学を支えた官僚』（中公新書、一九九三年）
［信夫：一九四六］　信夫清三郎『近代日本産業史序説』（日本評論社、一九四六年）
［下村：一九七〇］　下村冨士男『明治初年条約改正史の研究』（吉川弘文館、一九七〇年）
［末岡：一八八九］　末岡精一「憲法ノ通俗解釈法」『国家学会雑誌』第三巻第三十号（一八八九年）
［末松：一八八七］　末松謙澄「国家学ノ説」『国家学会雑誌』六号（一八八七年）
［杉：一八八六］　杉亨二「「スタチスチック」の話」、『スタチスチック雑誌』第一号（一八八六年）
［鈴木：一八九一］　鈴木光次郎『明治豪傑譚』（東京堂、一八九一年）
［須々田：一九九三］　須々田黎吉「萬年会と創立者渡辺洪基の「夢」」『學鐙』第九〇巻第五号（一九九三年）
［高木：一九一九］　高木才四郎「武生町騒動」『武生郷友会誌』第四一号（一九一九年）
［高橋：一九九五］　高橋秀直『日清戦争への道』（東京創元社、一九九五年）
［高松博士祝賀：一九三二］　高松博士祝賀傳記刊行会編『工學博士高松豊吉傳』（化学工業時報社、一九三二年）
［瀧井：一九九九］　瀧井一博『ドイツ国家学と明治国制――シュタイン国家学の軌跡』（ミネルヴァ書房、一九九九年）
［瀧井：二〇〇一］　瀧井一博「初期国家学会の考察――伊藤博文と渡辺洪基」『人文論集』第三七巻第一号（二〇〇一年）
［瀧井：二〇〇三］　瀧井一博『文明史のなかの明治憲法――この国のかたちと西洋体験』（講談社、二〇〇三年）
［瀧井：二〇〇六］「渡辺洪基――日本のアルトホーフ」『人文論集』第四一巻第二号（二〇〇六年）
［瀧井：二〇〇七］「渡辺洪基と国家学会」佐藤幸治・平松毅・初宿正典・服部高宏編『現代社会における国家と法　阿部照哉先生喜寿記念論文集』（成文堂、二〇〇七年）

[瀧井・二〇一〇] 瀧井一博『伊藤博文——知の政治家』(中央公論新社、二〇一〇年)
[瀧井・二〇一一] 瀧井一博編『伊藤博文演説集』(講談社、二〇一一年)
[瀧井・二〇一四] 「帝国大学の初志——初代総長、渡辺洪基の考えたこと」猪木武徳・マルクス・リュッターマン編『近代日本の公と私、官と民』(NTT出版、二〇一四年)
[瀧井・二〇一五] 瀧井一博「博覧と衆智——渡辺洪基と萬年会の目指したもの」佐野真由子編『万国博覧会と人間の歴史』(思文閣出版、二〇一五年)
[竹越・二〇〇五] 竹越与三郎『新日本史』(一八九一年、岩波文庫 上・下巻、二〇〇五年)
[武生市・一九七六] 武生市史編纂委員会編『武生市史 概説篇』(武生市役所、一九七六年)
[武山・一九八一] 武山眞行「普仏戦争と我国の局外中立」『法学新報』第八八巻第七・八号(一九八一年)
[武山・二〇〇九] 武山眞行「普仏戦争と日本の領海幅員」『法学新報』第一一六巻第三・四号(二〇〇九年)
[立花・二〇〇五] 立花隆『天皇と東大』上(文藝春秋、二〇〇五年)
[田中・一九三〇] 田中阿歌麿「東京地学協会と予の関係」『地学雑誌』第五百号(一九三〇年)
[谷本・二〇一二] 谷本宗生「渡邊洪基初代帝国大学総長の施策について——『帝国大学年報』を手がかりに」『東京大学史史料室ニュース』第四八号(二〇一二年)
[土屋・一九六八] 土屋忠雄『明治前期教育政策史の研究』(文教図書、一九六八年)
[寺崎・二〇〇〇] 寺崎昌男『日本における大学自治制度の成立(増補版)』(評論社、二〇〇〇年)
[寺崎・二〇〇七] 寺崎昌男『東京大学の歴史——大学制度の先駆け』(講談社、二〇〇七年)
[東京倶楽部・二〇〇四] 東京倶楽部『東京倶楽部物語——ジェントルマンの一二〇年』(東京倶楽部、二〇〇四年)
[東京経済大学・一九八一] 『東京経済大学八十年史』(東京経済大学、一九八一年)

[東京工業大学：一九八五]『東京工業大学百年史　通史』（東京工業大学、一九八五年）
[東京大学百年史：一九八四]　東京大学百年史編集委員会編『東京大学百年史　通史一』（東京大学出版会、一九八四年）
[東京帝国大学：一九四二]　東京帝国大学編『東京帝國大學學術大観　法學部　經濟學部』（東京帝國大學、一九四二年）
[土肥：一九二七]　土肥慶藏『鶚軒游戯』（改造社、一九二七年）。
[中井：一八七八]　中井弘『漫遊記程』上・中・下巻（私家版、一八七八年跋）
[中野：一九九九]　中野実『東京大学物語——まだ君が若かったころ』（吉川弘文館、一九九九年）
[中野：二〇〇三]　中野実『近代日本大学制度の成立』（吉川弘文館、二〇〇三年）
[中原：一九八〇]　中原英典『明治警察史論集』（良書普及会、一九八〇年）
[中山：一九七八]　中山茂『帝国大学の誕生』（中公新書、一九七八年）
[長尾：二〇〇一]　長尾龍一編『穂積八束集』（信山社出版、二〇〇一年）
[西村先生：一九三三]　西村茂樹先生傳記編纂會『泊翁西村茂樹傳』上・下巻（日本弘道會、一九三三年）
[日本工学会：一九七九]　日本工学会創立一〇〇周年記念事業実行委員会編『我が国工学一〇〇年の歩みと展望——日本工学会一〇〇周年記念論文集』（日本工学会、一九七九年）
[ノルデンシェルド：一九八八]　A・E・ノルデンシェルド（小川たかし訳）『ヴェガ号航海誌　一八七八〜一八八〇』（フジ出版社、一九八八年）
[ヘラー：一九七一]　H・ヘラー（安世舟訳）『国家学』（未来社、一九七一年）
[福田：一九七二]　福田源三郎編『越前人物志』上、中・下巻（思文閣、一九七二年）
[穂積：一八八九a]　穂積八束「新憲法ノ法理及ヒ憲法解釈ノ心得」『国家学会雑誌』第三巻第二四号（一八八

九年）

［穂積：一八八九b］　穂積八束「帝国憲法ノ法理」『国家学会雑誌』第二五号〜同第三一号（一八八九年）
［穂積：一八八九c］　穂積八束「法治主義ヲ難ス」『国家学会雑誌』第三三号（一八八九年）
［穂積：一八九〇］　穂積八束「国家全能主義」『国家学会雑誌』第三巻第三九号（一八九〇年）
［穂積：一九四二］　穂積重遠「法学部総説」『東京帝国大学学術大観　法学部・経済学部』（東京帝国大学、一九四二年）
［穂積：一九八九］　穂積重行編『穂積歌子日記　一八九〇―一九〇六――明治一法学者の周辺』（みすず書房、一九八九年）
［本多：一九三六］　本多元俊『佐藤尚中先生』（私家版、一九三六年）
［前田：二〇一二］　前田勉『江戸の読書会』（平凡社、二〇一二年）
［前橋市：一九七八］　前橋市史編さん委員会編『前橋市史』第四巻（前橋市、一九七八年）
［柾：一九三八］　柾丹治「私と渡邊先生」『武生郷友会誌』第六十号（一九三八年）
［松井翁顕彰会：一九三四］　松井耕雪翁遺徳顕彰会編『松井耕雪翁伝』（松井耕雪翁遺徳顕彰会、一九三四年）
［松野：一九七九］　松野良寅「渡辺洪基と米沢の英学」『英学史研究』第十二号（一九七九年）
［松野：一九八〇］　松野良寅『米沢の英学』（よねざわ豆本の会、一九八〇年）
［松野：一九八八］　松野良寅『東北の長崎――米沢洋学の系譜』（米沢文化懇話会、一九八八年）
［松本：一九〇七］　松本源太郎「哭浩堂先生」『武生郷友会誌』第二七号（一九〇七年）
［松本：一九八〇］　『松本順自伝・長与専斎自伝』（平凡社、一九八〇年）
［丸山：一九九五］　丸山眞男『丸山眞男集』第三巻（岩波書店、一九九五年）
［三上：一九九一］　三上参次『明治時代の歴史学界――三上参次懐旧談』（吉川弘文館、一九九一年）

[宮岡：一九七八]　宮岡謙二『異国遍路旅芸人始末書』（中公文庫、一九七八年）
[三宅：一九四九〜一九五四]　三宅雪嶺『同時代史』全六巻（岩波書店、一九四九〜一九五四年）
[宮武：一九二六]　宮武外骨『明治演説史』（有限社、一九二六年）
[室山：二〇〇五]　室山義正『松方正義――我に奇策あるに非ず、唯正直あるのみ』（ミネルヴァ書房、二〇〇五年）
[森・大野：二〇〇〇]　森為之助・大野泰雄編『自由官憲両党人物論』（九春堂、一八八二年）芳賀登ほか編『日本人物情報大系』第二一巻（皓星社、二〇〇〇年）
[文殊谷：二〇〇六]　文殊谷康之『渡邉洪基伝』（幻冬舎ルネッサンス、二〇〇六年）
[藪内：一九九五]　藪内武司『日本統計発達史研究』（法律文化社、一九九五年）
[山室：一九八四]　山室信一『法制官僚の時代――国家の設計と知の歴程』（木鐸社、一九八四年）
[山本：一九九七]　山本四郎『評伝　原敬』上・下（東京創元社、一九九七年）
[横山：一九三〇]　横山又次郎「地学雑誌の今昔」『地学雑誌』第五〇〇号（一九三〇年）
[吉村：一九八八]　吉村昭『雪の花』（新潮文庫、一九八八年）
[米沢市：一九九三]　米沢市史編さん委員会編『米沢市史』第三巻　近世編二（米沢市、一九九三年）
[米谷：一九七七]　米谷尚子「現行条約励行をめぐる国民協会の実業派と国権派」『史学雑誌』第八六巻第七号（一九七七年）
[早稲田大学：一九七八]　早稲田大学大学史編集所編『早稲田大学百年史』第一巻（早稲田大学出版部、一九七八年）
[渡邊：一九二七]　渡邊信四郎「渡邊洪基小傳」『武生郷友会誌』第四九号（一九二七年）
[渡辺：一九七三]　渡辺進『夢　渡辺洪基伝』（私家版、一九七三年）

[Kudriaffsky：一八七四] Eufemia von Kudriaffsky. *Japan : vier Vorträge nebst einem Anhange japanischer original-Predigten.* Wien : Wilhelm Braumüller, 1874.

[Przibram：一九一〇] Ludwig Ritter von Przibram. *Erinnerungen eines alten Oesterreichers, Bd. I.* Stuttgart und Leipzig, 1910.

おわりに

渡邉の墓は、東京麻布の長谷寺にある。伊藤博文の選字になる墓碑の隣に、「夢」の一字が彫られた墓石が立っている。禅師後藤瑞巌の手になるその一字は何を伝えようとしているのか。

渡邉は確かに、夢を描き、追っていた。それは、衆智による国づくりという夢である。幕末に武生という一地方で興った私塾的藩校で町医者の倅として教育を受ける機会を得て以来、彼は知識を求めての旅を続けた。佐倉の順天塾、江戸の慶應義塾や幕府医学所などを経て、会津から米沢では戦乱のなか自らの学んだ英学知識の伝授を期した。維新政権に抜擢されてからは、まさに知識の集積と循環に身を捧げたと言ってよい。明治十二年（一八七九）に郷里武生に物品陳列所と図書館を作り、知識を流通させるセンターとしようとしたことはその嚆矢である。特に、物品陳列所の構想は、戦前の日本の各地にあった同様の施設を先取りしたものといえるかもしれない（三宅拓也『近代日本〈陳列所〉研究』（思文閣出版、二〇一五年）参照）。

そのような夢の赴くまま、渡邉は「三十六会長」の歩みをたどったのである。統計協会、地学協会、国家学会、工学会、建築学会といった今日なお活動する幾多の学会組織を立ち上げ運営に辣腕を振るったほか、東京大学、学習院、工学院大学、東京経済大学の今日の礎も築いた。彼が近代日本の知の造形に大きな足跡を残したことは、これからもっと検証されるべきだろう。

知の造形者としての渡邉の大きな成果が、帝国大学体制の創出だといえる。帝国大学の初代総長として、渡邉は現在にまで続く東京大学を頂点とする学知のヒエラルキーを築き上げたのである。特に、法科大学学長と国家学会評議員長を兼任していた彼は、帝大卒業生の官途への独占的リクルートの道を整備し、そのために修めるべき非政談的治国平天下の学＝国家学の構築に血道を上げたのだった。

結果としてそのことは、渡邉自身が描いていた夢への裏切りだったといえるかもしれない。本来彼が考えていたこととは、その手になる最初の団体である萬年会で謳われていたように、日本の各地で創発される知識をすくい上げ、それらを結び合わせて全国に行き渡らせるという水平的ネットワークだった。そして、知識を通じ学理と実践が結び合わさることを彼は夢想していた。だが、その夢が現実にたどり着いたのは、一極集中の知の要塞としての帝国大学とそれをファクターとする中央集権化された官僚機構という皮肉な逆説だった。彼が手がけた数多ある組織も、多くは学界の内と外をつなぐという初発の理念を失い、形骸化していった。さらに言えば、萬年会糖蔗集談会や貨幣制度調査会の事例が示すように、知識をつなぎ合わせ、理論を現実に応用したからといって、それが正確な現状分析に基づいた有効な政策を保証するわけではない。そう考えると、彼の思い描いた夢は、まさに一抹のはかない夢として終わったかのように思われる。

渡邉という忘れられた帝大初代総長のたどった人生は、われわれに何を伝えるものなのか。結果だけ見るならば、彼を指して近現代の日本社会を刻印する学歴社会や官僚主導の行政国家体制の元凶と捉えることもできよう。また、学者にあらざる一介の官僚にもかかわらず、学会や学問の府を差配したということで、学問の自由や大学の自治に対する敵と見なすこともできるかもしれない。だが、筆者としてはそのようにのみこの人物を裁断することには、いささか陳腐との思いを抱く。今の大学を取り巻く状況において、渡邉の影が妙にちらつき、それが故に彼とのもっと腰を据えた対決が不可避と思われるからである。

渡邉は大学に乗り込み、純理に拘泥するばかりで社会に利益をもたらさない学問は無価値と言ってはばからなかった。そのために、大学や学会は外に開かれ、実業界や官界と密に交流しなければならないというのが渡邉の主張だった。今日、類似の言い回しは学界を跋扈している。役に立たない学問(特に文系)不要論、教授会自治の剝奪、学問業績の社会的還元の要請、外部評価、産官学連携などなどである。

こういった大学などの研究機関を取り巻く外からの厳しい声を前にして、いま多くの研究者たちは迷走を続けている。それに追い打ちをかけるように突きつけられたのが、三・一一の後の福島原発事故によって明るみに出された原子力ムラの実態だった。それによっていわば、専門知や科学知というものが、それ自体では社会全体を対象とする問題処理能力を持たず、また党派性に支配されたムラ社会によって支えられたものであることが露呈したのである。今後も国のあり方を左右する重大な論議の際、「憲法ムラ」だとか「安全保障ムラ」、あるいは「緊縮ムラ」や「成長ムラ」といったレッテル貼りで自他を区別し、自閉的で分断的な専門家の言葉が横行するのではないか。そうなると、専門知・科学知の社会における信頼はいよいよもって劣化していくだろう。

そうしたなか、諸学を綜合する国家学を構想し、学者社会と一般社会との交流を常に唱え続けた渡邉の存在は特別の意義をもって立ち現われてくる。専門知と非専門知の交流、両者を止揚した総合知の可能性、理論と実践の架橋。渡邉が追い求めたこれらの問題は、今や別の歴史的文脈で再び問われてきている。一冊の書物も残さなかった渡邉だが、その人生は学問の今とこれからを考える貴重なヒントに満ちているといえよう。渡邉の思想や彼が唱導した学術体制は帝国大学体制を不可避的に生み落とすものだったのか。彼が萬年会で当初追い求めた知の水平的ネットワークは単なる夢物語なのか。国家学や国家学会は前世紀の遺物に過ぎないのか。一通り彼の生涯をなぞってきた今、筆者の得ている感触は、知識の交換と循環を推し進める一方で慎むべきは、それによって唯一の正しい解答が得られるとの幻想を抱いてしまうことである。むしろ、様々な分野の知が交流することの意義は、当座の結論に対する絶えざる検証にあるのではなかろうか。

本来、この書は、筆者の二冊目の著作として構想されていたものである。処女作である学位論文『ドイツ国家学と明治国制』を上梓した後、次は渡邉についてまとめたいと考えていた。学位論文の末尾で、国家学会について取り扱い、そのオーガナイザーとしての渡邉に出会ってから、俄然この人物に興味を抱くようになったからである。今からもう二十年近く前のことである。蝸牛の歩みどころではなかったが、旧著と同じく、ミネルヴァ書房から本書を出すことができ、ひとしおの感慨がある。しかし、それ以上に、この小著は筆者のこれからの研究の行く先を指し示すものであるようにも思われる。渡邉が思い描いた衆智の国づくりの限界とその可能性について、歴史と理論の両側面からさらに検証していくこと。それを筆者は念願としている。

ようやく上梓の運びとなった本書の成立をともに喜びたい多くの人たちがいる。拙著『ドイツ国家学と明治国制』を目にとめてくださったかつての武生市（現・越前市）在住の井上和治様と同氏が主宰するＮＰＯ法人ラピュタ創造研究所の皆さまは、これまでに何度か筆者を武生にお招きくださり、資料調査に便宜を図ってくださった。やはり武生在住の齊藤隆様は武生の郷土史料の括目すべきコレクターであり、その博識をいつも御提供くださったほか、新出の史料について何度も御教示を得た。

工学院大学からは、建学の祖・渡邉の研究をしているというよしみで、二〇一一年に同校の創設一二五周年記念講演会にお招きいただいた。その時にお世話になった当時の理事長・大橋秀雄先生と事務局長だった高橋政雄先生にこの場を借りてお礼申し上げたい。また、やはりこの講演がきっかけで御交誼を得た同校参与の茅原建先生は、憧憬の念を抱く愛書家であり、古書蒐集の蘊奥を究めた滋味あふれる文章をいつも楽しませていただいている。これもまた渡邉がとりもってくれた縁と感謝している。

洪基の子孫に当たられる渡邉洪様と渡邉宏次様も、これまで再三にわたる筆者の質問にいつも懇切にお答えいただき、また口絵に掲載した洪基の肖像写真を御提供くださった。洪様には最初にお目にかかって「洪基の評伝を書きたい」とお伝えしてから、十五年以上が経っている。本当に長い間待っていただいたものである。お礼申し上げると同時に、御寛恕を乞う。

このほか、本書の成立にあたっては、筆者の勤務先である国際日本文化研究センターの元職員・白石恵理さんからゲラの段階で献身的な御協力をいただいた。優秀な編集者である白石さんのおかげで、いくつもの汗顔する誤りから本書を救済していただいた。感謝の言葉もない。また、ミネルヴァ書房で本書の編集を担当してくれた大木雄太さんは、遅々として進まぬ筆者の校正作業や次から次へと繰り出されてくる勝手なお願いにさぞや閉口されたことであろうと思われる。大木さんの粘り強いお仕事に本書が少しでも報いるものであることを祈るばかりである。

本書のもととなる研究には、二〇一一年度の二十一世紀文化学術財団学術奨励金や二〇一五年度科学研究費助成事業（学術研究助成基金助成金（挑戦的萌芽研究）課題番号26590003）による支援を得ることができた。記して、謝意を表する。

二〇一六年六月

瀧井一博

渡邉洪基略年譜

和暦	西暦	齢	関係事項	一般事項
弘化 四	一八四八	1	12・23越前府中善光寺町（現福井県越前市（武生地区）京町）にて生まれる。幼名静寿、後、孝一郎と改名。	
嘉永 二	一八四九	2	11・24長崎から種痘の牛痘苗を持ち帰る途次に会った福井藩医笠原良策により種痘を受ける。	
五	一八五二	5	3・23府中の大火により住家類焼。	
文久 二	一八六二	15	府中の藩校立教館に学び、伊予吉田の儒者森余山の教えを受ける。	8・21生麦事件。
三	一八六三	16	春、福井に出て、漢学を井上剛八、岡田淳介、蘭学を橋本彦也、橋本綱常、高桑道準、宮永典常、増田宗三らに就く。	5月伊藤博文ら長州藩士五名が英国留学に出発。7月薩英戦争。
元治 元	一八六四	17	8月武生に医学所思精館設立。父静庵、同館補講に就任。9月江戸に出る。その後、下総佐倉の佐藤尚中の順天塾に入る。	7・19長州藩士ら京都御所襲撃（蛤御門の変）。8月第一次長州征伐。

慶応 元	一八六五	18	秋、江戸に移る。本多邸内から開成所に通学。箕作麟祥に就いて英学を修める。11・5慶應義塾に入塾。	1月高杉晋作らが長州藩内で蜂起。5月第二次長州征伐。
三	一八六七	20	春、幕府の医学所に入り、句読教授の職に就く。	10・14徳川慶喜、大政奉還。11・15坂本龍馬暗殺。12・9王政復古。
四 明治 元	一八六八	21	4月松本良順に付き添い、会津へ向かう。母蔦埜死去。8・21会津軍籠城。松本良順一行（渡邉を含む）、会津藩領を去り、庄内を目指して北上。渡邉、途中の米沢に滞留して英学塾開く。	1・3戊辰戦争勃発。3・14五カ条の誓文発布。4・11江戸城明け渡し。7月東京遷都。9・8明治改元。
二	一八六九	22	1・24米沢を去り、東京へ戻る。3月大学南校に入学。得業生となり、その後大学少助教に任ぜられる。	5月旧幕府軍降伏（戊辰戦争終結）。
三	一八七〇	23	7・28普仏戦争に伴う局外中立令を起草。9・5福井藩より外務省に対し、武生騒動に関連して渡邉引き渡しの願い。同日、外務省より免官。一ヶ月余りを武生宅にて謹慎。12・20外務省に復帰。	8・7武生騒動勃発。
四	一八七一	24	1・25文書権正に任ぜられる。4・15「擬新定条約草本」閲了。津田真道、神田孝平のほか、渡邉洪基も署名。4・19洪基、田辺太一とともに岩倉具視に「条約改正取調之儀」を伝える。11・12岩倉使節団発遣。洪基、二等書記官として随行。	7・14廃藩置県。8・14工部省内に工学寮工部学校設置。

五	一八七二	25	7・21渡邉、使節団離れ、単身帰朝（西暦8月26日）。	2月福澤諭吉『学問のすゝめ』初刊。8月学制発布。11月太陽暦へ改暦。
六	一八七三	26	1月庄司貞子と結婚。2・8オーストリア、イタリア公使館勤務を命じられ、新婚の妻・貞子を伴ってウィーンに赴任。	1・10徴兵令の発布。7月明六社結成。9月岩倉具視帰国。
七	一八七四	27	4・28ウィーンで帝国地学協会（die k. u. k. geographische Gesellschaft）に入会。8月オーストリア臨時代理公使。	1・17民選議員設立の建白。4・10板垣退助、立志社を設立。5月台湾出兵。
八	一八七五	28	9・5オーストリア公使館在勤免ぜられる。10月妻貞子、ウィーンを発し、12月帰朝。	5・7樺太・千島交換条約調印。8月新島襄、同志社を創立。
九	一八七六	29	1・31ロンドン発し、帰国の途に就く。中井弘とロシア、トルコなどを回り、6・15帰朝。7・13外務権大丞（記録局心得）。このころ、「松島之議」を執筆。	2・26日朝修好条規調印。3月廃刀令。
一〇	一八七七	30	1・11外務権大書記官（記録局長）。	2月西南戦争勃発（〜9月）。4・12東京大学開学。10・17学習院開学。
一一	一八七八	31	2・9外務大書記官。4・28萬年会を設立。会長となる。10・4学習院次長に任命される（〜明治14年	5・14大久保利通暗殺。12月杉亨二、小幡篤次郎らにより製表

			5月16日）。	社設立。
一二	一八七九	32	3月「学習院改正趣旨」提出。学習院の制服の制定を提案。4・26東京地学協会第一回例会。9・15東京地学協会、スウェーデン汽船ヴェガ号の北氷洋周航を祝い、乗組員を饗応。	4月琉球を沖縄県とする。
一三	一八八〇	33	2・13興亜会設立。渡邉、副会長に選出。2・26統計協会初代会長に選出。3・31元老院会議にて、集会条例の審議。内閣委員（太政官大書記官）として立法の説明にあたる。6・10父静庵死去。11・20萬年会糖蔗集談会開催。	
一四	一八八一	34	5・5花房義質駐韓弁理公使に宛てて「対韓現今政略大要覚書」提示する。5・23原敬らを連れ立って、日本漫遊に出る。10・2原、渡邉と別れて、東京に戻る。	10・12大隈重信ら、政府から追放される。明治十四年の政変。10・18自由党結成。
一五	一八八二	35	2月杉亨二とともに統計協会特別会員となる。3・17花房義質の求めに応じ、漫遊先の長崎から急ぎ帰京。3・24「交韓政策」執筆。5・24元老院議官となる。8月東京地学協会、京橋区西紺屋町19番地に土地建物購入。岩倉に宛てて「政治学校設立之議」を建議。統計協会事務会長に復任。11・13興亜会副	3月立憲改進党結成。6月日本銀行条例。7・23朝鮮で壬午事変勃発。10月東京専門学校（現・早稲田大学）創立。

			会長に復任。	
一六	一八八三	36	1月興亜会、亜細亜協会に改称。2月大日本私立衛生会創立。主唱者として参加。	11月鹿鳴館落成。
一七	一八八四	37	1・17大鳥圭介の後を受け、工学会副会長に選出される。5・14鹿鳴館内に紳士的社交クラブとして東京倶楽部開設。会頭・北白川宮能久親王。洪基、発起人に名を連ね、副会頭となる。7・19工部少輔となる。『外交志稿』刊行。9月東洋絵画会設立。名誉会員となる。10月工部卿佐佐木高行を通じて、太政大臣三条実美に宛てて「工部省職務整理之議」提出。	7・7華族令発布。12・14甲申政変。
一八	一八八五	38	6・13東京府知事に任命。7月東京府管内を巡察。『渡邉知事管内巡回記』。	4月天津条約締結。12月第一次伊藤博文内閣。
一九	一八八六	39	3・1帝国大学令制定・帝国大学創設。3・9帝国大学初代総長に就任。法科大学学長兼任。4・10東京化学会にて「理化両学ノ功益ヲ民間ニ播布センコトヲ務ムヘシ」の講演。5・14帝国大学に月次集会を設置。6・9造家学会（後の建築学会）の名誉会員となる。7・10第一回帝国大学卒業証書授与式。8・30かねてより帝国大学大学院生坪井正五郎に調	

			査させていた足利の古墳からの発掘物を足利学校に寄贈。	
二〇	一八八七	40	3・5国家学会設立。渡邉、評議員長となる。3・26第一回大学通俗講談会。会長渡邉。5・13侍従長徳大寺実則、帝国大学を巡視し、日本の哲学に関し総長渡邉洪基に訊す。9月帝国大学総長兼任文官試験局長官。10・7侍従長徳大寺実則、帝国大学に再度差遣。諸学科視察。10・31工手学校創立協議会開催。渡邉、創立委員長に推選される。11月東京彫工会設立。会頭に就任。12・24文部省の依嘱により、地震建築会議設置。会長となる。	
二一	一八八八	41	2・6工手学校（現・工学院大学）開校式挙行。渡邉、特選管理長となる。2・11私立五大法律学校連合大討論会開催（於　帝国大学講義室）。渡邉、出席し演説。10月渡邉の建議に基づき、内閣臨時修史局を廃し、事業を帝大に移す（臨時編年史編纂掛）。	
二二	一八八九	42	2・7伊藤博文、『憲法義解』共同審査会のメンバー選定につき渡邉と相談。渡邉、末岡精一や穂積八束らを推薦。7・6明治美術会創立。会頭に就任。9・26帝大生を集め、条約改正反対の政治活動を戒	2・11憲法発布。2月森有礼暗殺。12月第一次山県有朋内閣。

			め、研究会を開催するにとどめるよう勧告。10月『利国新誌』第一号発行。巻頭に「利国ノ主義」寄せる。12・18東京市所属諸役所の徽章（現在の東京都紋章）制定される。渡邉、市参事会員としてその考案に参画。『史学会雑誌』創刊。第一号に序を寄せる。	
二三	一八九〇	43	4月『ゆにてりあん』第二号に「ゆにてりあんの発刊に就て」を寄稿。5・3工学会副会長として、同会設立十周年記念臨時大会において演説。5・19駐オーストリア特命全権公使に任命。5・20帝国大学総長退任。7・16オーストリア赴任に先立ち、地学協会、亜細亜協会、萬年会合同で芝紅葉館にて送別会開催。	7・1第一回衆議院議員選挙。7・25集会及び政社法制定。集会条例廃止。10・30教育勅語発布。11・25第一回帝国議会。
二五	一八九二	45	4・13衆議院議員に当選のため、帰朝。議長候補となる。6・24国民協会大懇親会開催。政府系与党として国民協会創立。協会の組織及びこの日の会の趣意などを演説。8月両毛鉄道会社社長に推選。11月工学会において「技術者責任に就て」講演す。帝国鉄道会議議員に任命。11・30北里柴三郎を迎えて大日本私立衛生会伝染病研究所設立。12・25東京地学	8月第二次伊藤博文内閣。

二六	一八九三	46	協会、臨時総集会を開き、地学会への合併を承諾。1月鉄道会議に谷干城が提出した広軌道建議案審査の報告書を、特別委員として谷らとともに提出。狭軌複線説を是認し建議原案を否決。2・13衆議院での「大日本私立衛生会設立伝染病研究所補助費ニ付建議案」の審議で演説。同研究所を私立でなく、官立の組織とすべきと説く。東京統計協会、名誉会員洪基に対して、創設以来の功労により金製頌功章の授与を決議。3月殖民協会創立。評議員になる。4月福澤諭吉、『時事新報』紙上で、北里の伝染病研究所の芝愛宕下への移設に対する住民の反対運動を論駁。渡邉に運動の内情を聞く（翌年2月、移設なる）。7・4東京地学協会会館で貨幣制度研究会創立の話し合い。10月貨幣制度調査会委員に任命。12・1衆議院、星亭議長不信任上奏案可決。渡邉、星糾弾の演説を行う。	
二七	一八九四	47	1月関西鉄道株式会社取締役に就任。4月萬年会談話会にて「鉄道現時の状態に就て」の演説。参宮鉄道株式会社取締役に就任。5・26統計家懇話会設立。	8月日清戦争開戦。
二八	一八九五	48	3・30第二回貨幣制度調査会。渡邉、調査に従事す	4・17日清講和条約調印。三国

			る特別委員に任ぜられる。	干渉。10・8台湾で大院君のクーデター。閔妃殺害。
二九	一八九六	49	3・11東京統計協会を代表して、同会人口調査委員会の決議した「明治三十三年民勢調査施行ノ請願」を貴衆両院に提出。	
三〇	一八九七	50	3・13花房義質に伊勢の神苑会徴古館の設計につき、意見を書き送る。7月『東京地学協会報告』廃刊。11月東武鉄道株式会社の創立に当たり、取締役に選出。12月勅選貴族院議員となる。	10月金本位制開始。
三一	一八九八	51	5・21妻貞子死去。5・24渋沢栄一、石黒忠悳と連名で「大倉氏商業学校創立の主意」発表。6月帝国鉄道協会創立。副会長に就任。7月京都鉄道株式会社取締役に選出。	1月第三次伊藤内閣。
三二	一八九九	52	1・28東京統計協会主催のセンサスに関する懇話会を東京地学協会会堂にて開催。4月富士山頂上に観象台を建設し、気象学に寄与するため富士観象会設立。渡邉、会頭となる。5月統計講習会設置。統計実務家の養成のため、地方より講習生を募る。7・11統計講習会開会式（会長阪谷芳郎）。渡邉、祝辞述べる。11・18堤功長子爵子女松子と再婚。小石川	

			植物園にて披露宴。
三三	一九〇〇	53	3月亜細亜協会、東亜同文会に吸収合併。9月伊藤博文、立憲政友会結成。渡邉、創立委員となる。大倉商業学校（現・東京経済大学）開校。督長となる。10・7伊藤、組閣の大命拝受。
三四	一九〇一	54	2・3福澤諭吉、死去。3・5渡辺国武蔵相、伊藤宛書簡にて渡邉の蔵相更迭運動を難じる。4・11入院。4・16付で正三位勲一等に昇叙。4・19帝国大学名誉教授の名称を授与。4・24長女・貞子生まれる。5・24逝去。

人名索引

さ　行

た　行

や　行

ら・わ行

事項索引

あ 行

か 行

さ　行

た　行

な　行

は　行

ま・や行

《著者紹介》

瀧井一博（たきい・かずひろ）

1967年　福岡県生まれ。
1990年　京都大学法学部卒業。
1995年　同大学院法学研究科博士後期課程単位取得退学。
現　在　国際日本文化研究センター教授。博士（法学）。
著　作　『ドイツ国家学と明治国制――シュタイン国家学の軌跡』ミネルヴァ書房，1999年。
『文明史のなかの明治憲法――この国のかたちと西洋体験』講談社選書メチエ，2003年（大佛次郎論壇賞，角川財団学芸賞）。
『伊藤博文――知の政治家』中公新書，2010年（サントリー学芸賞）。
『明治国家をつくった人びと』講談社現代新書，2013年など多数。

ミネルヴァ日本評伝選
渡《わた》邉《なべ》洪《ひろ》基《もと》
――衆智を集むるを第一とす――

2016年8月10日　初版第1刷発行　〈検印省略〉

定価はカバーに
表示しています

著　者　瀧　井　一　博
発行者　杉　田　啓　三
印刷者　江　戸　孝　典

発行所　株式会社　ミネルヴァ書房
607-8494 京都市山科区日ノ岡堤谷町1
電話代表（075）581-5191
振替口座 01020-0-8076

© 瀧井一博，2016〔157〕
共同印刷工業・新生製本

ISBN978-4-623-07714-4
Printed in Japan

刊行のことば

歴史を動かすものは人間であり、興趣に富んだ人間の動きを通じて、世の移り変わりを考えるのは、歴史に接する醍醐味である。

しかし過去の歴史学を顧みるとき、人間不在という批判さえ見られたように、歴史における人間のすがたが、必ずしも十分に描かれてきたとはいえない。二十一世紀を迎えた今、歴史の中の人物像を蘇生させようとの要請はいよいよ強く、またそのための条件もしだいに熟してきている。

この「ミネルヴァ日本評伝選」は、正確な史実に基づいて書かれるのはいうまでもないが、単に経歴の羅列にとどまらず、歴史を動かしてきたすぐれた個性をいきいきとよみがえらせたいと考える。そのためには、対象とした人物とじっくりと対話し、ときにはきびしく対決していくことも必要になるだろう。

今日の歴史学が直面している困難の一つに、研究の過度の細分化、瑣末化が挙げられる。それは緻密さを求めるが故に陥った弊害といえるが、その結果として、歴史の大きな見通しが失われ、歴史学を通しての社会への働きかけの途が閉ざされ、人々の歴史への関心を弱める危険性がある。今こそ歴史が何のためにあるのかという、基本的な課題に応える必要があろう。評伝という興味ある方法を通じて、解決の手がかりを見出せないだろうかというのも、この企画の一つのねらいである。

狭義の歴史学の研究者だけでなく、多くの分野ですぐれた業績をあげている著者たちを迎えて、従来見られなかった規模の大きな人物史の叢書として、「ミネルヴァ日本評伝選」の刊行を開始したい。

平成十五年（二〇〇三）九月

ミネルヴァ書房

ミネルヴァ日本評伝選

企画推薦
梅原　猛
ドナルド・キーン
佐伯彰一
角田文衞

監修委員
上横手雅敬
芳賀　徹

編集委員
石川九楊
伊藤之雄
猪木武徳
今谷　明
今橋映子
熊倉功夫
佐伯順子
坂本多加雄
武田佐知子
竹西寛子
西口順子
兵藤裕己
御厨　貴

上代

*俾弥呼　古田武彦
日本武尊　西宮秀紀
*仁徳天皇　若井敏明
雄略天皇　吉村武彦
*蘇我氏四代　遠山美都男
推古天皇　義江明子
聖徳太子　仁藤敦史
斉明天皇　武田佐知子
小野妹子・毛人　大橋信弥
*額田王　梶川信行
弘文天皇　遠山美都男
天武天皇　新川登亀男
持統天皇　丸山裕美子
阿倍比羅夫　熊田亮介
*藤原四子　木本好信
*柿本人麿　古橋信孝
*元明天皇・元正天皇　渡部育子
聖武天皇　本郷真紹
光明皇后　寺崎保広
*孝謙・称徳天皇　勝浦令子
藤原不比等　荒木敏夫
橘諸兄・奈良麻呂　遠山美都男
吉備真備　今津勝紀
*藤原仲麻呂　木本好信
道　鏡　吉川真司
*藤原種継　木本好信
大伴家持　和田　萃
*行　基　吉田靖雄

平安

*桓武天皇　井上満郎
嵯峨天皇　西別府元日
宇多天皇　古藤真平
醍醐天皇　石上英一
村上天皇　京樂真帆子
花山天皇　上島　享
*三条天皇　倉本一宏
藤原薬子　中野渡俊治
藤原良房・基経　瀧浪貞子
菅原道真　竹居明男
*紀貫之　神田龍身
源高明　所　功
*安倍晴明　斎藤英喜
藤原実資　橋本義則
*藤原道長　朧谷　寿
藤原伊周・隆家　倉本一宏
藤原定子　山本淳子
清少納言　三田村雅子
紫式部　竹西寛子
和泉式部　ツベタナ・クリステワ
大江匡房　小峯和明
*阿弓流為　樋口知志
坂上田村麻呂　熊谷公男
*源満仲・頼光　元木泰雄
平将門　西山良平
藤原純友　寺内　浩
空　海　頼富本宏
最　澄　吉田一彦
円　珍　岡野浩二
*空　也　石井義長
奝　然　上川通夫
*源　信　小原　仁
慶滋保胤　吉原浩人
*後白河天皇　美川　圭
式子内親王　奥野陽子
建礼門院　生形貴重
*藤原秀衡　入間田宣夫
平時子・時忠　元木泰雄
平維盛　根井　浄
守覚法親王　阿部泰郎
藤原隆信・信実　山本陽子

鎌倉

源頼朝　川合　康
*源義経　近藤好和
源実朝　神田龍身
*九条兼実　加納重文
九条道家　上横手雅敬
北条時政　野口　実
熊谷直実　佐伯真一
*北条政子　関　幸彦
北条義時　岡田清一
曾我十郎・五郎　杉橋隆夫
北条時頼　山本隆志
北条時宗　近藤成一
安達泰盛　山陰加春夫
平頼綱　細川重男
竹崎季長　堀本一繁
西　行　光田和伸
鴨長明　浅見和彦
藤原定家　赤瀬信吾
*京極為兼　今谷　明
*兼　好　島内裕子
重　源　横内裕人
*運　慶　根立研介
快　慶　井上一稔
法　然　今堀太逸
慈　円　大隅和雄
明　恵　西山　厚

*親鸞 末木文美士
恵信尼・覚信尼 西口順子
覚如 今井雅晴
*道元 船岡誠
叡尊 細川涼一
*忍性 松尾剛次
*日蓮 佐藤弘夫
一遍 蒲池勢至
夢窓疎石 原田正俊
*宗峰妙超 竹貫元勝

南北朝・室町

後醍醐天皇 上横手雅敬
護良親王 新井孝重
*赤松氏五代 渡邊大門
*北畠親房 岡野友彦
楠正成 兵藤裕己
*新田義貞 山本隆志
*光厳天皇 深津睦夫
*足利尊氏 市沢哲
足利直義 亀田俊和
佐々木道誉 下坂守
円観・文観 田中貴子
足利義詮 早島大祐
足利義満 川嶋將生
足利義持 吉田賢司
足利義教 横井清
大内義弘 平瀬直樹
伏見宮貞成親王 松薗斉
*山名宗全 山本隆志
細川勝元・政元 古野貢
日野富子 脇田晴子
世阿弥 西野春雄
雪舟等楊 河合正朝
宗祇 鶴崎裕雄
*満済 森茂暁
一休宗純 原田正俊
蓮如 岡村喜史

戦国・織豊

北条早雲 家永遵嗣
*毛利元就 岸田裕之
*毛利輝元 光成準治
*今川義元 小和田哲男
*武田信玄 笹本正治
*武田勝頼 笹本正治
*真田氏三代 笹本正治
*三好長慶 天野忠幸
*宇喜多直家・秀家 渡邊大門
*上杉謙信 矢田俊文
島津義久・義弘 福島金治
*長宗我部元親・盛親 平井上総
吉田兼倶 西山克
山科言継 松薗斉
*雪村周継 赤澤英二
正親町天皇・後陽成天皇 神田裕理
織田信長 三鬼清一郎
豊臣秀吉 藤井讓治
*北政所おね 田端泰子
*淀殿 福田千鶴
前田利家 東四柳史明
*黒田如水 小和田哲男
*蒲生氏郷 藤田達生
*細川ガラシャ 田端泰子
伊達政宗 伊藤喜良
*支倉常長 田中英道
*長谷川等伯 宮島新一
顕如 神田千里
教如 安藤弥

江戸

徳川家康 笠谷和比古
*徳川家光 野村玄
徳川吉宗 横田冬彦
*後水尾天皇 久保貴子
光格天皇 藤田覚
崇伝 杣田善雄
春日局 福田千鶴
宮本武蔵 渡邊大門
*池田光政 倉地克直
保科正之 八木清治
シャクシャイン 岩崎奈緒子
*田沼意次 藤田覚
*二宮尊徳 小林惟司
末次平蔵 岡美穂子
*高田屋嘉兵衛 生田美智子
*林羅山 鈴木健一
吉野太夫 渡辺憲司
中江藤樹 辻本雅史
*山崎闇斎 澤井啓一
山鹿素行 前田勉
*北村季吟 島内景二
伊藤仁斎 澤井啓一
貝原益軒 辻本雅史
松尾芭蕉 楠元六男
*ケンペル B・M・ボダルト＝ベイリー
新井白石 大川真
荻生徂徠 柴田純
*雨森芳洲 上田正昭
石田梅岩 高野秀晴
白隠慧鶴 芳澤勝弘
前野良沢 松田清
平賀源内 石上敏
本居宣長 田尻祐一郎
杉田玄白 吉田忠
木村蒹葭堂 有坂道子
*大田南畝 沓掛良彦
菅江真澄 赤坂憲雄
*鶴屋南北 諏訪春雄
良寛 阿部龍一
*山東京伝 佐藤至子
*滝沢馬琴 高田衛
平田篤胤 山下久夫
シーボルト 宮坂正英
本阿弥光悦 岡佳子
小堀遠州 中村利則
狩野探幽・山雪 山下善也
尾形光琳・乾山 河野元昭
*二代目市川團十郎 田口章子
伊藤若冲 狩野博幸
鈴木春信 小林忠
*佐竹曙山 成瀬不二雄
葛飾北斎 岸文和
酒井抱一 玉蟲敏子
孝明天皇 青山忠正
*和宮 辻ミチ子
徳川慶喜 大庭邦彦
島津斉彬 原口泉
*古賀謹一郎 小野寺龍太
*永井尚志 高村直助
*栗本鋤雲 小野寺龍太
大村益次郎 竹本知行
西郷隆盛 家近良樹
*塚本明毅 塚本学

*月性　海原徹
*吉田松陰　海原徹
*高杉晋作　海原徹
久坂玄瑞　一坂太郎
ペリー　遠藤泰生
ハリス　福岡万里子
オールコック　佐野真由子
アーネスト・サトウ　奈良岡聰智
緒方洪庵　米田該典

近代

*明治天皇　伊藤之雄
*大正天皇　F・R・ディキンソン
*昭憲皇太后・貞明皇后　小田部雄次
大久保利通　三谷太一郎
山県有朋　鳥海靖
木戸孝允　落合弘樹
井上馨　伊藤之雄
*松方正義　室山義正
北垣国道　小林丈広
板垣退助　小川原正道
長与専斎　笠原英彦
大隈重信　五百旗頭薫
伊藤博文　坂本一登
井上毅　大石眞

*井上勝　老川慶喜
*桂太郎　小林道彦
*渡邉洪基　瀧井一博
*乃木希典　佐々木英昭
星亨　小林道彦
*児玉源太郎　小林道彦
*高宗・閔妃　木村幹
山本権兵衛　室山義正
*金子堅太郎　松村正義
高橋是清　鈴木俊夫
小村寿太郎　簑原俊洋
*犬養毅　小林惟司
*加藤高明　櫻井良樹
牧野伸顕　小宮一夫
田中義一　黒沢文貴
内田康哉　高橋勝浩
石井菊次郎　廣部泉
平沼騏一郎　堀田慎一郎
鈴木貫太郎　小堀桂一郎
宇垣一成　北岡伸一
*宮崎滔天　榎本泰子
*浜口雄幸　川田稔
幣原喜重郎　西田敏宏
関一　玉井金五
水野広徳　片山慶隆
広田弘毅　井上寿一
安重根　上垣外憲一
*グルー　廣部泉

*永田鉄山　森靖夫
東條英機　牛村圭
今村均　前田雅之
蔣介石　劉岸偉
石原莞爾　山室信一
木戸幸一　波多野澄雄
*岩崎弥太郎　武田晴人
伊藤忠兵衛　末永國紀
五代友厚　田付茉莉子
大倉喜八郎　村上勝彦
*安田善次郎　由井常彦
渋沢栄一　武田晴人
益田孝　鈴木邦夫
山辺丈夫　宮本又郎
武藤山治　阿部武司・桑原哲也
池田成彬　松浦正孝
西原亀三　森川正則
小林一三　橋爪紳也
大倉恒吉　石川健次郎
大原孫三郎　猪木武徳
*河竹黙阿弥　今尾哲也
イザベラ・バード　加納孝代
*林忠正　木々康子
*森鷗外　小堀桂一郎
*二葉亭四迷　ヨコタ村上孝之
夏目漱石　佐々木英昭
徳冨蘆花　半藤英明

巌谷小波　千葉信胤
樋口一葉　佐伯順子
*島崎藤村　十川信介
泉鏡花　東郷克美
上田敏　小林茂
*有島武郎　亀井俊介
永井荷風　川本三郎
北原白秋　平石典子
菊池寛　山本芳明
芥川龍之介　髙橋龍夫
*宮沢賢治　千葉一幹
正岡子規　夏石番矢
高浜虚子　坪内稔典
与謝野晶子　佐伯順子
*種田山頭火　村上護
*斎藤茂吉　品田悦一
*高村光太郎　湯原かの子
萩原朔太郎　エリス俊子
*原阿佐緒　秋山佐和子
*狩野芳崖・高橋由一　古田亮
*小堀鞆音　小堀桂一郎
竹内栖鳳　北澤憲昭
黒田清輝　高階秀爾
中村不折　石川九楊
横山大観　高階秀爾
*橋本関雪　西原大輔
小出楢重　芳賀徹

土田麦僊　天野一夫
岸田劉生　北澤憲昭
*山田耕筰　後藤暢子
松旭斎天勝　川添裕
中山みき　鎌田東二
佐田介石　谷川穣
*ニコライ　中村健之介
出口なお・王仁三郎　川村邦光
島地黙雷　阪本是丸
*新島襄　太田雄三
新島八重　佐伯順子
木下広次　冨岡勝
海老名弾正　西田毅
嘉納治五郎　クリストファー・スピルマン
柏木義円　片野真佐子
津田梅子　田中智子
*澤柳政太郎　新田義之
河口慧海　高山龍三
山室軍平　室田保夫
大谷光瑞　白須淨眞
*久米邦武　髙田誠二
フェノロサ　伊藤豊
井上哲次郎　井ノ口哲也
三宅雪嶺　長妻三佐雄
*岡倉天心　木下長宏
志賀重昂　中野目徹
徳富蘇峰　杉原志啓

*竹越与三郎 西田 毅
内藤湖南・桑原隲蔵 礪波 護
廣池千九郎 橋本富太郎
岩村 透 今橋映子
*西田幾多郎 大橋良介
*金沢庄三郎 石川遼子
柳田国男 鶴見太郎
厨川白村 張 競
天野貞祐 貝塚茂樹
大川周明 山内昌之
西田直二郎 林 淳
折口信夫 斎藤英喜
辰野 隆 金沢公子
シュタイン 瀧井一博
*西 周 清水多吉
*福澤諭吉 平山 洋
成島柳北 山田俊治
福地桜痴 山田俊治
島田三郎 武藤秀太郎
田口卯吉 鈴木栄樹
*陸 羯南 松田宏一郎
黒岩涙香 奥 武則
長谷川如是閑 織田健志
*吉野作造 田澤晴子
山川 均 米原 謙
*岩波茂雄 十重田裕一
*北 一輝 岡本幸治

*穂積重遠 大村敦志
中野正剛 吉田則昭
*満川亀太郎 福家崇洋
*北里柴三郎 福田眞人
高峰譲吉 木村昌人
田辺朔郎 秋元せき
*南方熊楠 飯倉照平
石原 純 金子 務
*辰野金吾 河上眞理・清水重敦
*七代目小川治兵衛 尼崎博正
ブルーノ・タウト 北村昌史

現代

昭和天皇 御厨 貴
高松宮宣仁親王 後藤致人
*李方子 小田部雄次
吉田 茂 中西 寛
マッカーサー 柴山 太
石橋湛山 増田 弘
重光 葵 武田知己
市川房枝 村井良太
*池田勇人 藤井信幸
高野 実 篠田 徹
和田博雄 庄司俊作
朴正熙 木村 幹

竹下 登 真渕 勝
*松永安左エ門 橘川武郎
鮎川義介 井口治夫
*出光佐三 橘川武郎
松下幸之助 米倉誠一郎
渋沢敬三 井上 潤
*本田宗一郎 伊丹敬之
井深 大 武田 徹
*佐治敬三 小玉 武
幸田家の人々 金井景子
*正宗白鳥 大嶋 仁
大佛次郎 福島行一
*川端康成 大久保喬樹
*薩摩治郎八 小林 茂
太宰 治 安藤 宏
松本清張 杉原志啓
安部公房 鳥羽耕史
*三島由紀夫 島内景二
井上ひさし 成田龍一
R・H・ブライス 菅原克也
柳 宗悦 熊倉功夫
バーナード・リーチ 鈴木禎宏
イサム・ノグチ 酒井忠康
熊谷守一 古川秀昭

川端龍子 岡部昌幸
藤田嗣治 林 洋子
*井上有一 海上雅臣
*手塚治虫 竹内オサム
古賀政男 藍川由美
*吉田 正 金子 勇
武満 徹 船山 隆
*八代目坂東三津五郎 田口章子
*力道山 岡村正史
*西田天香 宮田昌明
安倍能成 中根隆行
サンソム夫妻 平川祐弘・牧野陽子
和辻哲郎 小坂国継
矢代幸雄 稲賀繁美
石田幹之助 岡本さえ
*平泉 澄 若井敏明
安岡正篤 片山杜秀
島田謹二 小林信行
田中美知太郎 川久保剛
前嶋信次 杉田英明
唐木順三 澤村修治
保田與重郎 谷崎昭男
*福田恆存 川久保剛
井筒俊彦 安藤礼二
佐々木惣一 伊藤孝夫
小泉信三 都倉武之
*瀧川幸辰 伊藤孝夫

矢内原忠雄 等松春夫
式場隆三郎 服部 正
*フランク・ロイド・ライト 大久保美春
*中谷宇吉郎 杉山滋郎
大宅壮一 有馬 学
今西錦司 山極寿一

*は既刊
二〇一六年八月現在